RECETAS DE PODER

MAURICIO DE VENGOECHEA

Prólogo de Luis Abinader Corona
Presidente de la República Dominicana

A mi querida madre,
por enseñarme que para ser empático,
hay que ser agradecido,
y por recordarme, casi a diario,
que quien lee gana.

Mis más sinceros agradecimientos al presidente Luis Abinader, no solo por haber creído en mi y brindarme plena confianza para diseñar la estrategia de la campaña que, finalmente, lo llevó a la presidencia de la República Dominicana, también por honrarme al hacerme, por decreto, ciudadano dominicano y por las cálidas palabras con las que escribió el prólogo de este libro.

De igual manera mis agradecimientos especiales a mi querida amiga y colega Silvia Molina, gran artista gráfica, por la hermosa portada que diseñó para el libro y por su aporte a la diagramación del mismo; y mis agradecimientos también a Edgard Gutiérrez, mi segundo en De Vengoechea & Partners, quien es, en mi opinión, el mejor consultor de su generación, por su gran aporte y paciencia en el papel de editor de esta publicación.

ÍNDICE

Que el poder está en el centro de la vida humana no es ninguna novedad. La historia de la Humanidad, al menos desde donde hay registro, es una continua lucha en torno a él. Alcanzarlo, ejercerlo y mantenerlo, es una constante en la vida política y de ello ha dependido buena parte de nuestra historia y el resultado de nuestras vidas. El poder nos revela lo que somos y lo que queremos ser. Ya lo decía Nietzsche en 1885, a través de la voz del heroico protagonista de *Así habló Zaratustra*: "Donde encontré un ser vivo, allí hallé la voluntad del poder; e incluso en la voluntad del siervo hallé la voluntad de ser amo."

Nicolás Maquiavelo escribió *El Príncipe* hace 500 años pensando en los gobernantes de su tiempo, pero, como el autor de este libro, Mauricio De Vengoechea, nos revela sus claves, que se pueden aplicar a lo que hoy llamamos liderazgo, ya sea político, en el terreno militar, en la empresa o incluso en el ámbito social.

Hoy, el tiempo es otro, pero la esencia es la misma; El poder para cambiar, el poder para trasformar la realidad.

Vivimos una época marcada por grandes crisis, incertidumbre, nuevos avances tecnológicos que amplían la frontera de lo posible y alteran nuestras relaciones sociales y nuestra manera de ver el mundo, pero en esta transformación aún persiste, como roca dura, el principio del poder.

Conocerlo, reflexionar sobre él y saber gestionarlo es algo que siempre fue importante, pero que en tiempos como el actual se hace indispensable.

El ejercicio del poder hoy requiere personas templadas con una vocación especial, que superen dificultades, que tengan criterio propio, y que al mismo tiempo sean capaces de empatizar y de comunicarse con los ciudadanos en una sociedad cada vez más conectada, diversa y exigente.

El buen gobernante tiene que ser honesto, y creo que existen ejemplos vivos de ese talante en la vida política de este país y de muchos otros, aunque también haya muestras de lo contrario, de políticos oportunistas, que no conocen la ética de la responsabilidad y que tan solo quieren el poder para un uso al servicio de su ego personal. Para la política se requiere, como dice Weber, pasión y mesura y una gran fortaleza de ánimo.

"Sólo quien está seguro de no quebrarse cuando, desde su punto de vista, el mundo se muestra demasiado estúpido o demasiado abyecto para lo que él le ofrece; sólo quien frente a todo eso es capaz de responder con un, "sin embargo", sólo un hombre de esta forma construido tiene vocación para la política..." Me parece muy aguda esta descripción del político auténtico que hace Weber.

El ejercicio del poder va a necesitar seleccionar en esa línea a sus políticos, desechando todos los elementos que no sean capaces de esa fortaleza y de esa vocación. Como la democracia es sabia, porque la ciudadanía que la integra es muy consciente, los errores en esa materia se pagan antes o después y un partido político que no tenga en cuenta la selección de sus hombres para el ejercicio de la política es inexorablemente sancionado por la soberanía popular.

Por eso, este libro que tienen en sus manos es un buen manual para saber qué es el poder, cómo se consigue, cómo mantenerlo y sobre todo, para qué.

Es una guía práctica que nos sintetiza lo que debemos tener en mente para ejercer el liderazgo. Un libro de referencias históricas y actuales que Mauricio De Vengoechea, amigo y acreditado experto en la materia, nos cuenta en primera persona como testigo excepcional del ejercicio del poder que ha sido durante décadas.

Conozco a Mauricio desde hace años. En la campaña previa a las elecciones que en 2020 me convirtieron en presidente de la República Dominicana, fue nuestro estratega jefe, y pude comprobar que su fama de hombre hábil y experimentado en la contienda electoral está más que justificada. Por eso, desde entonces le he querido tener siempre cerca.

Prologar estas *33 recetas de poder*, que aquí nos presenta, es para mí una gran satisfacción. Estoy seguro de que les resultarán útiles y contribuirán al debate sobre el liderazgo y la buena política tan necesarios en nuestros días.

Luis Abinader Corona
Presidente República Dominicana

INTRODUCCIÓN

A comienzos del siglo XXI solíamos decir que en los últimos 10 años del siglo anterior, el mundo había cambiado para siempre. Seguir afirmándolo no dejaría de ser una obviedad, ya que hoy los cambios se producen en tiempo real. En la actualidad vivimos en un mundo marcado por grandes crisis y transformaciones políticas, económicas y sociales, pero en especial transformado culturalmente por el impacto del avance vertiginoso de la ciencia, la revolución tecnológica y el cambio de la manera de comunicarnos.

Quienes como John Naisbitt y Patricia Aburdene se atrevieron en los años noventa a hacer futurología acerca de lo que pensaban ocurriría en el siglo XXI y lo publicaron en obras que en su momento conmovieron al mundo, como Megatrends 2000, fallaron en sus predicciones. Ellos jamás imaginaron que la velocidad e impacto de los cambios, así como participación cada vez mayor de los ciudadanos, modificaría las tendencias con total inmediatez. Yuval Harari con sus obras Sapiens y 21 Lecciones para el Siglo XXI, nos cambió por completo la perspectiva acerca del impacto que puede llegar a tener el desarrollo tecnológico en nuestras carreras y en nuestra vidas y Christian Salmon, el mismo autor que nos sorprendió en su momento con su obra Storytelling, hoy asegura en libro mas reciente La Era del Enfrentamiento, que en la comunicación política pasamos de la narrativa, al conflicto.

Cinco de las empresas que Jim Collins mencionó como las que marcarían la pauta de los negocios en el siglo XXI en su libro Good to Great, best seller que llegó a convertirse en la Biblia de los hombres de negocios: Great Western Bank, Eckerd, Circuit City, Borders y A&P, dejaron de existir antes del primer cuarto de este siglo y empresas vanguardia de la tecnología cambiaron sus nombres: Google cambió a Alphabet en busca de identificarse más con su nueva visión de negocios que no se limita a ser un buscador sino que se enfoca en nuevos desarrollos de internet, software, electrónica de consumo, dispositivos electrónicos y otras tecnologías, así como empresas de otros sectores como la salud, la biotecnología, y las telecomunicaciones; y Facebook, decidió cambiar su nombre a Meta, pretendiendo con ello explicar que dejó de ser una simple red de conversación entre personas, para convertirse en un gigante en el manejo de la Big Data, la publicidad microsegmentada, la inteligencia artificial, y de manera reciente, lo una nueva versión 4D de la realidad ampliada a través de los metaversos.

Desde el punto de vista político, hemos sido testigos de una verdadera revolución. El terrorismo se propagó por el mundo entero y llegó a producir entre muchos acontecimientos dolorosos para la humanidad, un hecho verdaderamente inimaginable: la caída las torres gemelas en Nueva York, símbolo del poder mundial y financiero de occidente, a manos de fanáticos musulmanes de la agrupación Al Qaeda que impactaron contra ellas dos aviones jet comerciales llenos de pasajeros inocentes bajo las órdenes de Osama Bin Laden en el año 2001.

En los Estados Unidos, contra la opinión de quienes creían que todo estaba ya establecido, Barack Obama, se atravesó en el camino de una de las dinastías más poderosas de la política americana de los últimos años, los Clinton, y fue elegido presidente, sustituyendo en el cargo a un miembro de otra dinastía de la política, el presidente George W. Bush en el año 2009. Fue así como un activista comunitario y abogado de derechos civiles, nacido en Hawái y de padre africano, culminó el sueño de Martin Luther King y se convirtió en el primer presidente afroamericano de los Estados Unidos. Y como si esto fuera poco, posteriormente Donald Trump, un habilidoso negociante de la construcción inmobiliaria de Nueva York, que desde hacía años venía haciéndose conocer a través de un programa semanal de televisión, se inmiscuyó en la política derrotando a una docena de destacados políticos del Partido Republicano en las primarias, donde se escogió al candidato presidencial de 2016, alcanzando luego la Presidencia de los Estados Unidos. Estuvo a punto de destruir la institucionalidad democrática de ese país por su estilo autoritario y egocéntrico parecido al de muchos dictadores que pretenden controlar todos los poderes del Estado.

En América Latina sucedieron varios hechos entre fines del siglo pasado y el presente. Accedieron al poder por la vía democrática en Venezuela, Hugo Chávez quien ganó todas sus elecciones, la primera en 1999 durante 14 años en el poder, salvo una, hasta la fecha de su muerte, y dejó un candidato que ascendió, Nicolás Maduro, presidente desde 2013 hasta la fecha, para luego convertirse en el dictador que pudo conducir a Venezuela de ser uno de los países más ricos y desarrollados del mundo y, en cambio, lo convirtió junto con su equipo gobernante en aquel donde hoy hay más pobreza relativa de América Latina.

En Perú todos los presidentes que llegaron al poder desde Alejandro Toledo en 2001 hasta Martín Vizcarra en 2018 o están presos o prófugos, o incluso muertos como Alan García, quien optó por el suicidio. Otro presidente, el maestro Pedro Castillo, no supo cómo mantenerse en el poder al que llegó en julio de 2021 y salió en diciembre de 2022 ya que siguiendo los consejos errados de algún asesor despistado, decidió imitar a Alberto Fujimori y cerrar el

Congreso con lo cual fraguó un Coup d´Etat y fue destituido por el legislativo que lo reemplazó con Dina Boluarte.

En Brasil, llegó a la presidencia en su cuarto intento un sindicalista, Luis Ignacio Lula da Silva en 2003, quien dejó el poder en manos de una ex guerrillera, Dilma Rousseff en 2011. Luego Lula cayó preso, salió libre y en disputada elección contra Jair Bolsonaro, llegó de nuevo a ser presidente del Gigante del Sur en 2023.

Otro ex guerrillero, José Mujica, llegó al poder en Uruguay entre 2010 y 2015 y salió aplaudido por el mundo entero, lo cual facilitó el regreso de su predecesor y miembro de su partido, Tabaré Vázquez, a este lo sucedió Luis Lacalle Pou en 2020, este último proveniente de la derecha opositora.

Dos indígenas Alejandro Toledo, en Perú, y Evo Morales, en Bolivia, accedieron al poder por la vía democrática: Morales, quien gobernó entre 2006 y 2019, salió huyendo después de una elección fraudulenta contra Carlos Mesa, en la que pretendió perpetuarse en el poder. Sin embargo, regresó a su país de la mano de su candidato Luis Arce, hoy presidente de Bolivia, - hoy convertido en su archienemigo -, quien puso en prisión a Jeanine Añez, presidenta un año entre 2019 y 2020, una líder que los políticos de todos los partidos apoyaron en un momento dado pero para su propio beneficio.

En Paraguay llegó al poder Fernando Lugo en 2008 y hasta 2012, por cierto padre de varios hijos declarados naturales, por su condición de obispo de la Iglesia católica, y quien fue derrocado; lo sucedió el acusado de supuestamente ser el mayor contrabandista de cigarrillos de la región Horacio Cartes en 2013, quien terminó adueñándose por completo del Partido Colorado, uno de los pocos partidos fuertes que quedan en América Latina, quien a su vez dejó en el poder a su candidato Mario Abdó en 2018. A este lo remplazó recientemente Santiago Peña, del mismo Partido Colorado en 2023.

Cristina Fernández de Kirchner, gobernó entre 2007 y 2015, gran hacedora de poder y esposa del fallecido presidente Nestor Kirchner, repitió en la Casa Rosada de Argentina y, después de la decepción generada, el empresario Mauricio Macri, en su presidencia, motivada en la crisis económica que Macri no supo manejar, regresó al poder como vicepresidente de Argentina, mediante una jugada habilidosa que le permitió inventar a Alberto Fernández en 2019 como presidente y unir así al peronismo dividido en múltiples facciones.

En el Ecuador gobernó por una década entera dese 2007, el todopoderoso Rafael Correa, entregó de manera dudosa el poder a quien fuera su primer vicepresidente, Lenin Moreno en 2017, quien más que gobernar se dedicó a perseguir a su mentor y al terminar su mandato, bastante gris, por cierto. Ascendió luego al poder un empresario y banquero guayaquileño, Guillermo Lasso, quien después de una dura competencia en la primera vuelta contra quince otros candidatos que querían competirle al candidato de Correa, Andrés Arauz, logró demostrar que era él, Lasso y no otro, quien tenía el conocimiento y la experiencia para sacar al país adelante de la mala situación en la que lo dejó Lenin Moreno.

En Costa Rica, votando contra los partidos políticos tradicionales, los ciudadanos prefirieron destronar a estos políticos y elegir primero a Luis Guillermo Solís en 2014, un intelectual académico para luego elegir a su director de comunicaciones, Carlos Alvarado, presidente entre 2018 y 2022, dejando ambos rechazo y frustración después de sus gobiernos. Sin embargo, al parecer, esto no fue suficiente para que un hombre experimentado, como José María Figueres, retornara al poder para sacar al país centroamericano de la crisis pospandemia, ya que en 2022 los electores prefirieron votar a favor de un populista, Rodrigo Cháves.

En Colombia, ascendió al poder en 2010 Juan Manuel Santos quien pasará a la historia como el "Presidente de la Paz" por haber firmado el Acuerdo final de paz con la agrupación guerrillera FARC. Lo sucedió Ivan Duque, gracias a que fue el escogido por el todopoderoso expresidente Alvaro Uribe Vélez. Iván Duque era un funcionario internacional que trabajó en el Banco Interamericano de Desarrollo BID durante doce años y quien solo se desempeñó políticamente por un período como senador en Colombia. Duque demostró no tener ni el poder, ni la capacidad ,ni el liderazgo de su mentor, lo que contribuyó a fortalecer a un exguerrillero del M-19, Gustavo Petro, su contendor en 2018, quien en 2022, simbolizó el cambio que Colombia demandaba y llegó al poder en reñida segunda vuelta.

En El Salvador, Nayib Bukele, un populista que aún no sabemos si es de izquierda o de derecha, aprovechó el rechazo de los ciudadanos hacia ARENA y hacia el FMLN - partido que lo había llevado a la alcaldía de la capital -, y con su propio movimiento ascendió a la presidencia con una votación histórica en 2019.

En la República Dominicana, después de gobernar durante veinte de los últimos venticuatro años, primero con Leonel Fernández y luego con Danilo Medina, líderes del Partido de la Liberación Dominicana PLD, el desgaste del poder y una buena estrategia electoral le permitieron un cambio en el liderazgo de la Nación. Luis Abinader, un empresario que se vió obligado a crear su propio partido el

PRM con mucho éxito, logró llegar al poder, después de hacer la primera campaña presidencial en medio de la pandemia del Covid19 en el año 2020.

Y más recientemente, en Chile, seguramente el país más desarrollado y próspero de America Latina, los candidatos moderados del centro fueron derrotados por los candidatos de los extremos en la primera vuelta, José Antonio Kast de la extrema derecha y Gabriel Boric de la extrema izquierda, quien resultó ganador en el balotaje permitiéndole a un joven de tan solo 35 años en 2022 llegar a ser el presidente más joven de la historia de Chile.

Ahora bien, si en América Latina llovía, como reza el refrán, en otras regiones, no escampaba en los últimos años y la ola de cambio se venía propagando por doquier. La ola que inició en España con el llamado movimiento de los "indignados" que se comenzó a gestar en 2011, se propagó en otros países de Europa, llegó hasta Chile con las protestas de los jóvenes por una mejor educación, y terminó en Nueva York, en el llamado "otoño de Wall Street", como rechazo ciudadano a las rígidas estructuras sociales, económicas y políticas hasta entonces preestablecidas.

En los países árabes, levantamientos sociales provocados por las demandas de millones de jóvenes que se manifestaron a través de las redes sociales, en lo que se conoció como la "Primavera Árabe" desde 2010, removieron a dictadores como Ben Alí, Muamar el Gadafi y Hoshni Mubarak, quienes por décadas enteras, de manera autoritaria, gobernaron en Túnez, Libia y Egipto.

En Europa, Pedro Sánchez del PSOE, quien como político nos recuerda al "ave Fénix", no solo regresó a controlar su partido después de tener que renunciar a la secretaria general de este y a su propia diputación, sino que gracias a una verdadera jugada de ajedrecista ideada por su estratega Ivan Redondo, logró sacar del poder a Mariano Rajoy del Partido Popular, el PP, y asumir la presidencia del Ejecutivo en España, lo que ratificó en una elección nacional en 2018.

En Francia, ante la sorpresa de muchos, Emmanuel Macron, un candidato de centro-derecha se impuso a las figuras de los partidos tradicionales en 2017 y desde entonces, se ha venido convirtiendo poco a poco, en el nuevo líder de la Unión Europea, en especial después de la salida de Ángela Merkel, quien a pesar de haber liderado por años, su partido y Europa, fue sustituida por Friedrich Merz, su principal contradictor interno y en su país, la CDU terminó derrotada por Olaf Scholz, del Partido Socialdemócrata.

En 2016 en el Reino Unido, un error de cálculo político obligó a David Cameron, un buen primer ministro, a renunciar después de perder el referendo del Brexit. Le sucedió Theresa May, la segunda mujer en llegar al cargo después de la dama de hierro Margaret Thatcher. May no logró convencer a los parlamentarios de que el mejor camino era tener una salida moderada y gradual de Europa, y fue sucedida en 2019 por el más disruptivo de los parlamentarios del Partido Conservador del Reino Unido y exalcalde de Londres, el político y periodista Boris Johnson, quien tampoco consiguió superar los escollos internos que le permitieran afianzarse en el poder, y recientemente fue reemplazado por Rishi Sunak en 2022, curiosamente el primer político de origen indio que llega a ser primer ministro.

El fenómeno que, sin lugar a dudas, revolucionó la política mundial de los últimos años del siglo pasado fue WikiLeaks, iniciativa que puso en manos de los ciudadanos del mundo información confidencial de los gobiernos e incluso enfrentó a Gran Bretaña y Ecuador en su momento por cuenta del asilo concedido por Rafael Correa a su fundador, Julian Assange; WikiLeaks no fue nada al lado de las filtraciones que Edward Snowden realizó posteriormente sobre cómo funcionaban los servicios de inteligencia de los Estados Unidos. Snowden fue acogido bajo asilo en territorio ruso por Vladimir Putin.

Años después, se produjo el escándalo de la empresa británica Cambridge Analytica conocido en 2018 por su injerencia en la privacidad de cuentas de usuarios de Facebook, que, utilizando su información de carácter privado sobre sus gustos y hábitos, fueron avasallados con campañas psicológicas de información para favorecer algunos años antes la campaña de Donald Trump a la presidencia de los Estados Unidos, y también aparentemente a Mauricio Macri como candidato en Argentina, a través de una campaña anti-Kirchnerista que lo favorecía.

Lo cierto es que el avance de la tecnología ha sido tal, que la Big Data ya es parte no del futuro sino del presente,, y el mundo de la comunicación política, camina a velocidad de la singularidad donde todo es exponencial. La inteligencia artificial, IA, la nano segmentación, la realidad ampliada en cuarta dimensión y la robótica, muy seguramente impondrán el ritmo que la comunicación política y la propia política, tendrán en los años por venir. No se nos olvide que ya un robot, Michihito Matsuda, compitió por la alcaldía de Tama uno de los distritos de Tokio en Japón, siendo el tercer candidato más votado de la elección al obtener 4.013 votos detrás del segundo en la contienda, Takahashi Toshihiko, que consiguió 4.457 votos.

Desde una perspectiva económica y social, una vez superada la crisis económica de 2008 y 2009, lo ocurrido en los últimos años genera sentimientos de preocupación e incertidumbre ya que, como consecuencia de la llegada de la pandemia del Covid 19, la mayor crisis que ha vivido la humanidad desde la Segunda Guerra Mundial, la cual trajo consigo a un enemigo oculto y silencioso que no podíamos vencer con el ejército más potente del mundo. El Coronavirus (sars 2), como se le conoció popularmente, nos atacó a todos los habitantes del planeta y estuvo a punto de poner en jaque los sistemas sanitarios del mundo entero, ya que desde que apareció a comienzos de 2020 hasta la fecha, ha logrado contagiar a cerca de doscientos setenta y cinco millones de personas en todo el planeta y según la Organización Mundial de la Salud. Las muertes por la enfermedad que produce este temible virus podrían estimarse entre 6,8 y 10 millones de personas a finales de 2021. Las consecuencias fueron catastróficas: El PIB a nivel mundial tuvo una caída del orden del -4.4 por ciento (según datos del FMI, 2021, pp. XX), en America Latina hubo una contracción del -7.7 por ciento (según datos de la Cepal, 2021, pp. xx), y pasarán varios años antes de poder recuperar los niveles de crecimiento prepandemia que en la región solo han podido superar algunos países, entre ellos la República Dominicana, Panamá y El Salvador.

La pandemia del Covid 19, además, enterró una década de expansión del empleo a nivel mundial. En Estados Unidos para poner el ejemplo de la economía más potente, el desempleo creció del 3,7 por ciento en enero del 2020 al 8.9 por ciento en enero del 2021 Según información pública si bien se ha venido recuperando con la apertura muchos sectores, en especial pequeños y medianos empresarios, muchos ogtros que existían antes de la pandemia vieron cerrar sus puertas para siempre. El turismo aún no consigue recuperarse a nivel mundial y los vuelos comerciales que hoy regresaron desde la dramática caída sufrida en 2020, aún están muy por debajo de los niveles de 2019.

La hotelería sufrió una crisis sin precedentes en 2020 y no comenzó a ver la luz al final del túnel hasta final del 2021. Con el cierre y restricciones de viajes impuestos por muchos países, que a raíz de la aparición de la variante Ómicron, se restablecieron, se perdieron millones de empleos y una gran cantidad de empresas entraron en bancarrota. El cálculo según los expertos, es que el sector no recuperará su normalidad antes del 2025 (fuente).

Todo esto, aumenta la pérdida de la confianza de la población hacia las instituciones y los modelos económicos y políticos que veníamos viviendo, pues son muy pocos los países que han sabido manejar la pos-crisis, relanzar sus economías, atraer inversiones, recuperar el empleo perdido o desarrollar políticas públicas que faciliten la generación de nuevas fuentes de empleo y recuperación económica. Algunos paises sí han logrado ponerse al frente de esta crisis y relanzar sus eeconomías gracias a las medidas tomadas por sus gobiernos. Entre quienes lo han logrado, se destaca en la región, la gestión del nuevo Gobierno de Luis Abinader en la República Dominicana, la cuál se enfocó en tres aspectos fundamentales: fortalecer su sistema sanitario y llevar a cabo un proceso de vacunación continuo a la población (a finales de 2021 junto con Israel, fueron los únicos países que se habían enfocado en una cuarta dosis), mejorar la eficiencia del gasto público y apostarle al crecimiento económico con el fin de recuperar los empleos perdidos y combatir la corrupción, fenómeno este último que ha empobrecido a los países de la región, con una justicia independiente.

Desde una óptica científica en el contexto global, se avanzó tanto en todos los campos en el preente siglo que después de la clonación de la oveja Dolly, hecho que nos sorprendió a todos en su momento, se logró la cura en un alto porcentaje de enfermedades que nos resultaban irreversibles como la leucemia y el cáncer en sus detecciones tempranas. Fueron significativos los avances en la decodificación de la huella del ADN o mapa genético-humano, pues sin siquiera entender de qué se trataba, nos informaron acerca del bosón de Higgs o la "partícula de Dios", y en tiempo récord, los equipos de investigación especializados en varios países del mundo y algunos laboratorios farmacéuticos produjeron millones de vacunas que contribuyeron a proteger a decenas de millones de personas en todo el mundo COVID-19 y sus mutaciones. No obstante, hay continentes como África, donde la población vacunada deja aún mucho que desear.

Desde la perspectiva de las comunicaciones en la actualidad, la participación de millones de personas que a diario se interconectan a través de redes sociales como Facebook, Twitter, Instagram y Tik Tok, así como los sistemas de mensajería, alteraron el conjunto de la dinámica social. Gracias a las nuevas tecnologías, se ha democratizado el acceso a la información y se ha otorgado al individuo el poder de comunicarse en cualquier momento y desde cualquier lugar en el que se encuentre. En este contexto cambiante, la demanda por una mayor transparencia por parte de las sociedades, aumenta la responsabilidad personal y colectiva, por lo que candidatos y gobiernos se ven obligados a responder de una nueva manera a las demandas de los ciudadanos. La gente participa y exige individual y colectivamente más acción, más responsabilidad, más conciencia social, pero, sobre todo, mayor velocidad en obtener respuesta a sus demandas. Hoy los ciudadanos participamos del circuito de la comunicación, sin pedir permiso a nada ni a nadie.

Las comunicaciones suceden hoy, vinculado de manera directa a personas con personas. Los ciudadanos dejaron de ser solo receptores de información y pasaron a ser, ellos también, comunicadores o emisores al mismo tiempo. La revolución tecnológica ha transformado la forma en que nos comunicamos por lo que ni los gobiernos, ni las instituciones, ni las corporaciones, pueden seguir actuando en la forma en que lo hacían en el siglo XX. Los avances en inteligencia artificial nos llevarán de la segmentación y micro-segmentación y seguramente de esta última a la nano-segmentación, donde los mensajes pueden pasar a ser individuales.

¿Cómo podría seguir todo igual en un mundo en el que al momento de escribir esta introducción, más de 320 mil millones de correos electrónicos son enviados por día, 656 millones de tuits se escriben diariamente, y solo en la red social Facebook, pronto se llegará a la cifra de tres mil millones de usuarios que interactúan? WhatsApp, que pertenece a Facebook supera ya los dos mil millones. Solo a modo comparativo con el crecimiento que tuvieron los medios tradicionales, podemos observar que para llegar a 50 millones de usuarios a la radio le tomó 37 años, a la televisión, 13, a Internet 4, a Twitter solo 3, Facebook llegó a 100.000 millones de usuarios en tan solo 9 meses y Youtube, el segundo buscador después de Google, ya consiguió dos mil millones de visitas cada mes.

Pero las cosas no se detienen allí. Hoy, en el mundo entero, la telefonía móvil supera a la población del planeta. Esto significa que cada persona, en promedio, posee más de un teléfono móvil, y dentro de muy poco tiempo, todos estos aparatos ya serán teléfonos inteligentes a través de los cuales recibiremos y enviaremos todo tipo de información, ya que gracias a la genialidad de Steve Jobs, en nuestros teléfonos, tablets o laptops, tenemos absolutamente todo lo que necesitamos a la hora de comunicarnos. La omnipresencia de Internet y las tecnologías móviles, hacen que el impacto de la comunicación sea instantáneo, ya no en una sola dirección, sino en muchas simultáneamente.

La comunicación hoy se produce multidireccionalmente y es imposible controlarla como efectivamente se podía hacer cuando un mensaje era entregado a muchas personas que no tenían posibilidad de replicar, ni de retransmitir el mensaje que recibían a otros. Anteriormente, la comunicación política era unidireccional, esto es del político o el líder empresarial a la audiencia en general. De ahí que lo importante fueran los medios. Hoy, la participación es multidireccional, lo que genera una mayor transparencia. El mundo de la comunicación no se da ya en la dirección de uno a muchos, sino de muchos a muchos y lo importante es el contenido.

La comunicación ha sufrido transformaciones profundas en las últimas dos décadas. Sabemos que la comunicación informa, comunica, es persuasiva y dialógica. En la actualidad la comunicación política tiene una tendencia confrontacional y puede llegar de manera muy precisa a un número inmenso de personas.

Con este preámbulo, que nos obliga a mirar el mundo desde una perspectiva completamente diferente, entraré a plantear las siguientes "33 recetas del poder", que es como he decidido titular este libro.

Mauricio De Vengoechea
Cartagena de Indias, julio de 2023

Piénselo temprano,
antes que sea demasiado tarde.

Los líderes no nacen, se hacen. El liderazgo es un atributo en el que deben comenzar a trabajar disciplinadamente, quienes se proponen llegar a conducir los destinos de la sociedad en la que viven.

El profesor David Ulrich, catedrático de la Universidad de Michigan y considerado como uno de los estudiosos mundiales más influyentes en el tema de liderazgo, asegura en su libro *Leadership Brand*, los líderes se deben preocupar por su preparación temprana y desarrollo, desde una perspectiva integral que contempla aspectos físicos, intelectuales, emocionales, sociales y espirituales que los identifica".

Desafortunadamente, a diferencia de lo que sucede en el mundo anglosajón, los latinoamericanos tenemos la mala costumbre de dejar siempre las cosas importantes para el final. Hay una ausencia, por suerte cada vez menor, de planificación, por lo que muchos de nuestros líderes terminan por ser más reactivos que proactivos. Esto hace que los procesos eleccionarios sean muchas veces improvisados, implica además que casi nunca haya dinero para financiarlos, y cuando es poco lo recaudado se gasta en lo que no es importante, por lo que al final los ciudadanos terminan por definir su voto, más por los defectos de los otros candidatos, que por las cualidades del propio.

Por suerte, los verdaderos líderes que acceden al poder político, empresarial o institucional, saben que si desean alcanzarlo, deben visualizarlo por años y luchan arduamente hasta conseguirlo. Estos años de esfuerzos son muy útiles para que dejen de ser meros soñadores hambrientos de poder y se conviertan en líderes visionarios o estadistas.

Lo anterior ocurre, claro está, cuando los años de búsqueda son simultáneamente aprovechados para formarse y cultivarse; para enfrentar el gran reto que después tendrán por delante, pero también para entender el funcionamiento del poder, y construir una propuesta de gobierno con la cual logren transformar sus sociedades, instituciones o negocios, y así trascender.

Los más de cuarenta años en que como consultor político he tenido el privilegio de estar cerca a muchos líderes que sustentaron el poder me permitieron entender que, solo quienes construyen una visión de largo plazo, terminan siendo exitosos, precisamente por ser quienes logran producir avances significativos en sus sociedades, que con el paso de los años les son reconocidas.

Bill Clinton asegura que desde el 24 de julio de 1963, cuando contaba tan solo con 16 años de edad, y tuvo la oportunidad de estrechar la mano del presidente de los Estados Unidos John F. Kennedy, - como él lo dijo en una entrevista -, tomó la firme decisión de hacer una carrera pública. Significa esto, que Clinton visualizó mucho tiempo antes su destino y al final no solo consiguió llegar a la Casa Blanca y sustentar el máximo poder político del mundo libre, sino que con todo y la dura crisis que tuvo que soportar por cuenta del affaire con la señorita Lewinsky, dejó una profunda huella de prosperidad económica en la sociedad, por lo que hoy es reconocido como uno de los mejores mandatarios de los Estados Unidos y sin lugar a dudas uno de los maestros de la comunicación política.

"El liderazgo consiste en tener un compromiso con una idea, un sueño, y una visión de lo que puede ser", aseguraba en uno de sus discursos Benazir Bhutto, importante líder política de Pakistán, antes de ser asesinada en 2007.

Se necesitan horas y horas para discernir y poder adquirir un compromiso con una idea específica para luego poder construir a partir de ella, una visión de poder. Aquella que servirá a un líder para dejar un legado histórico. Hacen falta meses o quizás años, para convertir esa idea en un sueño y ese sueño en una realidad, porque hacerlo implica haber reflexionado acerca de la manera de realizarlo.

Lo recomendable, por lo tanto, es comenzar a soñar con el poder desde temprana edad, si es que el objetivo no se limita simplemente a llegar sin saber muy bien para qué, sino que el verdadero deseo es alcanzar el poder con el fin superior de transformar para bien de todos, o al menos de la mayoría. El reconocimiento personal llega en adición.

El presidente Lula da Silva, después de muchos años de lucha política como líder sindical, desde donde defendió a "capa y espada" los derechos de los trabajadores a quienes representaba, consiguió llegar a la presidencia de Brasil, no sin antes intentarlo por cuatro veces consecutivas como candidato del Partido de los Trabajadores, PT. Lula en su primer período, gobernó con destreza ya que puso a su país en la mira del mundo entero, sacó a más de 30 millones de personas de la pobreza, y fue reelegido al cabo de cuatro años. Al terminar su segundo mandato, a diferencia de muchos gobernantes de izquierda como Ortega en Nicaragua o Maduro en Venezuela, actuó democráticamente y entregó el poder a Dilma Rousseff, y después de ser víctima de la judicialización de la política, regresó en 2023.

Juan Manuel Santos y Ernesto Samper Pizano, ambos presidentes de Colombia, siempre quisieron llegar a ser presidentes y así lo dijeron desde que estaban en la secundaria. Ambos se prepararon para conseguirlo y ejercer. A Samper, la crisis que al final terminó sorteando con éxito, no le impidió poner en marcha su programa de gobierno, *El salto social*, el cual ideó años antes de llegar al poder, como una respuesta necesaria a las demandas inaplazables de una población que no veía que llegara alivio a sus múltiples demandas, mientras que observaba cómo aumentaban las desigualdades sociales en Colombia en favor de unos privilegiados.

Tengo la seguridad, porque en su momento me correspondió asesorar al presidente Samper para ayudarlo a superar su crisis, que si la sociedad colombiana no se hubiera polarizado, como sucedió a raíz del llamado "proceso ocho mil", la gestión de Ernesto Samper Pizano habría sido de lejos, una de las mejor recordadas de la historia de Colombia.

En el caso del presidente Juan Manuel Santos, el reto de tener que cargar con la popularidad de su antecesor, Álvaro Uribe Vélez, además de tener que soportar sus constantes ataques personales originados en la incapacidad del expresidente de comprender que su momento había concluido, no fueron para Santos un impedimento para poner en movimiento el deseo que todos los colombianos compartimos y añoramos, como era lograr firmar la paz y dejar de ser la Colombia del conflicto, para pasar a consolidar la Colombia de la prosperidad. Juan Manuel Santos desde que comencé a trabajar con él en 2010, deseaba que cuando se abriera su capítulo en el libro de la historia de Colombia, el título fuese el "presidente de la paz". Se enfocó en esta propuesta y la logró, lo cual le valió el Premio Nobel de la Paz.

En otro lugar del Caribe, aun cuando sus primeros pasos los hizo como exitoso empresario, la vocación de político de Luis Abinader lo llevó a entender que la clave estaba en la preparación política que inició desde muy joven bajo el ejemplo de su padre don José Rafael Abinader, de quien adquirió los primeros conocimientos para acceder al poder. Su empeño le permitió desarrollar una visión transparente, modernizadora y de progreso del Estado con la que está transformando su país, impulsando esa sociedad de servicios, que puede autoabastecerse alimentariamente que es capaz de atraer inversiones que generen nuevas oportunidades de empleo, recuperar la economía de la garra de los políticos y crecer a una tasa que permita superar las enormes desigualdades dejadas después de años de gobiernos del Partido de la Liberación Dominicana, PLD.

No podemos, sin embargo, negar que, como bien lo dijo José Antonio Ocampo, ex Ministro de Hacienda colombiano, ex Secretario General de CEPAL y uno de los catedráticos más destacados de la facultad de economía de la Universidad de Columbia en Nueva York, que mientras de Panamá al sur del continente hay un modelo económico sustentado en los llamados "commodities" o materias primas, y de Panamá hasta la frontera de México con los Estados Unidos, la economía es totalmente dependiente de este último país, Republica Dominicana viene impulsando un modelo económico diferente que superara el modelo agrícola heredado, para establecer un modelo de servicios.

El presidente Hugo Chávez de Venezuela, influenciado desde los años sesenta por las ideas de la revolución cubana, como muchos otros oficiales de las fuerzas armadas de su país, se planteó desde temprano el sueño de llegar poder. Para Chávez, no importaba el método para alcanzarlo, participó del golpe de Estado contra el gobierno legítimo de Carlos Andrés Pérez y cayó prisionero, fue indultado durante el segundo gobierno del presidente Rafael Caldera y llegó finalmente a la presidencia de su país por la vía democrática en diciembre de 1998.

Tal vez nos guste o no la manera autoritaria en la que Chávez dirigió los destinos de Venezuela. Sin embargo, lo cierto es que se convirtió en uno de los pocos líderes latinoamericanos que logró influir más allá de sus fronteras, aun cuando en este empeño de liderazgo geopolítico comprado a base de petroleo, desaprovechó la oportunidad de oro que tuvo en sus manos de convertir a Venezuela en uno de los países más prósperos y desarrollados del mundo.

Michelle Bachelet, hija de un brigadier general de la Fuerza Aérea de Chile, luchó entre los jóvenes de izquierda de su país, y cayó prisionera en manos de los organismos represivos de la dictadura de Augusto Pinochet, antes de salir hacia el exilio. A su regreso fue la primera ministro de Defensa de América Latina, antes de llegar a presidente constitucional de su país, cargo al que regresó democráticamente después de su exitoso primer período de gobierno, cuatro años después de haber concluido.

Quizás el caso más emblemático a nivel mundial, sea el de Nelson Mandela. Un hombre víctima de la exclusión y segregación racial de su país, quien después de permanecer en prisión durante 27 años en condiciones infrahumanas, demostró que aprovechó su cautiverio para construir una opción de igualdad multirracial y respeto de los derechos civiles, con la cual transformó por completo la vida política de Sudáfrica. Mandela fue el primer presidente elegido democráticamente por sufragio universal en su país.

Para todos ellos, la espera por el poder pudo ser larga, pero no inalcanzable. Cuando el objetivo no es solo buscar el poder por el poder, sino construir la oportunidad de llegar y gobernar, que no es otra cosa que transformar la sociedad que los eligió, dejar una huella y trascender en el tiempo.

Seguramente los años de espera constituyeron para todos ellos el tiempo necesario para formarse como líderes, para escuchar las necesidades y demandas de sus respectivos pueblos, para entender los códigos de la política y del poder y trabajar desde temprano para traer el futuro que cada uno visualizó a su tiempo presente, a los fines de actuar sobre el aquí y el ahora. Así es como ellos crearon su propio destino.

Por lo tanto, el poder no puede ser visto como simplemente otro trabajo que se logra y que permite que los políticos o líderes empresariales suban individualmente. La palabra poder denota capacidad. Poder es, por lo tanto, un verbo y no solo un sustantivo, que al final denota preparación, capacidad y acción continua y efectiva al mismo tiempo. El poder es la capacidad que tienen o desarrollan los líderes de una sociedad, para influir activamente sobre los ciudadanos, para construir, para transformar y para dejar una huella indeleble, lo que mejora la calidad de vida de las personas a quienes gobiernan que son quienes se benefician. Conseguirlo con estos fines, genera una fuerza que favorece a la sociedad y termina por hacer trascender a un líder.

Desafortunadamente, hay quienes buscan el poder para su beneficio personal o el de su grupo de amigos con lo cual no le hacen un favor, sino un daño a la sociedad, pues terminan engañando a quienes los eligen que ponen sus esperanzas en ellos. Estos son los malos políticos y los verdaderos responsables de que los ciudadanos critiquen justamente el ejercicio de la política y el poder.

Lo cierto es que cuando se quiere acceder al poder, entre mas temprano se visualice mejor, pues habrá el tiempo suficiente para prepararse, cultivarse, visionar, transformar y trascender.

Si se deja para el final, será demasiado tarde.

Cultívese o será otro del montón.

En el libro *La República* de Platón, el ilustre pensador griego afirma: *"la primera y mejor de las victorias, es la conquista de sí mismo".*

Algo en lo que es necesario comenzar a trabajar desde temprano en la vida de un líder. De hecho, este debería ser el primer objetivo de todo aquel que aspire a una posición de poder. En una carrera hacia el poder son muchas las variables que hay que contemplar para poder conseguirlo, pero sin lugar a dudas la más importante de ellas, es tener la suficiente preparación y poseer conocimientos acerca de lo que se quiere hacer. Llegar al poder y gobernar, conlleva consigo un alto grado de responsabilidad, ya que hablamos de alcanzar un lugar en la sociedad desde el cual las decisiones que se adopten cuando se tiene el poder de hacerlo, afectan de una manera u otra a todas las personas que viven en ella.

Existen dos categorías de figuras públicas. Los muy pocos que lideran el mundo, y los muchos que trabajan para ellos o simplemente pasan sin pena ni gloria porque no estaban preparados como corresponde para asumir la responsabilidad que tenían por delante. Lo que los distingue de los demás es, sin duda, su preparación y conocimiento del poder, el estado y la historia.

Esto no significa que no se pueda acceder al poder cuando se carece de la preparación académica necesaria para ello. Evo Morales en Bolivia, Julio Cesar Turbay en Colombia, José Mujica en Uruguay, Guillermo Lasso en Ecuador y Luis Ignacio Lula en Brasil no tuvieron la preparación académica suficiente pues son autodidactas que se hicieron y se formaron en la lucha política y a partir de sus propias experiencias de vida. A excepción de Turbay y Lasso, los otros tres fueron importantes activistas en la lucha social en sus respectivos países.

Abraham Lincoln no tenía un grado universitario a la hora de convertirse en presidente de los Estados Unidos.

No obstante, hoy vivimos en un mundo cada vez más exigente, cada vez más competitivo y complejo, en el que el conocimiento se ha convertido en un requisito previo necesario para el éxito.

Por suerte, ya no son solo los hombres los que salen en busca de conocimiento. Desde hace años, las mujeres decidieron salir a hacer lo propio y son mayoría en las universidades del mundo. Son ya muchas las ocasiones en las que ellas han demostrado que son iguales o incluso mejores que los hombres a la hora de desempeñar las funciones públicas o de liderazgo. Basta en ver ejemplos como los de la Dama de Hierro, Margaret Tacher, Michele Bachelet o Angela Merkel, quien junto a Tsai Ing-wen de Taiwán y Jacinta Arden de Nueva Zelanda, resultaron ser las tres mandatarias que mejor manejaron la pandemia del Covid 19.

En el sector privado, hoy todos buscan capacitarse y preparase a fondo para competir en la vida y tener éxito profesional y económico. Las corporaciones e instituciones privadas viven buscando egresados con talento, capacidad de análisis y pensamiento abstracto, que ojalá hayan tenido la oportunidad de cursar una o dos maestrías, dominen más de dos idiomas y que, además, se muevan como peces en el agua en el manejo de datos y la llamada sociedad de la información.

Si esto ocurre en el sector privado, uno se pregunta por qué razón en el ámbito político debemos conformarnos muchas veces con personas cuyo único conocimiento es el de saber acercarse a los ciudadanos para motivarlos con falsas promesas populistas para que voten por ellos. ¿Es la política el lugar correcto para la mediocridad?

Difícilmente haya una profesión que debería ser tan elevada como la de quienes se dedican responsablemente a la política, y la verdad, para quienes vivimos de ella nos resulta casi incomprensible que se haya vuelto tan menospreciada.

Desafortunadamente, muchos de nuestros políticos latinoamericanos apenas si han cursado su nivel secundario de estudios, pues desde muy jóvenes prefirieron salir a buscar votos, convirtiendo la política en el medio idóneo para calmar sus ansias de poder o peor aún, solucionar sus ambiciones económicas personales. Es cierto que no es un denominador común, pero hay tantos casos en los que los ciudadanos acaban creyendo que se trata de una tendencia.

La política debería ser la profesión más sublime de todas, pues se trata de trabajar en favor de la vida y bienestar de las personas. Por tanto, debemos verlo casi como si se tratara de un apostolado sostenido por tres grandes pilares o valores fundamentales e indispensables: responsabilidad, ética y vocación de servicio.

Sin embargo, resultará difícil mejorar las condiciones de vida de la población a la que se gobierna, defender sus derechos fundamentales y construir mecanismos que permitan brindar igualdad de oportunidades, si se desconoce por completo qué se debe hacer para construir, impulsar y hacer sostenible un estado de bienestar.

Quienes no entienden el verdadero significado y funcionamiento de lo que se conoce como el "estado social de derecho", estarán llamados a fracasar si es que acceden al poder, cómo fracasarán los ciudadanos que los eligen, que a la larga, serán quienes sufran las consecuencias. Como ciudadanos con derecho a votar, debemos negarnos a seguir aceptando que la política es un medio para que unos cuantos acumulen poder o riqueza, en detrimento de la mayoría.

Para dignificar la política, nada puede superar el que como ciudadanos exijamos la formación y preparación de nuestros líderes, que son quienes tienen la responsabilidad de ejercer el poder, algo que se consigue exclusivamente mediante la adquisición de conocimiento. No podemos seguir permitiendo que la política sea el escenario en el que se sigan ofreciendo a la población, promesas populistas que no se pueden cumplir, como tampoco podemos permitir que los gobiernos autocráticos de izquierda o derecha sigan abusando descaradamente del poder para intentar perpetuarse en él.

Que muchos de quienes nos gobiernan, ignoren incluso el nombre de las capitales del mundo, para no hablar de temas muchos más complejos como cuáles son la tendencia de la economía, los beneficios que brindan las energías renovables, o cuál es la importancia de la investigación en los procesos de innovación, como mecanismo para generar valor agregado, entre muchos otros temas, es simplemente inconcebible. Seguir eligiendo políticos que solo saben prometer o plantear ideas populistas solo puede desembocar en un aumento de la frustración, que de hecho ya existe en gran parte de la población, y traer consigo el desencadenamiento de protestas sociales capaces incluso de generar disturbios violentos y tumbar gobiernos. Todo ello redunda en perjuicio de las instituciones de los países y debilita sus sistemas democráticos.

Para ser gobernante exitoso y transformar la sociedad, se requiere no solo conocer las necesidades y entender las frustraciones y anhelos de los ciudadanos a los que se pretende gobernar, sino tener una mínima perspectiva de la historia y entender cuáles son y cómo se han implementado de manera exitosa diferentes políticas públicas, capaces de llevar a una sociedad por la senda del progreso. Lo anterior bajo el entendido de que hoy existe una agenda global en la cual temas como la democracia, los derechos humanos y de las minorías, la protección del medio ambiente, la conciencia social, la innovación tecnológica, el cambio climático y otros más, son temas que los gobernantes deben conocer con cierta profundidad o de lo contrario rodearse de expertos.

Toda política además es local, la globalización ha interconectado el mundo de tal manera, que hoy podemos estudiar lo que han hecho Santiago de Chile y en Bogotá y Medellín Colombia, para entender cómo enfrentar por ejemplo la inseguridad, para resolver problemas en México, Guatemala o El Salvador.

Entender, entre otras cosas, lo que hicieron en materia de promoción de inversiones en Irlanda, ayuda a desarrollar una estrategia por ejemplo en la República Dominicana, así como entender los que en este último país se hace en política sanitaria y turismo y para atraer inversiones, turistas y generar crecimiento, será de gran utilidad para países de la región que aspiren a conseguir el mismo éxito del país caribeño.

La interconexión y los acuerdos dejan de ser diarios entre los gobiernos nacionales o federales, y empiezan a ocurrir entre regiones o ciudades. Hoy hablamos de un mundo "glocal" perfectamente colaborativo, por lo que la primera obligación de un gobernante es entender su significado. Nuestras economías dejaron de ser cerradas y hoy están obligadas a competir con soluciones, productos y servicios que se desplazan a una velocidad tal que ningún proteccionismo o embargo puede detenerlas. Los negocios del mundo se realizan indistintamente entre países vecinos y distantes, y muchos de ellos entre personas y compañías que jamás se ven las caras, pues se intercomunican a través de Internet, de suerte que entender esta dinámica es esencial para poder gobernar exitosamente.

Durante los últimos años de mi carrera profesional como consultor tuve el enorme privilegio de ser asesor político de los presidentes Ernesto Samper de

Colombia, Francisco Flores de El Salvador, Leonel Fernández Reyna y Luís Abinader de la República Dominicana y digo privilegio, porque de los muchos mandatarios que he tenido la oportunidad de conocer y aconsejar durante mis ya más de cuarenta años como estratega político, ninguno como ellos han entendido, que la importancia de gobernar radica en la preparación y el conocimiento de lo que ocurre en el mundo, así como en la capacidad de acercarse y comunicarse directamente con sus gobernados.

Fueron no una, sino muchas, las discusiones surgidas en las comisiones de estrategia de sus gobiernos, en las que participé, en que cada vez que surgía una discusión originada en la duda o en la visión de las distintas posturas económicas o ideologías diversas representadas en la mesa, se buscaban siempre casos de éxito o ejemplos globales para enriquecer la discusión y encontrar la solución más apropiada.

De ahí que el segundo consejo que quisiera brindar a quienes aspiran a desarrollar una carrera política exitosa, es que antes de salir a buscar votos, se preparen y cultiven al máximo, para poder convertirse en verdaderos líderes del mañana y en estadistas capaces de transformar positivamente sus sociedades.

Haga las cosas bien,
lo malo lo perseguirá mañana.

En política lo que los ciudadanos perciben termina siendo la realidad y desafortunadamente, a la hora de hablar de corrupción o ineficiencia, la opinión pública señala más a la clase política que a ningún otro grupo de la sociedad.

Y no es que no haya corrupción entre los políticos, sino que endilgársela exclusivamente a quienes tienen la responsabilidad de conducir los gobiernos es muchas veces injusto e inconveniente. Las sociedades suelen ser homogéneas, de manera tal que no se puede inculpar a un solo sector como responsable de lo malo, como si el resto de los miembros de la sociedad fuesen "ángeles celestiales" a quienes no les cabe culpabilidad alguna.

¿Quién de nosotros no ha sido testigo de discusiones verdaderamente exageradas, en las cuales hay quienes acusan con extrema dureza a miembros de algún gabinete por cobrar comisiones o coimas entregadas a cambio de la adjudicación de algún contrato, que no tratan con la misma dureza la corrupción de quienes las pagan?

Cuántas personas no se cuentan entre aquellas que ven hasta con buenos ojos, el que existan compañías que en nuestra región paguen los salarios a sus empleados, una parte por encima y otra por debajo de la mesa, obviando de este modo el pago de impuestos y aminorando el costo de prestaciones obligatorias. ¿No es esto corrupción?

Lo cierto es que en nuestras sociedades los medios de comunicación se han dedicado a hacer eco de una percepción que saturiza a todos los políticos, acusándolos de corruptos, bajo el preconcepto de que la clase política es la encargada de administrar los dineros del Estado, que, a su vez, provienen de los impuestos directos e indirectos que pagan los contribuyentes, quienes cada vez están menos dispuestos a que sus aportes se dilapiden en medio de una burocracia inoperante. Lo que es peor, estos recursos van a los bolsillos de aquellos que tienen la obligación y la responsabilidad de gestionarlos con total transparencia.

En la República Dominicana, el presidente Luís Abinader, desde el primer día de su gobierno, se comprometió con una justicia independiente y las personas a cargo de la Procuraduría General de la Nación, han tenido la plena libertad de encauzar a quienes abusaron a sus anchas de los dineros del Estado e hicieron operaciones fraudulentas, incluso en medio de la pandemia, con el propósito de sacar ventaja de sus posiciones de poder para enriquecerse. La llamada "Operación Antipulpo", ha inculpado al parecer con suficientes pruebas a los propios hermanos del expresidente Danilo Medina, e incluso a varios funcionarios y militares de su gobierno; y no solo eso, también ha sido despiadada a la hora de ir contra los funcionarios del propio gobierno del PRM que han caído en el error de no comprender que el presidente Abinader, está dispuesto a combatir a fondo la corrupción y la impunidad "caiga quien caiga", como él mismo lo ha afirmado en distintas ocasiones.

Por suerte además, hoy, la tecnología brinda a los ciudadanos a través de las redes sociales un nuevo poder fiscalizador de los servidores públicos y de los procesos democráticos, hoy no hay funcionario que no se encuentre obligado a ser transparente, ya que, con la tecnología y sus avances, dichos funcionarios están prácticamente desnudos en una urna de cristal a través de la cual todos tenemos la capacidad de observarlos para conocer en tiempo real, lo que dicen o hacen.

A comienzos del siglo XXI, en el año 2000 el senador republicano George Allen, del estado de Virginia y uno de los más sólidos prospectos de su partido a la nominación republicana, para competir por la presidencia de los Estados Unidos, fue video grabado con un teléfono celular, en un conversatorio de su campaña para reelección como senador, mientras insultaba a un afroamericano llamándolo "macaco". El video fue posteado en YouTube, donde fue visto por más de ciento cincuenta mil personas que se convirtieron en una red de ciudadanos indignados, lo que impidió al senador Allen retener su puesto en el Congreso y, por supuesto, llegar a ser el candidato presidencial de su partido.

Años más tarde, el candidato republicano Mitt Ronmney fue grabado en una reunión privada a través de un dispositivo móvil, asegurando que a él poco le importaban el 47 por ciento de los seguidores de clase media baja que apoyaban al presidente Barack Obama con quien competía por la presidencia, a quienes calificó de vagos que vivían de recibir subsidios del gobierno. El vídeo se volvió viral en los medios sociales y a pesar de sus esfuerzos para minimizarlo, Rotmey nunca logró aclarar su afirmación.

El presidente José Luis Rodríguez Zapatero tuvo un intercambio de palabras con su entrevistador Iñaki Gabilondo quien, al finalizar una entrevista televisiva, se acercó para preguntarle cómo iban los sondeos y Zapatero entonces, sin percatarse que las cámaras y micrófonos estaban aún abiertos, afirmó; *"Bien, pero nos conviene tensionar"*, palabras que fueron difundidas ampliamente por todos los medios. En política no hay ningún secreto.

El presidente Donald Trump a pesar de la cifra récord de setenta y cinco millones de votos obtenidos, es uno de los pocos presidentes americanos que no logró su reelección inmediata, básicamente por tensionar exageradamente al electorado. Trump siendo un indiscutible rey de Twitter, plataforma a través de la cual prácticamente gobernó, terminó siendo expulsado de esta a raíz de sus constantes mentiras y exageraciones. Bajo su polémico mandato, se borraron las fronteras, entran la verdad y la mentira. El Washington Post se encargó de recolectar y denunciar más de veinte mil falsedades pronunciadas por el presidente desde el inicio de su gobierno.

Que en la política hay vicios y abusos por parte de algunos de sus miembros, es innegable. Lo mismo ocurre en el sector privado y en las organizaciones que promueven la honradez y la transparencia.

Cuando un político voluntaria o involuntariamente comete un error, por pequeño que este sea, primero tiene que ser consciente de que el error existió, por lo que debe buscar ante todo la manera de aceptar su responsabilidad y enmendarlo ante la sociedad. Ello demuestra valor y transparencia al mismo tiempo. Ahora bien, si lo anterior no es posible, el político debe estar preparado para responder adecuadamente por el error cometido. Primero, investigando previamente acerca del impacto real que la equivocación puede llegar a tener entre los distintos segmentos de opinión pública. Y en segundo lugar, dando la cara, algo que gusta a la opinión pública dispuesta en ocasiones a perdonar, cuando el político tiene la suficiente humildad y entereza de reconocer y mostrar arrepentimiento.

Quienes desarrollan una carrera política deben tener en cuenta que pierden y deben entregar lo más preciado que tenemos todos los seres humanos, la libertad. La privacidad no existe para quien toma la decisión de buscar el poder y tener una vida pública. A partir del momento en que se conozcan sus aspiraciones, todo aquello que haya hecho o dejado de hacer pasará a formar parte del dominio público y los medios de comunicación se encargarán de contarlo a los contendores y a los propios ciudadanos. Lo peor de todo, es que lo anterior no se limita a quienes aspiran al poder, sino que alcanza a sus familias, colaboradores y amigos más cercanos, quienes serán también, objeto del escarnio público.

Quien no está dispuesto a ello, es mejor que desista de hacer una carrera política, pues no habrá escondedero posible capaz de ocultar el más mínimo defecto, ni el menor de los errores.

De hecho las virtudes serán perseguidas, en razón a que como en política el éxito no se perdona, los detractores estarán dispuestos incluso a utilizar la calumnia, en su intento por doblegar y vencer la voluntad de quienes aspiran, especialmente si se perciben como potenciales ganadores. Más ahora que las redes sociales han permitido la creación de verdaderos enjambres a través de bodegas digitales que administran bots, algo muy frecuentes después de la pandemia.

De ahí que tener una vida ordenada, en lo personal, en lo económico y en lo profesional, al igual que fortalecer la unidad y solidaridad familiar para aguantar los ataques, es desde todo punto de vista prudente y recomendable.

A George W. Bush, durante su campaña a la presidencia en el año 2000, le sacaron a la luz pública su pronunciado alcoholismo del pasado y el haber sido fumador de marihuana. Ambas acusaciones fueron aceptadas y manejadas con habilidad, bajo las recomendaciones del estratega Karl Rove.

Ernesto Samper Pizano seguramente el presidente que tuvo que sortear la peor crisis de su época, y de de la cual salió airoso, tuvo que convivir sus cuatro años de gobierno con la presión generada por el hecho de que su campaña hubiese sido infiltrada con dineros provenientes del cartel de Cali, lo que polarizó a la sociedad e indiscutiblemente disminuyó su capacidad de gobernante. Samper se había preparado conciensudamente para gobernar Colombia.

Alberto Fujimori, presidente del Perú, que para muchos realizó en su primer mandato un buen gobierno, terminó prisionero y perseguido por la justicia de su país, por cuenta de sus relaciones perversas y poco transparentes con Vladimiro Montesinos.

La enfermiza obsesión por las mujeres del señor Dominique Strauss Kahn, seguro candidato del Partido Socialista a la presidencia de Francia, lo llevó a que cayera preso y se viera obligado a renunciar incluso de su posición como presidente del Fondo Monetario Internacional, cuando se hizo público su intento de violar a una camarera en un hotel de New York. Esta situación, más que embarazosa, no solo le impidió ser el candidato para sacar a Nicolas Sarkozy del poder, sino también destruir su propio matrimonio.

Abraham Lincoln a menudo decía: *"Es mejor permanecer en silencio y sospechar de tu locura, que hablar y remover cualquier duda al respecto".*

Este consejo no fue propiamente el que siguió Hipólito Mejía, quien después de hacer una campaña brillante en la que llegó a estar diecisiete puntos porcentuales arriba de su contendor, Danilo Medina, en su segundo intento por llegar a la presidencia de la República Dominicana, pecó de imprudente y las palabras salidas de su boca y amplificadas por los medios de comunicación, hicieron recordar a los dominicanos que se trataba de un hombre ocurrente y simpático sin duda, pero percibido como inestable a la hora de gobernar, lo que le impidió llegar de nuevo al poder y demostrar que estaba preparado para hacerlo bien.

En el Perú Alan García, quien después de haber salido por la puerta trasera del país al término de su primer gobierno, regresó al poder y demostró que podía ser un buen gobernante capaz de recuperar la ruta de crecimiento de su país. Lamentablemente, García prefirió suicidarse antes que enfrentar la justicia a la cual fue sometido, como casi todos los últimos presidentes de su país en un lamentable proceso de judicialización de la política, que se ha desatado en varios países de la región.

Para quienes aspiran a tener una vida pública es para quienes se aplica mejor el refrán popular que reza: "La ropa sucia se lava en casa". Suficiente resulta ya para los políticos el tener que soportar que la opinión pública mayoritariamente considere que, político es sinónimo de corrupto, como para tener que sumar las pruebas que lo confirmen.

Una vida ordenada será, por lo tanto, la mejor compañera para quien desee alcanzar el poder y desarrollar desde allí su carrera profesional como servidor público y como líder capaz de cambiar la realidad para mejor.

Lo anterior, sin embargo, no significa que quienes tienen una vida desordenada en lo político, lo económico o lo personal, no puedan acceder al poder. Son muchos los casos de quienes lo logran. De lo que tengo dudas es que, a la vez, estos últimos tengan la capacidad de producir algún tipo de transformación positiva para los habitantes de sus sociedades y, a su vez, trascender. Aquí hay además una discusión de carácter ético. El liderazgo incluye la responsabilidad del buen ejemplo, obligación que tiene todo gobernante para con sus gobernados, ya que el mal ejemplo termina por convertirse en una especie de aval a quien ve a su líder cometiendo abusos, que puede terminar por convencer de que se tiene una especie de patente de corso para hacer lo mismo.

Ser serios, honestos, ordenados y disciplinados en política genera valor y al final va en beneficio de la reputación, que es nuestro principal activo.

A los políticos les hace falta la familia.

La política dificulta cualquier relación familiar pues los políticos rara vez tienen tiempo para compartir con los suyos, y si logran hacerlo, exponen innecesariamente a sus familiares poniéndolos en permanente riesgo.

Resulta fácil hacer juicios de valor de quienes por buscar el poder, deciden hacerse políticos con lo cual están obligados a ejercer una vida pública. Sin embargo, no todo es color de rosa en la vida de estos personajes. Lo primero, entregan los políticos es lo más preciado que tienen, su privacidad. Pero lo segundo, es que la dinámica del quehacer político los lleva prácticamente a abandonar a sus seres queridos, por dedicarse a construir una relación con los ciudadanos que terminan siendo los miembros de una nueva familia llamada sociedad, que es a la que dedican la mayor parte de su tiempo. Ello no es propicio para fortalecer una relación familiar saludable.

Contrario a la creencia de la mayoría de que los políticos son vagos y holgazanes, los políticos son quizás los profesionales que más tiempo dedican a su trabajo. Si una persona normal dedica cuarenta y ocho horas semanales de su tiempo al trabajo que realiza, cualquier político que desee avanzar en su carrera está obligado a trabajar más de cien horas a la semana porque para ellos, escasamente hay ocho horas diarias para alimentarse y dormir. Las demás horas del día y la noche, están dedicadas al trabajo de conversar con la gente, al estudio de políticas públicas y a fortalecer sus estructuras políticas, pues son estas las que los han de acompañar en su esfuerzo por alcanzar el poder y luego gobernar.

Para los políticos no hay fines de semana, ni Semana Santa, ni Navidades, ni vacaciones, ni días festivos, pues todos esos son oportunidades para entrar en contacto con los ciudadanos, con otros políticos, como ellos, o simplemente para estudiar la mejor manera de solucionar los problemas de su sociedad.

La mayoría de los políticos sobreponen su carrera profesional a su vida familiar, pues el trabajo de estar en permanente contacto con los ciudadanos, se convierte en algo que termina por ser su ADN. Es como si bebieran una especie de miel envenenada que los va cautivando poco a poco, hasta llegar a convertirse en una poción placentera de la cual no son capaces ya de desprenderse.

El poder es un estimulante que lleva a los políticos a alejarse de su familia y aceptar que en la búsqueda de poder o en el ejercicio de este, la familia no es siempre es su principal prioridad. Hay casos que demuestran que, frente al sabor afrodisiaco de la política, fue difícil que el amor perdurara. La búsqueda del poder se transforma en una fuerza poderosa que absorbe por completo cualquier momento en la vida de un político, convirtiéndolos en oportunidades de oro para conversar y compartir con la gente, hasta seducirlos, enamorarlos y conseguir su apoyo.

La familia, en la carrera de un político, es de vital importancia a la hora de tener que mostrarle a la sociedad que quien quiere persuadirlos de apoyarle es una persona emocionalmente estable, leal y dedicada, lo cierto es que en el día a día, para un grupo de políticos, la familia no está en primer plano.

Hay personas que simplemente no soportan esto en la relación y cuando descubren que, para sus cónyuges el poder está por encima de toda consideración terminan separados o divorciados de su cónyuge político. En Colombia, dos de los últimos presidentes, Ernesto Samper y Juan Manuel Santos, terminaron separados de sus primeras mujeres por cuenta de que a sus esposas las aburría profundamente la vida política de sus cónyuges. Muchos otros consiguen mantener su relación conyugal, sin embargo, algunos buscan tener una o más relaciones fuera del matrimonio, lo que les genera una mayor inestabilidad emocional.

La política absorbe de manera significativa la vida de los líderes y quienes logran construir un balance entre una vida política y una vida familiar al mismo tiempo, deben entender que si bien la familia es lo más importante, no solo es difícil preservarla, sino que además los miembros de esta no siempre son lo suficientemente solidarios, como ellos quisieran que fueran.

Es así como existe entre el poder y la familia, otro tipo de relación que resulta aún más tortuoso. Se trata de aquella que resume el refrán popular: *"No hay cuña que apriete más que la del mismo palo".* En Latinoamérica hay varios ejemplos de personas que no hicieron la tarea de controlar las ambiciones excesivas de sus familiares.

En Ecuador al presidente Rafael Correa, le apareció su hermano Fabricio, a Guillermo Lasso, su hermano Xavier, como le apareció al presidente Ollanta Humala, Antauro en el Perú. Todos ellos eran hermanos incómodos que se ponían en contra de los gobernantes, tenían envidia de que no ser ellos, quienes llegaran al poder.

Otros gobernantes tuvieron que salir a defender a sus hijos porque estos últimos aprovechaban su condición para adelantar acciones propias del llamado tráfico de influencias, con el cual terminaban beneficiándose en detrimento de la imagen de su progenitor o sirviendo como "idiotas útiles" de las ambiciones de quienes los llevaban a cometer indelicadezas y también delitos tipificados en la ley. Así es como hay casos de esposos, hermanos, primos o hijos de gobernantes que terminaron transformándose en una piedra en sus zapatos.

De ahí que destacados políticos como Joaquín Balaguer por ejemplo, presidente de la República Dominicana haya asegurado en varias ocasiones que, la familia y el poder, eran incompatibles. Balaguer dejó de lado la vida familiar, y hasta abandonó las dotes que tenía de poético conquistador de corazones, como lo describen sus amigos e historiadores, hasta llegar a la convicción de que un líder se enamora y se casa con su patria y que los ciudadanos son los miembros de esa que será su única familia.

El primer ministro Percival Noel James Patterson, que gobernó en Jamaica durante catorce años y dejo una profunda huella de su paso por el poder, decidió lo propio y además hizo públicas las razones que motivaron su decisión de vivir solitario.

Evo Morales continuó soltero hasta su abrupta salida del poder, como lo fue al final en Venezuela Hugo Chávez, quien se separó de su mujer María Isabel de Chávez, igual que es soltero quien fuera el más exitoso contendor del difunto expresidente Chavez en las urnas y de Nicolás Maduro, el opositor Henrique Capriles.

Existe otro grupo de parejas políticas que construyen relaciones familiares sobre la base de la legítima búsqueda del poder por parte de ambos cónyuges.

El presidente Bill Clinton y su esposa Hillary siempre pertenecieron al grupo de quienes arriesgaban por el poder. De hecho se demostró que ella estuvo dispuesta a aceptar las infidelidades de su marido, una de las cuales le produjo una crisis política sin precedentes, a cambio de su propia ambición de poder y su deseo de ocupar, al igual que su marido, la Presidencia de los Estados Unidos.

El expresidente Álvaro Colom y su esposa tenían ambos tal ambición de poder, que él se presentó con ayuda de ella tres veces a la contienda presidencial hasta llegar a ser presidente de Guatemala en la segunda vuelta electoral celebrada en septiembre de 2007. Posteriormente, en abril de 2011, al finalizar su mandato aceptó divorciarse de su mujer para ayudarla a alcanzar a ella también, la primera magistratura de su país. Sin embargo, amparada en la prohibición explícita de permitir a parientes del presidente en turno aspirar al cargo, la Corte de Constitucionalidad de Guatemala, hundió los sueños de poder de Sandra Tórres, quien continuó sin éxito hasta 2023, buscando cómo llegar a la presidencia de su país.

El presidente Mujica de Uruguay y su esposa Lucía Topolansky no fueron compañeros de estudio ni se conocieron en una fiesta presentada por otros amigos ni formaron una pareja tradicional. Los identificó siempre su lucha política, se encontraron en la clandestinidad e iniciaron su relación de pareja desde 1972 compartiendo ideales comunes. Los dos lucharon como guerrilleros, fueron capturados y permanecieron prisioneros hasta 1985. En 2005, después de convivir varios años juntos, contrajeron matrimonio. José Mujica asumió la presidencia de la República y ella fue una senadora activa del MPP.

En la Argentina, Néstor Kirchner y Cristina Fernández de Kirchner tuvieron una relación basada más en la construcción continua de poder, que en el amor de pareja. Inició desde cuando en 1975 ambos formaron parte de la juventud universitaria peronista. Años más tarde después de pasar por el cargo de intendente del municipio de Rio Gallegos, con el apoyo de su mujer para entonces diputada del Congreso Provincial, Néstor Kirchner llegó a gobernador de la provincia de Santa Cruz y Cristina a senadora nacional por la misma provincia, con el apoyo de su marido.

Después de la confusa elección en la que el expresidente Menem renuncia a participar en el balotaje y da a Néstor Kirchner la oportunidad de llegar a la presidencia de Argentina con la votación más baja registrada en la historia de ese país, el 22 por ciento de los votos. Los Kirchner, diseñan entonces una estrategia política de poder para 16 años que se conoció como *"primero yo, luego tú, vuelvo yo y sigues tú"*. La muerte de Néstor Kirchner cuando estaba a punto de anunciar su segunda candidatura, producto de un fulminante infarto, si bien truncó lo planeado, no impidió que Cristina se reeligiera como presidente en 2011 en la primera vuelta. Luego regresó como vicepresidente de Alberto Fernández, un mandatario completamente inventado por ella.

Leonel Fernández, en República Dominicana, logró construir una segunda familia con una mujer que compartía plenamente su visión de poder y quien desde el despacho de la Primera Dama en el periodo 2004-2008, inció su propia carrera. Margarita Cedeño ha dado claras señales de sus ambiciones políticas, y sus legítimas aspiraciones de alcanzar el poder para gobernar su país. Por ello aceptó ser vicepresidente del presidente Danilo Medina, y luego candidata a vicepresidente del candidato de este, Gonzalo Castillo, quien compitió contra su exmarido al que ella decidió abandonar políticamente.

Afortunadamente, hay casos excepcionales. Son el grupo de quienes, a pesar de la indiscutible pasión generada por la política, logran construir y mantener una excelente relación familiar, algo que es saludable y totalmente deseable. Es el caso del presidente Luís Abinader, quien lleva una vida familiar ejemplar y como presidente cuenta con el apoyo irrestricto de su familia, pues si bien es cierto que su esposa e hijas en ocasiones le reclaman que desde que asumió el poder, se ha entregado al trabajo de lleno, sobrepasando muchos días de cada semana las dieciséis horas de trabajo, la relación que mantiene con su carismática y auténtica esposa Raquel Arbaje, y con sus tres hijas, al igual que con su madre y sus hermanos, es verdaderamente admirable. La unión familiar en el seno de la familia Abinader-Arbaje responde a la unidad propia de las familias libanesas.

Otro caso admirable es el de Horacio Serpa Uribe en Colombia, cuya familia no solo formó parte central de su vida, sino que su esposa Rosita y todos sus miembros de la familia lo acompañaron siempre en su exitosa carrera política. El apoyo familiar con el que contó le permitió ejercer todos los cargos a los que puede aspirar un político en las tres ramas del poder, sintiéndose siempre respaldado y acompañado.

Leopoldo López, uno de los políticos jóvenes que en su momento demostró tener grandes opciones de haber sido el líder para su país y la región, según nos lo narró personalmente su mujer Lilian Tintori, al momento de pedirle que se casara con él, la propuesta de matrimonio fue doble. Primero le propuso formalmente si quería ser su esposa, a lo que ella contestó afirmativamente. Sin embargo, hubo una segunda petición que condicionaba la primera respuesta, ya que si su decisión era la de aceptar tendría que entender que al hacerlo aceptaba también que su relación sería compartida con otra amada que tenía, Venezuela. Leopoldo, desde hacía años, se había comprometido con su patria, sobre la que había puesto su principal objetivo de su vida. Lamentablemente, hasta ahora las circunstancias han frustrado su pasión y deseos por sacar a Venezuela adelante y aun cuando se dice que en política no hay muertos, parece difícil mas no imposible, que Leopoldo López, o ninguno otro de quienes fueran los líderes de la oposición, logren ellos llegar al poder.

Es muy posible que sea una generación de valientes que se sacrificó para que quienes hoy salieron obligados del país y están estudiando en las mejores universidades del mundo, sean quienes regresen para reconducir a Venezuela por la ruta del progreso que sus ciudadanos merecen.

En las relaciones de pareja de políticos hemos visto algunos casos aislados que demuestran que existen fórmulas para mantener unida a la familia. Sin embargo, lo cierto es que, en la mayoría de los casos, a los políticos les hace falta la familia.

Llegan solo quienes participan con vocación de poder.

Con más de cuarenta años en los que he trabajado como consultor político en más de 16 paises, he escuchado a personas de la sociedad civil, de los sectores empresariales o simplemente a formadores de opinión, criticar duramente a los políticos, o quejarse sistemáticamente de una supuesta falta de liderazgo existente.

Sin embargo con el tiempo he aprendido también, que solo llegan quienes participan y tienen verdadera vocación de poder.

Criticar es fácil. Lo que es verdaderamente difícil es aspirar, ganar y gobernar. Desafortunadamente, de política y comunicaciones todos creen saber y entender. Todos piensan tener la razón en lo que afirman y casi ninguno acepta que en realidad actúan como "novatos expertos".

Quienes solo critican, prestarían un mejor servicio a sus sociedades si sus aportes no se limitaran a quejarse a diario, y los conocimientos que muchos de ellos adquieren en grandes universidades y escuelas de pensamiento de primer nivel en el mundo, los pusieran al servicio de sus sociedades.

Cuantas veces no escuchamos aquí y allá a personas afirmando categóricamente cosas como:

"Esta sociedad no cuenta con líderes políticos preparados o capacitados"
"Si los políticos hicieran (esto o aquello), las cosas en el país irían mucho mejor"
"El presidente no cumplió lo que prometió durante su campaña en (...tal) tema"

"Los funcionarios fueron escogidos políticamente, no en razón a sus méritos y conocimientos".

Siempre me he preguntado, ¿Por qué razón existe la falsa creencia de que los políticos deben hacer lo que plantean quienes solo saben criticarlos con sus recetas teóricas?

¿Acaso los críticos son quienes se la juegan con ellos palmo a palmo, para llegar al poder?

Los políticos se rodean de políticos porque más allá de sus diferencias y disputas políticas, son ellos quienes luchan por años para formar un partido, para generar una opción de poder o para gobernar.

Si se gastara menos tiempo en destruir y más en construir, lo que obviamente incluye que quienes se quejan constantemente y solo saben dar formulas que no siempre funcionan: Si quienes critican enfocaran su esfuerzo en aportar soluciones reales y no premisas utópicas, nuestras sociedades funcionarían mucho mejor. Para ello se requiere sin embargo ambición, deseo de servir y algo que ciertamente tienen más los políticos, y su vocación de poder.

La crítica constante según la cual los políticos no cumplen todo lo que prometieron, no deja de ser una utopía, ya que no existe ningún líder que haya podido, en ningún país del mundo, llevar a cabo todo lo que prometió.

Las sociedades son complejas, tienen infinidad de problemas que salen a la luz pública todos los días y la buena voluntad de un líder, es totalmente insuficiente para superar las presiones de una sociedad globalizada y satisfacer todas las demandas de los ciudadanos que los eligen.

Lo que es totalmente cierto es que nuestros países serían más productivos y más avanzados si todos los ciudadanos, especialmente sus líderes, cambiaran su capacidad crítica por una creciente capacidad de acción y un mayor involucramiento para participar y aportar constructivamente a corregir el rumbo que deberían tomar las sociedades en las que actúan.

Qué bueno fuera ver a los líderes de todos los sectores motivando a sus hijos no solo a defender sus intereses personales o patrimoniales, sino a participar activamente en política, para defender los derechos de una población entera.

Sorprende ver a los líderes empresariales, gremiales, sociales, o de instituciones de la sociedad civil, limitarse a exigir cambios o criticar medidas gubernamentales por el simple hecho que contradicen sus intereses o los de su sector, sin importar que dichas medidas se tomen muchas veces para favorecer a la mayoría de la sociedad. Los gobernantes, incluso aquellos que son elegidos por mayoría abrumadora tiene la obligación de gobernar para todos. Como ganador de una contienda, la democracia brinda a quien triunfó el derecho de imponer su visión de gobierno, pero al mismo tiempo está obligado a respetar el disenso de esas miniorías que no votaron por él.

En Colombia durante muchos años nuestras clases dirigentes exigieron acerca de la necesidad imperiosa de fortalecer a nuestros ejércitos y cuerpos de seguridad, para ir al combate contra los carteles de la droga, el crimen organizado y la guerrilla, pero pocas veces o quizás ninguna, vemos que los hijos de las familias de los terratenientes o empresarios más pudientes, envíar a sus hijos al frente de batalla para defender sus propios intereses.

En sociedades como la colombiana, donde el servicio militar es "entre comillas" obligatorio ya que los hijos de los más pudientes siempre encuentran como obviarlo, son en realidad los hijos de los más pobres quienes son carne de cañón a la hora de defender los intereses de sus progenitores. Por suerte ya no tenemos que luchar contra una cruenta guerrilla como fueron las farc que en su momento, se adueñaron de gran parte del país a base de crimenes como el secuestro, la extorsión o el trafico de estupefacientes, generando un ambiente de violencia y dolor.

Participar en política es condición "sine qua non" para alcanzar el poder. Quien no participa nunca llega y limitarse a criticar debilita el legítimo derecho democrático de disentir y reclamar.

Ahora bien hablemos un poco de la importancia de tener vocación y voluntad de poder, para llegar a conseguirlo. Para que un político acceda al poder necesita desearlo como lo más sublime que puede llegar a alcanzar. Es la primera regla para conseguirlo. Necesita además estar dispuesto a dejarlo todo, por su deseo de desarrollar su visión de estado y dejar un legado perdurable en la historia. Ningún otro sentimiento resulta más poderoso a la hora de intentar llegar al poder. Parodiando el refrán popular de "quien quiere puede" en beneficio de la política, podríamos decir que "quien quiere gana".

En el año 1994 cuando tuve la oportunidad de asesorar a Guillermo Paniza a la alcaldía de la bella ciudad de Cartagena de Indias, entendí perfectamente la fuerza que tiene el querer ganar. Esa ha sido una de las elecciones más significativas de mi carrera como consultor, pues se trataba no solo de demostrar que se podía producir un cambio en la forma de gobernar, sino que ganar más que un reto, parecía ser un imposible, ya que a excepción del ex alcalde Nicolas Curi, el resto de toda la clase política de la ciudad apoyaba al candidato contrario, Hector "Tico" García, miembro de una dinastía política del departamento de Bolivar y su capital.

A pocos días de iniciar mi trabajo como estratega de esa campaña, encontré en un avión a "Tico", el contrincante de Paniza, quien además era un amigo, y al preguntarle cuando había tomado la decisión de presentarse a la elección me confesó, que esa no era su decisión, que no sabía muy bien por qué razón era candidato y aseguró además que quizás se debía a que su familia, de políticos todos le había pedido suceder a su primo hermano doble, Gabriel Antonio García, en la alcaldía de la ciudad, algo a lo que no se podía negar.

Comprendí al verlo tan dubitativo e inseguro que sería un candidato débil pues le faltaba el principal motor que se necesita para ganar una elección, la voluntad y el deseo de ganar, mientras que para Paniza, hoy completamente alejado del mundo de la política después de haber sido el pionero de lo que se conoce como "Un Nuevo Tiempo" en la política latinoamericana, ganar era en aquel momento, casi que su razón de ser.

Una carrera política exitosa se consigue cuando quien aspira al poder, quien quiera que sea, logra visualizarlo desde temprano, pero sobre todo, cuando el deseo de conseguirlo se convierte en un objetivo de vida, que está por encima de cualquier consideración. Cuando este deseo no es pasajero sino que perdura en el tiempo; cuando se da esta férrea voluntad de poder, un líder es capaz de superar cualquier obstáculo y enfrentar a cualquier contrincante por invencible que parezca, lo que le contribuirá de manera significativa a una verdadera opción de éxito.

Si esto no ocurre y quien aspira prefiere mantenerse en su zona de confort, veremos que las oportunidades se esfuman hasta desaparecer, como le ocurre a quienes se quedan esperando un momento más claro y menos conflictivo.

Este es el caso, por ejemplo, de Jaime Nebot, poderoso y exitoso alcalde de la ciudad de Guayaquil por 19 años, quien a pesar de su deseo manifiesto de ser presidente del Ecuador, nunca terminaba por decidirse del todo a lucharlo a fondo para ganar. Dos veces derrotado en las urnas, la primera contra un hombre gris como Sixto Duran Ballen en 1992, y la segunda contra un loco populista y carismático como Abdalá Bucaram en 1996, desperdició su oportunidad en 2021 cuando lideró las encuestas y tuvo la oportunidad de llegar. Sin embargo, el temor de terminar derrotado después de su éxito como alcalde, pudo más lo que lo obligó a retirarse de la contienda..

Cuando todo parece difícil e inalcanzable, la voluntad férrea termina por hacer que lo que se veía como un imposible termine siendo un juego de niños. Como aseguraba Mahoma, "La voluntad mueve montañas". De no ser así, ni Juan Manuel Santos quien por años no lograba superar el 2 por ciento de intención de voto en las encuestas, lo que le valió el apodo de "margen de error", habría encontrado la manera de llegar a la presidencia de Colombia, ni Danilo Medina quien soñó con la presidencia de la República Dominicana desde cuando Juan Bosch lo hizo uno de sus discípulos predilectos, lo habría podido conseguir en 2012.

En esto de la voluntad y el deseo de llegar al poder hay casos verdaderamente insólitos.

El deseo de alcanzar el poder de Sir Winston Churchill era tan firme, que las dificultades que le llevaron a cambiar de partido político para conseguirlo, le parecieron temas menores, que siempre supo como superar.

François Mitterrand, el carismático líder socialista francés, nació en el seno de una familia conservadora, paradójicamente inició su larga carrera política escribiendo en publicaciones propias de la derecha como L'Echo de Paris, en el año 1936. Es solo hasta 1981 cuando Mitterrand llega al poder y se convierte en el Presidente que más tiempo ha ejercido el cargo en Francia, 14 años consecutivos.

Como demostración de su deseo y vocación de poder, el nombre de Luis I. Lula Da Silva apareció en todas las boletas electorales que hubo en su país después del fin de los regímenes militares, hasta llegar a ser presidente del Brasil en las elecciones de 2002 y reelegirse cuatro años más tarde de haber terminado. De hecho una de las razones de su inmensa tristeza al final de su segundo mandato, como el mismo lo narró en extraordinaria entrevista que le hiciera Daniel Filmus, ex ministro de educación de Argentina, es que cuando Lula decide apoyar a Dilma Roussefff para remplazarlo, sería la primera vez desde cuando regresó la democracia, que no sería candidato en una elección presidencial. Sin embargo su vocación democrática lo llevó a la decision de retirarse y esperar el tiempo necesario para regresar antes que haber modificado la Constitución como lo hicieron muchos para perpetuarse en el poder.

Para Pedró Sanchez en España, el objetivo de llegar al poder y ser presidente de gobierno fue seguramente una obsesión, ya que después de haber sido desterrado de su partido el PSOE como Secretario General y de haber renunciado incluso a su diputación, regresó de las cenizas, volvió a controlar su partido y sacó a Mariano Rajoy del poder, para luego legitimarse como presidente en unas elecciones generales en 2019.

Y qué decir de Nelson Mandela quien como ya narramos en capitulo anterior, llegó a Presidente de Sudáfrica, después de pasar 27 años detenido tras las rejas.

Ahora bien, en esto hay quienes confunden la voluntad y el deseo de alcanzar el poder, con la prepotencia de quienes creen que simplemente se trata de algo que les corresponde.

En las elecciones municipales de 2011 en Colombia, Enrique Peñalosa, seguramente el mejor Alcalde que ha tenido Bogotá en su historia, consideró que su labor lo hacía merecedor de ganar nuevamente, y desarrolló una campaña con la que estuvo a punto de enterrar su carrera política y sus posibilidades de regresar al primer cargo de la capital colombiana. Su personalidad prepotente, le impidió llegar a la Presidencia de Colombia, donde en virtud a su experiencia y capacidad de gestión, tengo la absoluta certeza, habría desempeñado un papel destacado.

El ex canciller nicaragüense Mario Canahuati cometió el error de pensar que por el hecho de ser un empresario exitoso, lo sería también como político. Canahuati pensó que merecía ser presidente de Honduras, lo que lo llevó a desdeñar la ayuda de todo aquel que se atreviera a tener una visión distinta a la suya acerca de cómo diseñar una estrategia para ganar, incluyendo la de los profesionales de la política. Al final demostró que quien no sabía era él y perdió estrepitosamente las elecciones internas de su partido contra Porfirio Lobo, quien al final fue quien remplazó a Ricardo Maduro en el poder.

A Roberto Madrazo un político de "pura raza" como se reconoce a los políticos de gran experiencia en Mexico, esta no le alcanzó para entender que debía respetar el espacio político de la maestra Elba Esther Gordillo - quien por años, sin lugar a duda, fue la mujer más poderosa de México -, y comprender que en su país el autoritarismo acostumbrado del líder del PRI, que Madrazo ejercitó, era parte del pasado. Los propios gobernadores de su partido se aliaron con la maestra Gordillo y al final de cuentas fueron quienes impidieron a Madrazo conseguir el apoyo suficiente para que el PRI regresara con él al poder, en 2006.

Álvaro Uribe Velez, sin dudas el presidente más poderoso de los últimos años en Colombia, ha podido perfectamente ser el primer Presidente que regresara al poder desde que se estableció el Frente Nacional. Sin embargo, cambió su amor por el país por el amor por el poder, y modificó la Constitución para reelegirse en 2006 cuatro años más, intentando incluso hacerlo por segunda vez para un tercer período presidencial, lo que por el bien de la democracia colombiana no consiguió gracias a que se lo impidió la Corte Constitucional. Hoy tristemente Uribe es rechazado por más del 60 por ciento de los colombianos que en su momento lo aclamaron.

A Rafael Correa le ocurrió lo propio. Después de devolverle al Ecuador una década de estabilidad, se empecinó en dejar a un sustituto a quien creía podia manejar como marioneta, por lo que se sobrepasó para asegurar el triunfo de su candidato Lenin Moreno. Si Correa hubiese permitido que Guillermo Lasso, como correspondía al conteo de votos, llegara a la presiencia en 2017, seguramente habría podido regresar cuatro u ocho años después, ya que no solo seguiría siendo jóven, sino que Lasso que es un hombre decente - como él propio Correa nos lo manifestó en una entrevista que sostuvimos con él en Belgica en 2019 -, no lo habría perseguido como lo hizo Moreno.

La política es un servicio público no un servicio personal, por lo que ningún favor se le hace a la sociedad cuando se busca el poder para beneficiarse de este de manera individual o incluso, cuando se pretende favorecer exclusivamente a un sector de la población y no a la sociedad entera.

Con lo anterior, no estamos afirmando que sea inválido representar un grupo a la hora de querer gobernar, de hecho los ciudadanos se sienten hoy mejor representados en sus sectores que en los propios partidos políticos con los que simpatizan., lo que sucede, es que por encima de las personas y los intereses individuales o grupales, están los intereses de toda una población en la que los ciudadanos deben tener igualdad de oportunidades. Luego habrá quienes las aprovechen y quienes las desechen, pero eso es materia de otra discusión.

Los servidores públicos que son quienes se deciden a participar y quienes desean llegar al poder como primer y principal objetivo, deben hacerlo en procura de trabajar en favor de todos los ciudadanos, dando lo mejor de sí y escuchando y respetando a quienes disienten. Esa es la verdadera democracia.

La real politique cuesta y mucho.

Además del tiempo, el dinero es el segundo recurso más escaso de toda campaña política, especialmente en América Latina, donde, como dijimos anteriormente, lo dejamos todo para el final. En esto, los americanos son los únicos que tienen claro que sin dinero no es posible adelantar una campaña política exitosa.

En la elección de 2008 en la que ganó Barack Obama, su campaña supo administrar inteligentemente los recursos económicos, concentrando su mayor esfuerzo en ganar las internas en Iowa, primer estado en definir sus preferencias electorales, a sabiendas de que al lograrlo se convertiría en la figura política del Partido Demócrata y con ello garantizaba la recaudación de fondos necesaria para culminar la que hasta ese momento, sería la elección más costosa de la política americana. Por el contrario, quien ha podido ser la figura que descollara en el Partido Republicano, el exalcalde de Nueva York, Rudolf Giuliani, se vio obligado a retirarse de la contienda al equivocar su estrategia de recaudación de fondos y concentrar los que tenía para disputar a John McCaine en el estado de la Florida, donde en ese año no se decidía la elección. Es por ello que en los Estados Unidos el país más avanzado del mundo en términos de comunicación y mercadeo político, difícilmente hay campaña que no vaya acompañada de una estrategia temprana de recaudación de fondos, y no solo de recursos económicos, sino logísticos, de servicios, e incluso de voluntarios.

En América Latina, por el contrario, nuestros candidatos raramente diseñan una estrategia para definir cómo y cuándo iniciar su recaudación, por lo que la gran mayoría de las campañas terminan utilizando la pésima costumbre de "pasar la bandeja o el sombrerito" para ver qué contribuciones caen en la bolsa.

La recaudación de fondos es parte esencial de una buena estrategia de campaña porque no solo asegura el funcionamiento de la misma, sino que hace parte del mensaje, que como veremos más adelante, es el corazón de toda estrategia.

Hoy en día además, las campañas cuentan con herramientas modernas que permiten conseguir contribuciones a través de las redes sociales, lo que ha ampliado significativamente la participación de los ciudadanos y por consiguiente los montos de recaudación. La campaña de Barack Obama en 2008 revolucionó por completo en este tema, ya que consiguió superar en aportes la increíble suma de 600 millones de dólares en contribuciones o donaciones menores de veinte dólares.

En toda campaña electoral, un candidato está obligado a tres cosas fundamentales, sin que esto obvie que se mantenga vigilante de las demás áreas que son responsabilidad de la campaña: en primer lugar, pasar el mensaje; en segundo lugar, recaudar fondos y finalmente, conseguir votos

Lo primero que se debe hacer antes de arrancar una campaña electoral, es un presupuesto de lo que costará la elección que en el caso de los países de nuestra región y dependiendo si se compite con un gobierno que abusa del uso de los recursos del Estado, oscila entre tres y diez dólares por voto. Al hacer dicho presupuesto, lo primero que se debe tener en cuenta será cuánto se necesita para el día en que se lleva a cabo la elección; luego, cuánto se requiere para desarrollar integralmente la estrategia comunicacional y publicitaria, cuánto cuestan las investigaciones y la estrategia de los expertos y finalmente cuánto alcanza para lo demás. Y aun cuando lo anterior, suene un tanto exagerado, pensar así ayudará significativamente a priorizar los recursos de campaña de manera que estos no se malgasten en las mil ideas buenas que siempre llegan a la mesa, que consumen los recursos antes de tiempo, con lo cual la campaña será como un vehículo que se queda sin gasolina a mitad de camino.

Una premisa básica es que en el diseño de una estrategia de recaudación de fondos, lo primero en lo que hay que pensar es que aquí, como en la mayoría de las estrategias, funciona también la llamada "ley de pareto" que consiste en que el 20 por ciento de los contribuyentes, suele aportar el 80 por ciento de los recursos que se necesitan.

La segunda premisa, es que el dinero no se busca en manada como creen quienes para conseguirlo organizan fiestas, rifas, bazares y hasta bingos. A cada aportante lo motivan sus propios intereses, por lo que hay que aprender a conocerlos detalladamente. Para cada uno de ellos, en especial el grupo más selecto, hay que hacer una reunión individual y construir un caso y una estrategia individual de recaudación. Cuando se solicitan contribuciones colectivas, es decir, indiscriminadamente a un grupo de personas en una misma reunión, sin asignar valores exactos a cada aportante, solo se logra que quien tiene una la capacidad de brindar un aporte significativo, termine contribuyendo con una suma infinitamente menor a sus capacidades y ciertamente poco correspondiente a sus intereses.

A los grandes contribuyentes les gusta además ser tratados personalmente y se les reconozcas su status VIP, ya que es como mejor se sienten.

Otra gran verdad en la recaudación de fondos, es que cuando se visita a un contribuyente, además de conocer a fondo sus intereses y construir un caso particular para él, hay que llegar siempre con la suma específica en mente, que es la que se va a negociar como su contribución a la campaña. Quienes aportan a las campañas son personas de negocios y lo hacen no porque sean salvo contadas excepciones, seguidores de la ideología o la propuesta del candidato, o porque sean amigos que quieren ayudar, sino porque tienen intereses específicos y saben que al aportar, muy seguramente obtendrán un beneficio. Solicitar aportes económicos para una campaña no es otra cosa distinta que una negociación en la que las partes deben adquirir compromisos específicos y construir una situación en la que todos ganen.

Felipe Noguera, un excelente estratega y colega argentino con quien he tenido el gusto de trabajar en un par de campañas presidenciales asegura que el tema de recaudación de fondos bien manejada, es además parte central del mensaje de campaña. Con Felipe fuimos testigos de un ejemplo concreto de estrategia aplicado en la campaña presidencial que llevó a Francisco Flores a la presidencia de El Salvador, puestos en práctica gracias a las acertadas recomendaciones de Fernando Friedman, un exitoso consultor argentino experto en temas de "fund raising".

El día en que Fernando se reunió por primera vez con Roberto Murray Meza, importante empresario cervecero y filántropo salvadoreño, vinculado al partido ARENA, y encargado de la recaudación de fondos de ese partido.

La siguiente charla desprevenida comenzó entre Fernando y Murray:
Pregunta Fernando: *¿Te puedo llamar Bobby, que es como te conocen todos?*
Responde Murray: *Por supuesto que sí, dime Bobby.*

P. Fernando: *¿Bobby cuántos suelen ser los aportantes iniciales de ARENA en una campaña presidencial y cuál es el monto que inicialmente aportan?*

R. Murray: *Son diez y cada uno aporta cincuenta mil dólares inicialmente.*

P. Fernando: *¿Supongo que tú siendo un empresario muy éxitos, o estarás entre ellos?*

R. Murray: *Por supuesto, es la manera de incentivar a los otros a que participen, por eso suelo ser el primer aportante.*

P. Fernando: *¿Y si tu aporte fuese no de cincuenta mil, sino de cien mil, ¿eso te traería problemas?*

R. Murray: *¡Claro que no!*

Con esta simple conversación Friedman movió hábilmente el ego de Murray, para quien cincuenta o cien mil dólares en el año 1998, cuando inició la campaña de Francisco Flores, eran prácticamente lo mismo y de esta manera la recaudación inicial se duplicó.

El hecho es que sin dinero no hay campañas de victorias y si las hay, son casos excepcionales.

Piense cómo quiere que lo recuerden.

Cada vez que tengo la oportunidad de reunirme y negociar con un candidato que aspira a llegar al poder, me gusta retarlo a que se proyecte en el futuro. Es así como lo invito a ubicarse en el último día de su mandato, como si ya hubiese ganado y gobernado, para que conteste un par de preguntas sencillas pero poderosas al mismo tiempo: ¿Cómo quiere usted que lo recuerden? ¿Y qué piensa hacer para lograrlo?

Suena sencillo, pero en realidad no lo es porque implica que el candidato sepa con exactitud y anticipación, cuál es la huella que aspira a dejar de su paso por el poder, es decir cuál es su aporte transformador a la sociedad que pretende gobernar y cómo piensa lograrlo.

Tristemente, la inmensa mayoría de políticos que durante mi larga carrera de consultor he tenido la oportunidad de asesorar, no saben contestar estas preguntas, simplemente porque no saben qué quieren hacer y, por lo tanto, no pueden saber tampoco cómo lo van a hacer. La mayoría se limita a contestar alguna banalidad, tal como: *"Aspiro a que me recuerden por haber hecho las cosas bien, con honestidad y dedicación"*, lo cual no es absolutamente nada.

Gobernar no es solo actuar en la ley para cumplir y hacer cumplir la ley, ni es administrar lo público. Para ello bastaría que quienes llegaran al poder fueran los abogados o los administradores públicos. Gobernar es liderar. Gobernar es transformar una sociedad para beneficio de la gente. Gobernar es dejar una huella, implantar una marca, dejar un legado y trascender en la historia. Los pocos que consiguen hacerlo son los estadistas, ya que son quienes logran convertir su visión de estado en una realidad a través de su gestión. Los demás son simples soñadores.

En alguna ocasión en que hice esta pregunta a un candidato joven, que por respeto prefiero omitir su nombre, su padre que se encontraba en la misma sala de mi entrevista ansioso por ayudar a su hijo contestó por él, a lo que tuve que intervenir diciéndole, discúlpeme usted, pero la pregunta se la hice al hijo, no al padre.

Un tema fundamental es que los verdaderos líderes, son además aquellos que son capaces, no de llevar a su lado un rebaño de ovejas que sigue sus órdenes, sino aquellos que son capaces de hacer que sus colaboradores los sigan sin necesidad de pedírselo y de construir a la vez, nuevos liderazgos que hacen que el suyo perdure en el tiempo. Los líderes de hoy no actúan solos, trabajan en equipo porque saben perfectamente que existe el principio de la complementariedad y entienden que en los tiempos de hoy ya no existen los caudillos que lo sabían y lo podían todo. Ya no hay un político que conozca todos los temas en profundidad, y mucho menos que tenga tiempo para tratarlos con éxito de forma individual.

Una cosa es ser un líder preparado y erudito que habla con propiedad de los temas de su agenda de gobierno y de los asuntos globales, porque los ha estudiado y tiene la capacidad de discernirlos, algo que por cierto también es cada vez más escaso. Pero otra cosa son los que creen que saben y pueden hacerlo todo, algo que los caudillos solían tener y que hoy tratan de preservar como práctica a los que dirigen gobiernos autoritarios. Es lo que ocurre o le pasó a gobernantes como Vladimir Putin en Rusia, Hugo Chávez en Venezuela o Álvaro Uribe en Colombia.

Quienes prefieren jugar ese triste papel de caudillos modernos, suelen ser ineficientes y aunque dominan la escena por algún tiempo, al final dejan muchas frustraciones en el camino, que terminan afectándolos a ellos y a la sociedad que llegaron a gobernar. Estos personajes tienen dificultades para abandonar el poder porque tienen la ambición suficiente para lograrlo, pero no la grandeza que se requiere para abandonarlo.

Hay otros que simplemente no saben construir un legado, porque se creen que hay que comunicarlo absolutamente todo con la misma intensidad y fuerza con la que deberían comunicar esa sola idea con la cual podrían pasar a la historia. De este modo, no logran comunicar ninguna y terminarán navegando en un mar en el que unas imágenes chocan con otras, sin que ninguna logre establecerse en la mente de los gobernados.

Esto le suele ocurrir también a quienes ya ejercieron el poder o aún lo sustentan y desean reelegirse. Son gobernantes que piensan que tienen la obligación de abordar todos los temas, con lo cual al final no construyen su imagen asociada a ninguno y de esta manera no logran establecer una razón que motive a los electores a elegirlos nuevamente.

Suena extraño e incluso incomprensible que aquellos que ya han tomado el poder una vez encuentren difícil recuperarlo, pero es algo que ocurre a menudo. En Colombia le sucedió a Carlos Lleras Restrepo quien pese a ser uno de los mandatarios mejor recordados de la historia del país, perdió las elecciones de su partido frente a Julio Cesar Turbay Ayala, quien terminó siendo el candidato oficial y el presidente electo. Le sucedió también a los expresidentes Menem y Duhalde en La Argentina, al expresidente Armando Calderón Sol en El Salvador, quien fue derrotado en la primera interna que realizó su partido ARENA y le sucedió, entre otros, a Jorge "Tuto" Quiroga", uno de los políticos más inteligentes y preparados de América Latina, quien terminó derrotado por Evo Morales cuando asumió la presidencia de Bolivia por primera vez en 2006.

Recuerdo haber tenido la oportunidad de asistir a un encuentro con el expresidente Quiroga, organizado por un grupo de empresarios de Santa Cruz que querían ayuda.

Quiroga que ya había gobernado sentía que lo sabía todo, por lo que decidí hacerle un análisis de lo que ocurría comparándolo a él con un piloto de avión experimentado. Recuerdo haberle dicho algo así como: *"Su problema es que Ud. llegó al aeropuerto temprano, hizo la carta de navegación, encendió la aeronave, la decoló y ahora la tiene volando en piloto automático a 33 mil pies de altura, pero solo cuando estaba allí arriba se percató que estaba volando solo, pues dejó en tierra a los tripulantes, los pasajeros y sus maletas, que le harán falta para que su vuelo sea exitoso".*

Los consultores que queremos aportar de verdad a un cliente, tenemos la obligación de ser francos y directos, algo que no necesariamente cae siempre bien, pero ayuda enormemente y a la larga genera credibilidad y establece confianza. Si caemos en la tentación en la que caen muchos de nuestros colegas, de decirle al cliente solo aquello que este desea escuchar, terminaremos rindiendo pleitesías innecesarias, jamás lograremos perdurar en el tiempo al lado de un cliente, seremos consultores mediocres y la verdad, un flaco favor estaremos haciendo a nuestros clientes y a la democracia de sus países.

Volviendo a los líderes que trascienden, saben trabajar en todos los frentes del gobierno, para lo cual dirigen el trabajo de otros líderes que realizan en cada área. Es la razón por la que los electores los eligieron. Pero concentran su mejor esfuerzo comunicacional en un único frente, que es con el que soportan y hacen historia.

Así, la comunicación de un líder fluye. Cuando un líder que sabe trascender se plantea una idea fuerza y la sabe trabajar con la ayuda de expertos, se apropia de ella de tal manera que se convierte en su razón de ser y la proyecta hasta el infinito.

Una sola idea es potente, muchas pierden fuerza y se diluyen.

¿Quién, por ejemplo, no recuerda al presidente colombiano Álvaro Uribe Vélez como presidente de la Seguridad Democrática? Su legado en este tema perdurará por años, pues supo instalarlo en la mente de los colombianos y les devolvió la confianza en el país. Es una verdadera pena que se haya empecinado con quedarse en el poder porque esto lo llevó a abusar extremadamente de este.

¿Quién no recuerda al presidente Óscar Arias de Costa Rica como el mandatario de la paz? No hubo discurso de Arias que no tocara en profundidad el tema. Incluso fue galardonado por ello con el Premio Nobel, aun cuando quizás haya habido otros como Vinicio Cerezo que como él o quizás más que él, se esforzaron por alcanzar la paz en Centroamérica.

Cómo desconocer el papel de Luis Inacio Lula da Silva en Brasil, y recordarlo como el presidente que combatió con extraordinario éxito la pobreza de su país, sacando a más de treinta millones de brasileros de la pobreza, con el impulso dado a crear una sociedad capaz de consumir más lo que su país era capaz de producir y convirtiendo al su país en una de las potencias emergentes del mundo entero?

El presidente Vladimir Zelenski ya no será recordado como el bufón que llegó al poder, sino que seguramente su valor y capacidad de conducción de su país, Ucrania, frente a la invasión rusa ordenada por Putin, se le reconocerá como héroe. Así como Wiston Churchill se puso la medalla de héroe al superar las enormes dificultades que tuvo que sortear como primer ministro de Inglaterra, para salir vencedor en la Segunda Guerra Mundial.

Hay otros, sin embargo, que pasan sin pena ni gloria, quizás hasta injustamente, pues muchos de ellos muy seguramente, hicieron en su gestión cosas encomiables que desafortunadamente no supieron comunicar adecuadamente, o simplemente accedieron al poder en busca de beneficios propios, faltos de grandeza.

En política, quien hace mucho y no se comunica, es como si nunca lo hubiera hecho. Hay líderes que no valoran el poder de la comunicación y no le brindan por lo tanto el papel que se merece.

Pasaron los tiempos en los que la comunicación era la cenicienta de la familia, que simplemente no era invitada al baile del príncipe. En la actualidad, la comunicación se encuentra en la mesa de decisiones importantes tanto en el ámbito público como en el privado.

Si no sabemos comunicarnos y pasar adecuadamente los mensajes clave a los públicos objetivo, para que estos a su vez sean compartidos con otras personas y estas hagan lo propio, terminaremos simplemente pasando por la vida sin dejar una huella y pronto seremos olvidados.

Ganar no siempre es el objetivo.

Cuando tienes vocación de poder y compites por poder, curiosamente la meta no siempre es ganar... al menos a corto plazo.

Está claro que aquel con una verdadera vocación al poder es aquel que aspira al más alto cargo. Pues, como bien dice el refrán popular: *"Hay que aspirar a papa para llegar a sacristán",* sin embargo, cuando se inicia una carrera pública y estas suelen ser de largo plazo hasta alcanzar el poder final, existen pasos que hay que ir dando en el camino y peldaños que hay que ir subiendo antes de llegar a la altura máxima. Primero debes llegar a Sacristán.

Es así como muchas veces vemos aspirantes a cargos de elección popular que a sabiendas de no tener ninguna posibilidad de llegar a ellos, se presentan como quiera, organizan sus campañas, incluso invierten importantes sumas de dinero e ilusionan a quienes los apoyan. Todo esto a sabiendas de que la razón por la cual se presentan se fundamenta en la necesidad de darse a conocer, en el deseo de comenzar a hacer fila en la larga cola de aspirantes o simplemente porque esto les garantiza que serán buscados como parte de una negociación política en la cual quien realmente va a ganar necesita de ellos y ellos a su vez obtienen lo que se proponen.

En política suelen conseguir más quienes enfrentan al ganador durante el proceso electoral, lo atacan despiadadamente y al final saben negociar con este, que muchos de los fieles y cercanos seguidores de un ganador, que durante el proceso entregaron lo mejor de sí para que aquel resultara favorecido con la voluntad de la mayoría.

En el año 1990 Fernando Botero Zea, el tristemente célebre ministro de Defensa del presidente Ernesto Samper, quien para entonces era concejal, produjo un gran avance cualitativo en su carrera política, al presentarse como candidato opositor de Juan Martín Caicedo Ferrer a la alcaldía de Bogotá, la capital de Colombia.

Lo hizo consciente de que no tenía posibilidad alguna de ganar la elección, pero a sabiendas de que esta jugada le permitiría negociar con el Partido Liberal una posición de poder: un cupo en el Senado de la Nación. Desde allí se proyectó para ser escogido como el jefe de la campaña presidencial de Ernesto Samper en 1994 y de ahí pasar a ser ministro de Defensa con claras posibilidades de haber podido ser el siguiente presidente de la Republica. Desafortunadamente, su ambición personal lo llevó a cometer errores irreparables que le impidieron alcanzar el último asiento del poder.

La política es un juego de poderes en el que se gana y se pierde. Lo importante es ser perfectamente consciente de que la pérdida es una condición necesaria para aprender a ganar.

Daniel Scioli gobernador de la provincia de Buenos Aires, supo ser segundo de Néstor Kirchner e incluso aguantó resignadamente el desprecio de su presidente cuando él era su vicepresidente, para llegar a ser el hombre fuerte de la provincia más importante del país. Sciolí pensó que el buen trabajo realizado allí, lo proyectaría como el líder ideal dentro del peronismo para llegar luego a presidente de Argentina. Pero esto no ocurrió.

Quienes llegan a un cargo público mediante el sistema del voto universal y lo utilizan como un simple trampolín para acceder a un puesto de mayor rango y envergadura, suelen terminar siendo objeto de una gran frustración. Los ciudadanos eligen a sus gobernantes para desempeñarse en el cargo para el cual se presentan y por más que perciban que lo hacen bien, no siempre están dispuestos a elevarlos a posiciones más altas hasta no ver que se cumplan los compromisos adquiridos con ellos. Cuando un líder se presenta para ser elegido a un cargo no solo debe manifestar que está preparado para ejercerlo sino que debe demostrarlo con hechos. Quien se elige para Alcalde o para Gobernador o incluso quien llega a una posición de Ministro, debe destacarse como tal y entregar lo mejor de sí sin necesidad de anticipar sus verdaderas aspiraciones de poder.

El enigmático profesor Antanas Mockus, renunció a su primera alcaldía de Bogotá, para ir a buscar a destiempo la presidencia de Colombia. Terminó enfrentando el repudio de los bogotanos, que preferíamos seguir viéndolo como burgomaestre de la capital. En su equivocado camino, tuvo incluso que hacer una histórica negociación política con Noemí Sanín y Carlos Lleras de la Fuente, el hijo del expresidente Lleras Restrepo, de la cual ni siquiera salió favorecido, pues fue Noemí quien terminó siendo la candidata de esta alianza. Después de su intento fallido, Mockus se disculpó y terminó siendo reelegido como alcalde de la capital colombiana.

Manuel Rosales, adversario presidencial contra Hugo Chávez en 2006, perdió en su primer intento por llegar a la gobernación del estado Zulia, siendo el alcalde de Maracaibo mejor evaluado por su demostrada capacidad de gestión. La gente no lo quería todavía como gobernador, los zulianos preferían que permaneciera un período más en la alcaldía, hasta que se completaran las obras que él mismo había comenzado. Fue entonces cuando los habitantes de la capital del Zulia, Maracaibo, por cierto la fuerza electoral más importante del estado, dieron su visto bueno y lo votaron para ser gobernador, cargo para el cual lo reelegirían igual que hicieron cuando fue alcalde.

Ni los habitantes de Bogotá con Mockus, ni los del Maracaibo con Rosales, querían que sus gobernantes utilizaran el cargo para el cual los habían elegido, como trampolín para acceder a un cargo de mayor relevancia.

En Guatemala por ejemplo desde cuando regresó la democracia, el presidente que gana la elección suele ser quien quedó en segundo lugar en la contienda anterior. Esta es una tendencia que se viene dando sistemáticamente, como si la opinión pública se propusiera conocer a quién será su próximo líder, evaluando su comportamiento durante la elección anterior. Algo que merece un estudio antropológico para entender si en últimas se trata de una tendencia de comportamiento de los electores, pues de ser así, quienes aspiren a la presidencia de Guatemala deberán entender que primero tendrán que ser perdedores.

Hay países donde para ser presidente de la República, se requiere haber sido primero presidente del Congreso como ocurre en Honduras. En otros países es mejor ser ministro, como ocurrió con Juan Manuel Santos en Colombia, o alcalde, una costumbre que se da en algunos países de Centroamérica, como ocurrió con Oscar el "Conejo" Berger en Guatemala, Armando Calderón Sol en El Salvador, y Arnoldo Alemán en Nicaragua.

Lo cierto es que ninguno de estos cargos será suficiente si el desempeño en los mismos no se completa con la aceptación de parte de los ciudadanos de que se accedió allí para responder no para que fuese un escalón de ascenso hacia el poder último, algo que se replica para los concejales que quieren ser alcaldes, los alcaldes que aspiran a gobernadores y así sucesivamente.

Tener claro que el fin último es el poder, es algo que está en la mente de quienes lo desean, y lo construyen legítimamente en el tiempo. Escúchese bien, porque desafortunadamente hay quienes buscan el poder para beneficiarse personalmente de él, sin importar que al hacerlo traicionan a quienes los eligieron y denigran de ellos mismos.

Quien legítimamente busca el poder lo hace porque siente que tiene una misión que cumplir con la sociedad a la cual brinda su talento, su experiencia y su capacidad de líder para producir una transformación que beneficia a muchos, ojalá la mayoría, respetando las ideas y creencias de todos, en especial de quienes no votaron para elegirlos.

Hay otros ejemplos significativos de quienes entienden oportunamente que es mejor ceder a tiempo que poner en riesgo las posibilidades futuras. En el año 2012, el 12 de febrero para ser más exactos, se celebraron en Venezuela elecciones primarias, para elegir al candidato único de la oposición que debía enfrentar el 7 de octubre del mismo año al entonces titular en el poder desde diciembre de 1998, el ex coronel Hugo Rafael Chávez Frías.

Para dichas elecciones el candidato ideal era Leopoldo López, un joven caraqueño de 39 años, el más preparado de los precandidatos, poseedor del mayor carisma y quien tenía sin lugar a dudas el mejor discurso político. López había sido alcalde del municipio de Chacao, después de Irene Sáez, la ex Miss Universo que llegó a tener una intención de voto por encima del 70 por ciento y que pudo haber sido presidente de Venezuela en 1998, de no haber recibido "El abrazo del oso" que inoportunamente le propinó el Partido Social Cristiano, COPEI.

Como alcalde de Chacao Leopoldo había desarrollado una gestión verdaderamente admirada, a tal punto que, cuando se presentó como candidato a la alcaldía metropolitana de Caracas, el gobierno de Chávez buscó la manera de inhabilitarlo sin importar que lo hiciera a través de un mecanismo ilegal e inconstitucional. Fue por ello que López pudo demostrar ante los tribunales internacionales la injusticia que se cometía en su contra y ver restituidos todos sus derechos civiles y políticos, como evidentemente ocurrió, gracias a decisión del pleno de la Corte Interamericana de Derechos Humanos, CIDH. Sin embargo, los chavistas encontraron la manera de burlar la decisión al asegurar públicamente que López podría participar e incluso ganar las elecciones presidenciales, pero no podría gobernar, ya que su inhabilidad no era política sino administrativa. Esta habilidosa patraña minó por completo las posibilidades de Leopoldo López, pues en la oposición nadie estaba dispuesto a apoyar un candidato sobre el cual pesaba un manto de dudas, habilidosamente tejido desde el Palacio de Miraflores.

Leopoldo López no dudó entonces ni un minuto en declinar su candidatura en favor de su amigo y compañero de lucha generacional Henrique Capriles Radonski, entonces gobernador del estado Miranda. Capriles alcanzaba entonces el 40 por ciento de intención de voto. El apoyo de Leopoldo López le permitió llegar al 63 por ciento en las encuestas, en una votación de 2,9 millones de votantes, algo verdaderamente histórico en una elección primaria. En política, como en casi todo, las cosas pasan cuando tienen que pasar y hay que entender que cuando hay que dar algo deseado, simplemente acaba ocurriendo.

Cuente con aliados, aunque sean sus enemigos.

El libro de la conocida historiadora norteamericana Doris Kearns Goodwin, titulado *Team of Rivals*, muestra en detalle la estrategia del presidente Abraham Lincoln, uno de los políticos más brillantes de los Estados Unidos y de la política mundial, creada para preservar la unión y terminar la guerra. Su estrategia consistió básicamente en reunir el talento y las motivaciones de tres archienemigos suyos: William H. Seward, Salmon P. Chase, y Edward Bates, a quienes incluyó en equipo de gobierno.

Contar con el apoyo de personajes influyentes o quienes son percibidos como tales no siempre garantiza el triunfo, pero ciertamente es de gran ayuda a la hora de querer llegar al poder. La ex presidente de Brasil, Dilma Rousseff, contaba con sobradas credenciales para ganar la contienda electoral en la que enfrento a José Serra y Marina Silva en 2010. Ahora bien, ¿Cómo negar la enorme influencia que tuvo sobre los votantes el apoyo que el presidente Luis Ignacio Lula da Silva, le brindó a la candidata? Lula incluso llegó a bautizarla durante la campaña como *"Dilma da Silva"* para que la gente entendiera que su apoyo era definitivo en su favor.

El apoyo del presidente Francisco Flores para que Elías Antonio "Tonny" Saca ganara las elecciones presidenciales en El Salvador en el año 2004, pese a no ser el santo de su devoción fue tal, que incluso dejó pasar la fecha límite para presentar su candidatura a la Secretaría General de la Organización de Estados Americanos, OEA, algo que seguramente habría conseguido y donde se hubiese destacado.

Recordemos que fue precisamente en esa época que la OEA entró en un período de plena decadencia cuando el expresidente Miguel Ángel Rodríguez, quien finalmente fuera escogido como Secretario General, se vio en la obligación de renunciar tan solo semanas después de haber iniciado su período, para responder ante la justicia de Costa Rica por un escándalo de corrupción que lo inmiscuía personalmente y por el cual fue sentenciado a prisión y, años después, absuelto.

En República Dominicana el apoyo decidido brindado por el presidente Leonel Fernández a Danilo Medina fue crucial para que este último ganara la elección en 2012, como lo fue también el apoyo de la Primera Dama Margarita Cedeño, quien trajo consigo el voto de la mujer y de los jóvenes. Sin el apoyo decidido de quienes para entonces eran pareja presidencial, Danilo Medina jamás habría podido llegar a presidente.

En el Perú, sin el decidido apoyo de Alan García, el Ingeniero Agrónomo Alberto Fujimori jamás habría llegado a la Presidencia en 1990. Lo cierto es que el apoyo se dio, no porque García gustara del "Chino" como llaman los peruanos a Fujimori, sino porque Mario Vargas Llosa indiscutible ganador en las encuestas entonces, decidió enfocar toda su batería de ataques contra García, el entonces Presidente, sin que este fuese candidato ni su partido tuviese uno con posibilidades. Esto hizo que García se decidiera por apoyar a Fujimori.

Del mismo modo, si bien la victoria del presidente Juan Manuel Santos tiene mucho que ver con que la gente lo percibió como el candidato del entonces presidente Álvaro Uribe Vélez, esto no fuese del todo cierto. El mérito fue de Santos, quien supo venderse como el candidato de Uribe. Y es que una cosa es que Santos fuese el ministro estrella y otra muy distinta que Uribe tuviese la voluntad de apoyar a su ministro para sucederlo. El verdadero candidato de Uribe era Andrés Felipe Arias ministro entonces de agricultura - mejor conocido como "Uribito" -, y quien incluso imitaba al presidente Álvaro Uribe en sus formas. Santos pertenecía al selecto grupo de la llamada "oligarquía bogotana", a la que el presidente Uribe nunca soportó.

Años más tarde sin el apoyo de Álvaro Uribe Vélez, Iván Duque, jamás hubiese podido llegar a ser presidente de Colombia.

El poder e influencia política de su marido, permitió a Hillary Clinton ser precandidata del Partido Demócrata líder en las encuestas y llegar ser Secretaria del Departamento de Estado de los Estados Unidos, algo que no necesariamente habría logrado por si sola sin el poder, el carisma y la cerrera del Presidente Bill Clinton. De hecho en la Convención de su partido el Presidente Barack Obama, buscó el endoso del ex mandatario, quien lo hizo a través de uno de los mejores discursos políticos de toda su carrera.

En México fue evidente que Josefina Vázquez Mota, a sabiendas que no iba a ganar la presidencia como candidata del PAN en 2012, prefirió negociar con el PRI para apoyar a su entonces candidato Enrique Peña Nieto. Años más tarde, cuando ella pudo convertirse en gobernadora del Estado de México, el más importante de su país, fue aún más evidente que su verdadera intención no era ganar sino mantener la alianza con su amigo Peña Nieto, y permitirle que ganara su candidato Alfredo del Mazo, asegurando así para ella la senaduría plurinominal del Estado, y una diputación para su hija María José, quien no estaba preparada para ese cargo. Al menos así lo entendí desde el primer momento en el que Vásquez Motta se negó rotundamente a pautar unos spots televisivos que habíamos ideado y producido para su campaña a gobernadora.

Para quien desea alcanzar el poder, resulta desde todo punto de vista beneficioso contar con el apoyo de personas influyentes de la sociedad que en un momento dado no solo endosen el voto a su favor, sino que aporten con sus ideas, influencia y talento y hasta recursos a su campaña.

Contar por ejemplo, con el apoyo de los periodistas más influyentes de la televisión y la radio, es altamente deseable para cualquier candidato, como lo es contar con el apoyo del Presidente de turno, especialmente si este es popular.

Saber que se cuenta con el apoyo de las estructuras del partido, que por lo general dependen a su vez del liderazgo de líderes regionales y locales, es altamente deseable.

Además hay que tener en cuenta que la política es el arte de las oportunidades por lo que es un juego en el cual quiénes son enemigos políticos hoy, pueden ser aliados influyentes mañana.

Enrique Peña Nieto, elegido presidente de México en Julio 2012, no solo se supo aliar con Televisa, el canal más influyente de la televisión mexicana y uno de los grandes grupos empresariales de su país, sino que con ellos brindó importante apoyo a muchos de quienes terminaron siendo la nueva camada de gobernadores y políticos del PRI Estos a su vez luego hicieron un importante trabajo en cada uno de sus Estados para que Peña Nieto fuese Presidente.

Esto ciertamente no ocurrió en la elección anterior ya que los gobernadores priistas a sabiendas de que el autoritarismo de los presidentes mexicanos del partido que gobernaron al país durante setenta y un años consecutivos, fue tal que controlaban tres cosas para ellos fundamentales, conseguidas desde que Fox llegó a la Presidencia de México en el 2000. Estas eran: el presupuesto del Estado, que ahora controlaban vía la comisión de finanzas de la Cámara de Diputados; los nombramientos de funcionarios del Estado y la selección del candidato que debería convertirse con su apoyo en el gobernador sucesor. Apoyar a un candidato a Presidente, sería volver a entregar esos derechos ya adquiridos. Era mejor ser Virreyes en sus Estados que esclavos de un Rey nacional. Sin embargo la presión que Calderón ejerció sobre ellos fue tan grande que para el 2012 se convencieron que era mejor lo anterior.

La búsqueda del poder incluye tener influencias y entre más tenga un candidato en los sectores políticos, entre los poderes fácticos, entre formadores de opinión, entre periodistas y medios de comunicación, entre artistas, deportistas y cualquiera que sea admirado o lidere un grupo a su vez influyente, más fácil será acceder al poder.

La tormenta perfecta.

El mejor sinónimo para definir una campaña política quizás sea "caos". Esto se debe a que los participantes lo hacen por diversas razones, que por lo general no tienen nada que ver con los objetivos del propio candidato.

Muchos vienen simplemente porque son miembros del partido al que pertenece quien aspira y como tal, sienten que la opción no solo pertenece a este, sino a la organización política que lo respalda y todos sus miembros. Otros lo hacen no porque compartan necesariamente la visión ni el plan de gobierno propuesto por el candidato, sino simplemente porque llegar a su lado les brinda una opción individual para avanzar en sus propias carreras políticas. Otros lo hacen motivados por algún tipo de negociación que han previsto con alguna institución del Estado para la cual estar cerca del poder facilita sus no tan altruistas propósitos. Muchos de ellos son militantes o simpatizantes. Otros vienen porque son parte de alguna alianza política realizada para la ocasión. Otros porque fueron excluidos de los lugares que aspiraban tener en el partido opuesto. Otros, porque siempre han hecho parte de la fauna de las campañas y en esta ocasión sienten que no pueden quedarse afuera. Otros, porque saborear el poder en la ocasión anterior les gustó y no desean perder la oportunidad de permanecer en él. Otros porque les gusta la propuesta desde una perspectiva ideológica, o económica o social del candidato. Otros simplemente porque son amigos del mismo, o amigos de algún amigo de este que a su vez los motivó. Y la inmensa minoría porque desea participar desinteresadamente.

Lo cierto es que frente a la diversidad de personas y criterios que se suman a una campaña, es necesario identificar un mecanismo idóneo de organización de campaña que impida que el barco se hunda, antes de comenzar a navegar. En este orden de ideas, lo primero que debe pensar un candidato es en que su grupo más cercano de colaboradores que son quienes después van a ocupar cargos importantes una vez accedan al poder, deben ser personas que el propio líder admire, para no terminar siendo mediocre.

En América Latina nuestros líderes y altos ejecutivos de empresas y corporaciones suelen rodearse no de personas que admiran y que sean mejores que ellos mismos, sino más bien de quienes hacen caso a sus órdenes y cumplen sus deseos.

En Ecuador, cuando iniciamos el trabajo de investigación cualitativa e hicimos entrevistas en profundidad con líderes y formadores de opinión, para la campaña del presidente Guillermo Lasso, nos encontramos con que muchas personas nos aseguraban que al entonces candidato le gustaba rodearse de personas dispuestas a aplaudir o asentir sus posiciones y decisiones. Alguno de los entrevistados, el expresidente Hurtado para ser más exactos, nos aseguró que todos cuantos rodeaban a Lasso nunca lo contradecían y más bien se parecían a aquellos perritos que hay en algunos taxis, a los que se les mueve siempre la cabeza asintiendo, cuando acompañan el movimiento del vehículo a medida que este se desplaza.

Lo deseable es rodearse de personas que ojalá tengan conocimiento profundo acerca de los diversos temas o tópicos que se manejan en el poder, que tengan experiencia de haber participado en otros procesos para no tener solo una corte de tecnócratas, y en especial, que tengan capacidad analítica, política y, en especial, de gestión, ya que en muchas ocasiones hemos visto grandes ideas con escasez de ejecución.

El expresidente Duque se rodeó, no en todos, pero sí en algunos casos, de personas no tan inteligentes ni preparados como él y la explicación podríamos encontrarla en que durante sus doce años como burócrata internacional en el Banco Interamericano de Desarrollo, no tuvo a nadie dependiendo de él, sino que fueron años que aprovechó para cultivarse en la biblioteca del banco. Lo mismo está pasando con el presidente Gustavo Petro. Un gran número de funcionarios a su alrededor son personas totalmente inexpertas que no comprenden la gobernanza.

Esta es una tendencia que denota inseguridad, ya que la razón está fundada en que temen que uno más inteligente o hábil que ellos, los termine desplazando cuando lo deseable es rodearse de personas que ojalá tengan conocimiento profundo acerca de los distintos temas que maneja el poder, que tengan experiencia en haber participado en otros procesos para no tener solo una corte de tecnócratas, y en especial, que tengan capacidad política y de gestión, ya que en muchas ocasiones hemos visto grandes ideas pero muy pobre ejecución.

Rodearse de personas mejores que uno y reconocer que existen es un signo de inteligencia. La función de un verdadero líder es dirigir a un grupo de líderes de su tarea, que a su vez proyectarán un liderazgo colectivo. Nada logramos con la creencia de rodearnos de amigos que no saben acerca de lo que manejan y, al no tener una visión integral del gobierno, ponen en riesgo nuestro capital político.

Ni las campañas ni los gobiernos resultan exitosos cuando no se establece un balance entre políticos y tecnócratas. Los primeros son quienes conocen el sentir de la población, saben acercarse a la gente, persuadirlos de su voto, saben generar consensos, y quienes de alguna manera, defienden los intereses de la mayoría. Estos últimos son los que saben encontrar fórmulas y elaborar políticas públicas que generen o fomenten la igualdad de oportunidades y mejores condiciones de vida para las personas.

Ahora bien, nada parece más difícil a quienes aspiran al poder que organizar su propia campaña y escoger a quienes los deberán acompañar en el camino. Son más los casos en los que las molestias y malentendidos entre quienes participan, terminan por generar dificultades de las que en ocasiones se hace imposible incluso comenzar.

Si a esto le sumamos algunas taras propias de los latinoamericanos, como son la falta de planificación, la improvisación, el querer hacer el trabajo del vecino antes de asumir nuestras propias responsabilidades y, además, la envidia que, en muchos casos carcome a quienes participan, la cosa resulta mucho peor.

Si analizamos la organización de campaña no desde esta sino desde la perspectiva del gobierno, y al hacerlo, avanzamos de lo difícil a lo más fácil, coincidiremos que lo más difícil de conseguir de un gobierno sea quizás terminarlo, dejando una huella con la cual el gobernante garantice que será recordado positivamente. Sucede con muy pocos. Menos difícil que eso es entonces gobernar, y debajo de estas dos premisas, ganar la elección puede ser la más fácil.

Ahora bien si ganar la elección era lo más fácil de todo, más fácil aún es hacer una buena campaña en la que a partir de una buena estrategia logremos persuadir a los electores de votar por nosotros, y más fácil aún, debería ser armar un buen equipo de colaboradores, y organizarlos para iniciar la campaña. Sin embargo, muchas veces esto resulta ser lo más difícil de todo.

En el año 1998, tuve la ocasión de participar como estratega de la primera campaña por la presidencia de Colombia del candidato liberal Horacio Serpa Uribe, un hombre que como ministro de Gobierno del presidente Ernesto Samper, no solo había demostrado su extraordinaria capacidad política, sino una gran lealtad. No me cabe duda que Horacio es el político más leal que he conocido en mi carrera y me siento honrado de que me haya aceptado no solo como estratega, sino como su amigo. Horacio, sin embargo, cometió errores que no se deben cometer al mometo de organizar su primera campaña presidencial. Llamó a su lado a una serie de personas de extraordinaria calidad personal, pero totalmente inexpertos electoralmente, ya que nunca habían participado en un proceso de tal envergadura política como era ganar la Presidencia de la República, en un momento en que el país se había polarizado y algo más de la mitad de los colombianos pedían la renuncia del Presidente Samper, de quien Horacio Serpa había sido su fiel escudero y defensor.

Peor aún, movido seguramente por la necesidad estratégica de desmarcarse de cualquier vínculo con Samper que pudiera ser usado en su contra, decidió no tener un solo miembro de la campaña de Samper a su lado, con excepción de quien escribe estas líneas en calidad de asesor de estrategia, pero escudado a la vez en la figura de un colega que era quien daba la cara. Horacio además, contrató la publicidad de campaña a un hombre talentoso, pero quien desarrolló su propia idea, la cual nada tenía que ver con la planificación estratégica y los resultados de la investigación que habíamos realizado. Y como si esto no fuera suficiente, dio el liderazgo de campaña a un grupo de hombres de éxito en los negocios, pero totalmente inexperto en el liderazgo político. Todo lo anterior trajo consigo serias consecuencias.

Cuando el entonces candidato conservador, Andrés Pastrana, alcanzó y pasó a Serpa en la intención de voto de las encuestas, algo que habíamos pronosticado ocurriría, fue cuando la campaña comenzó a tomar decisiones correctas. Aunque fue demasiado tarde.

Se designó a la canciller de Samper María Emma Mejía como candidata a vicepresidente y los coordinadores inexpertos en cada área fueron rodeados de personas con experiencia probada y capacidad de gestión, lo que mejoró considerablemente los números. Cambiamos el slogan publicitario *"Por un Camino Cierto"*, que no decía absolutamente nada a nadie más que a quien lo diseñó, por *"El Verdadero Cambio es la Paz"*, que era el anhelo de años de los colombianos. Lo hicimos además para contrarrestar los slogans de Andrés Pastrana, *"El Cambio es Ahora"* y de "Noemí, es el Verdadero Cambio", lo que nos permitió embarrar la cancha del cambio y salir ganadores en la primera vuelta.

Sin embargo, decisiones como la del tesorero de campaña de sacar del aire la publicidad a tan solo dos semanas del día de elecciones con la excusa de no querer generar un déficit a la campaña - lo que se habría cubierto de haber salido victoriosos -, fue la gota que rebosó la copa de los muchos errores cometidos durante el proceso. A pesar de que era una elección muy difícil de ganar, para muchos casi imposible, la diferencia a favor de Andrés Pastrana, quien resultó primero, fue de tan solo del 3 por ciento.

En la campaña presidencial de 2009 en El Salvador, el presidente Antonio Saca excluyó por completo a los dirigentes tradicionales del Partido Arena y entregó la candidatura presidencial a un joven del todo inexperto, Rodrigo Ávila. Rodrigo pasó de ser "Watchman" a ser jefe de policía nacional, donde construyó su popularidad, no por los resultados contra la delincuencia - recordemos que El Salvador es uno de los países que junto con Honduras y Guatemala, conforman el llamado "Triángulo del Norte", el lugar más peligroso de Centroamérica, y uno de los más peligrosos de todo el continente americano -, sino por su deseo y capacidad de salirse de su oficina para irse a participar cuál "Rambo" en los operativos policiales contra los delincuentes, lo cual era ampliamente destacado en los medios.

Saca que era el verdadero jefe de campaña, rodeó al candidato con excepción del ministro de Seguridad René Figueroa, de un grupo de jóvenes inexpertos y vanidosamente convencidos de sus conocimientos y capacidad electoral. Un mal candidato y un mal equipo que lo rodeaba, era la fórmula perfecta para el fracaso de ARENA, quien se vio obligada a entregar el poder al FMLN, después de 20 años de gobiernos consecutivos.

Todos estos años de observación y participación política, me permitieron crear lo que he llamado el "síndrome del acuario" que consiste en que los políticos en nuestra región, terminan rodeándose, no de quienes les dicen la verdad y menos de quienes les traen malas noticias, sino de quienes solo les dicen lo que les gusta escuchar: que son brillantes, que lo están haciendo bien, que no hay crítica constructiva sino enemigos envidiosos, y que es mejor dedicarse solo a lo positivo color de rosa. Es como si los lanzaran al océano dentro de una urna de cristal, donde no se siente el oleaje del mar, ni existe la posibilidad de que ningún animal peligroso se acerque a atacernos, pues están protegidos por las cuatro paredes de vidrio del acuario, y en el interior, el agua es tranquila y trasparente, la corriente no se siente, la visibilidad es perfecta y, donde el pez líder, nada a sus anchas rodeado de unos peces mucho más pequeños de colores, que dan vueltas y vueltas alrededor del líder al que solo adulan con sus venias.

Quien se rodea de inexpertos o peor aún de ineptos, solo va a incentivar que en su campaña ocurra lo que en muchas suele ocurrir: envidia y codazos entre quienes participan, que no haya disciplina, que quienes tengan una responsabilidad no la asuman y prefieran interferir en el trabajo de los demás, que no se llegue a tiempo, sino siempre tarde a cada uno de los logros que se tienen que ir dando colectivamente en una campaña. Además, que solo existan las excusas, que se aleje a los consultores por el simple hecho de mal creer que estos quieren los cargos que unos y otros se reparten sin haber ganado antes la contienda. Cuando las decisiones se toman intuitivamente y también de manera tardía, la campaña suele ser un mar de envidia y contradicciones.

Pese a este caos, hay campañas así que logran ganar la elección. Lo que no hay, son campañas como estas que no fracasen en el gobierno.

Deje de escucharse a sí mismo.

No hay nada más precioso pero a la vez más peligroso en el ejercicio de la búsqueda del poder, que la intuición.

Esta es, no obstante, una de las principales fortalezas de los políticos. Les sirve de motor para identificar oportunidades y medir sus tiempos, para construir alianzas, para olfatear conspiraciones y traiciones, para descubrir cuál es el interés detrás de cada interés manifiesto y cuál la noticia detrás de la noticia, en fin, nada más útil para un buen político que su capacidad intuitiva, pues esto lo convierte en un líder agudo. La intuición es indudablemente una poderosa arma de la política.

Sin embargo, los políticos abusan de ella y la verdad, se necesita una gran agudeza política para descubrir solo a través de la intuición lo que hoy sabemos y conocemos de la opinión pública a través de la investigación.

La intuición lleva a un político a discursear, la investigación lo lleva a reflexionar para luego causar el destino deseado. Quien así lo entiende, sabe que la una no es enemiga de la otra, sino que se complementan y así generan valor mutuo. La investigación es esencial para conocer en profundidad las percepciones de los ciudadanos, identificar y comprender sus anhelos, esperanzas y también sus frustraciones. En fin, una herramienta inmejorable la cual, a partir del análisis de sus resultados, nos permite entender los factores que motivan las actitudes y posiciones asumidas por la opinión pública, que es donde se encuentra el origen de las decisiones que toman los electores.

En el mundo de hoy además, la tecnología ha ido facilitando la investigación tanto cuantitativa como cualitativa, a través de herramientas innovadoras que han acortado las distancias con la gente, han mejorado incluso las herramientas de análisis y han reducido incluso los tiempos entre el proceso de recolección de datos y la entrega de resultados, al suprimir prácticamente el proceso de digitación, lo que ha traído consigo un mejoramiento en la relación costo-beneficio, lo que favorece tanto al investigador como al cliente.

Contrario a lo que sucede en los Estados Unidos y Europa donde prácticamente no existen ya las encuestas presenciales, el proceso de creer en las encuestas telefónicas comienza recién a darse en el resto del mundo. Esto se debe a la penetración de los teléfonos móviles en prácticamente todos los países.

En América Latina, por ejemplo, es raro encontrar a alguien que no posea un teléfono celular en los más recónditos rincones y entre habitantes de los sectores más pobres de la población. Todos ellos, en razón a sus bajos ingresos no pueden mantener cuentas de telefonía mensuales abiertas por lo que prefieren prepagar sus llamadas, están ansiosos de recibir una, así esta provenga de un sistema automatizado a través del cual se les invita a contestar una encuesta.

Hoy existen además en el mercado desarrollos tecnológicos que permiten realizar hasta un millón de llamadas telefónicas cada hora, con los cual hacer encuestas de hasta 30 preguntas a una muestra completamente representativa de cualquier sociedad, y obtener resultados en tiempo real, perfectamente ponderados territorial y socio-demográficamente, es una realidad.

Pero además con el desarrollo tecnológico y digital, hoy contamos con la Big Data, los algoritmos y la inteligencia artificial, que nos permiten monitorizar la conversación ciudadana de las redes, e incluso analizar la interacción y sentimiento de esta, en tiempo real.

En las elecciones de República Dominicana en 2012 por ejemplo, en las que se eligió a Danilo Medina como el presidente que reemplazó al doctor Leonel Fernández en el poder, en Newlink Research realizamos un tracking o encuesta móvil de 40 semanas, que nos permitió seguir las tendencias de intención de voto entre la opinión pública y al final, a mí como estratega, me brindó la oportunidad de acudir a los medios para proyectar cómo quedaría la elección, con una desviación matemática de tan solo 0,6 por ciento sobre los resultados emitidos por el Tribunal Supremo Electoral.

De esta manera, ayudamos a acabar con la falsa creencia de que las encuestas telefónicas no funcionaban en ese país, ya que entre las 16 firmas que realizaron investigación de opinión pública, nosotros, junto con las reconocidas compañias de investigación Penn Schoen & Berland y Greenberg Quinlan Rosner, fuimos quienes mayormente acertamos. Otras, compañias como Gallup Dominicana y el Centro Económico del Cibao, también acertaron, aunque los resultados superaron por poco sus propios márgenes de error. Por esta encuesta móvil y la exactitud de sus resultados, recibimos una mención de honor de parte de la Asociación Americana de Consultores Politicos, AAPC.

Cuando se trata de conocer a fondo acerca del porqué de las percepciones de los distintos segmentos ciudadanos, lo mejor es acudir a la investigación cualitativa. Para ello existen las llamadas entrevistas en profundidad que se realizan, por lo general, entre líderes o formadores de opinión, ya que es difícil encontrar otro mecanismo mejor para profundizar en las opiniones que estos importantes personajes tienen acerca de las conveniencias e inconveniencias de uno u otro candidato de cara a una elección. Lo importante de estas entrevistas, que si bien se pueden hacer telefónicas idealmente es mejor hacerlas en forma personal, es que se utilice la misma guía con todos los entrevistados para poder posteriormente realizar un análisis comparativo entre sus percepciones.

Con segmentos específicos de población, lo anterior se logra a través de los grupos de enfoque, mecanismo de investigación cualitativo que permite recoger las percepciones de grupos homogéneos de entre 8 a 10 ciudadanos, que en razón a su homogeneidad representan a los ciudadanos que poseen sus mismas características geográficas y socio demográficas.

Para este último proceso de investigación, la tecnología ha desarrollado herramientas interesantes para generar valor agregado en la medición de percepciones, como es por ejemplo el "Perception Analyzer", tecnología que permite medir segundo a segundo las percepciones sobre un discurso o un comercial de televisión, previo a que este salga al aire y modificarlo de acuerdo a lo que más resulta llamativo para aquellos segmentos a los que se quiere persuadir. Esta permite hoy además, realizar investigación cualitativa con ilimitado número de personas que ingresan a una página de Internet y son homogeneizados a través de preguntas previas que clasifica el propio software, de suerte que después podemos saber a qué grupos de ciudadanos representa a la hora de analizar los resultados obtenidos.

Otras técnicas como la que creó la doctora americana Juanita Brown, denominada World Café, permite realizar investigación cualitativa entre ilimitado número de personas sin importar su heterogeneidad, para conocer a partir de una, dos o máximo tres preguntas abiertas, las opiniones individuales y colectivas de los participantes, ya que la dinámica permite que conversen todos con todos, de suerte que puedan enriquecer sus propias opiniones, compartirlas, y adquirir compromisos. Quien realiza el estudio, tendrá la información necesaria para acercar la distancia que existe entre un problema o demanda ciudadana y su solución. Pocos consultores utilizamos este tipo de investigación en las campañas electorales a pesar de ser ideales para construir por ejemplo un programa de gobierno con la participación de los ciudadanos, que son quienes mejor conocen las soluciones a los problemas de su comunidad, porque los sufren en carne propia.

En la campaña a Gobernador del Estado de Aguascalientes de 2010 en México, utilizamos la técnica del "World Café" para construir el programa de gobierno. Consultamos a ciudadanos que representaban a cada uno de los distritos de la capital y todos los municipios del estado acerca de cuáles eran las soluciones que ellos mismo visualizaban para los problemas que los aquejaban. De esta manera pudimos no solo conocer el origen de las demandas ciudadanas y sus posibles soluciones, desde la perspectiva individual y colectiva de los ciudadanos, sino que logramos comprometerlos con la propuesta programática del candidato que les fue presentada antes de la elección para que fuera validada por ellos, incluyendo las acciones que una vez en el gobierno el gobernador Carlos Lozano pusiera en marcha.

Cuando se tiene tiempo suficiente, vale la pena utilizar técnicas como la etnografía para poder entender las causas y razones de determinados comportamientos de diferentes sectores sociales, o incluso los estudios antropológicos cuando se trata de entender más en profundidad posiciones que desde nuestra perspectiva tradicional occidental nos resultan incomprensibles. Estos estudios, en su caso, permitirán construir una realidad mucho más comprensible y acorde con las exigencias de todos los ciudadanos.

Ya cuando se visualiza una posible campaña y su participación en ella, quienes piensan en participar deberían pensar en que su primera y mejor inversión es realizar un diagnóstico completo de posicionamiento acerca de cuál es el ánimo de la opinión pública de cara al proceso, cuáles son las posibilidades reales de todos los posibles contendores y cuál es el punto de partida de cada uno de ellos, comenzando con una sólida investigación cualitativa, ya que es de ahí de dónde pueden surgir hipótesis estratégicas a seguir.

Posteriormente a los estudios cualitativos, participativos y etnográficos, resulta oportuno realizar una gran encuesta de base, donde se validen estadísticamente las hipótesis estratégicas planteadas y se midan a través de ellas varias variables relacionadas con el estado de ánimo de la población, los grados de aprobación del gobierno de turno, se mida el conocimiento e imagen de los aspirantes, la afinidad partidaria, la intención de voto incluyendo percepciones y deseos tempranos de ganador, el perfil ideal de quien debe ocupar el cargo para el cual se compite, medir la profundidad de la imagen de cada contendor lo cual se logra midiendo la capacidad que cada uno tiene frente a los temas, variables propias de la coyuntura política, económica y social que suelen movilizar las elecciones y la recordación del voto para saber el grado de aceptación o arrepentimiento que tienen los ciudadanos.

Las tres claves de una encuesta cuantitativa bien realizada consisten, en que la muestra que se determine sea completamente representativa del universo de la sociedad que se pretende medir y para ello no debe existir ningún tipo de desbalance entre una y otra. Que el cuestionario no sesgue ninguna de las respuestas de quienes participan con sus respuestas, de suerte que estas sean totalmente espontáneas y que el análisis de los resultados no se limite a exponer lo mismo que dicen los números, sino que tenga la capacidad y la habilidad de interpretar los factores que motivan las percepciones de los distintos segmentos geográficos y demográficos, de suerte tal que se llegue a la definición de una estrategia que permita causar los resultados deseados.

La opinión pública suele variar sus percepciones cíclicamente cuando se trata de temas referidos al contexto, pero en forma a veces abrupta cuando es presionada por acontecimientos propios de la coyuntura.

En Colombia, por ejemplo, la imagen del presidente Juan Manuel Santos durante los dos primeros años de su gestión se mantuvo con índices de aprobación de entre 70 y 80 por ciento. Sin embargo, su popularidad bajó a menos de 50 por ciento como resultado del escándalo producido por un proyecto de ley presentado por el Ejecutivo al Congreso sobre una reforma integral a la justicia colombiana. El proyecto hubiera podido generar un verdadero caos en el sistema judicial colombiano y dejar en libertad a una serie de poderosos delincuentes de cuello blanco, entre ellos varios excongresistas; y adicionalmente, cambios de última hora realizados por algunos congresistas sobre el proyecto, incluía beneficios para los parlamentarios, lo que causó la indignación de la opinión pública. Dos meses después, el mandatario colombiano vio de nuevo sus índices de aprobación en 70 por ciento, gracias al apoyo que su apuesta por la paz, mediante un proceso de diálogo con la guerrilla de las FARC, recibió de parte de los colombianos. Sin embargo, su popularidad se desplomó de nuevo en febrero de 2013 debido a la percepción pública de que el proceso de paz no avanzaba.

De ahí que la investigación sea algo que se utiliza una sola vez y se deja de lado. Hay que acudir a ella en forma permanente para monitorear no solo un proceso eleccionario, sino una gestión de gobierno. La investigación es siempre una buena inversión, ya que permite no solo mantener abierta una conversación con la opinión pública que en últimas es la que decide acerca de nuestro éxito o nuestro fracaso, sino que a través de ella podemos conocer el verdadero impacto que una estrategia o una política pública ha tenido entre los ciudadanos y producir a tiempo los correctivos necesarios.

Afortunadamente, la investigación de la opinión pública es cada vez más necesaria en la política moderna. Durante mucho tiempo, quienes llevamos años en estas lides de la consultoría, tuvimos que luchar para convencer a nuestros clientes de las bondades y beneficios de esta, pues muchos preferían quedarse con su propia intuición o se limitaban a escuchar lo que tenían que decirles los activistas de cada localidad acerca de lo que percibían los ciudadanos.

Durante años, muchos ignoraron por completo la investigación y se limitaron a convencerse de que el entusiasmo de las reuniones o mítines era más que suficiente para medir hacia dónde iba el apoyo de los electores, sin tener en cuenta que la gran mayoría de dichos eventos se realizan con personas pagadas y acarreadas o motivadas por el simple hecho de que habrá licor y comida, es decir, "pan y circo".

En alguna ocasión para demostrar a uno de mis clientes cuán equivocado estaba con respecto a esta visión, me tomé el trabajo de ir a su mitin, realizado en un Coliseo cubierto de un pueblo, en medio de música y algarabía, donde lo único aburrido que estaba de más para los asistentes eran los discursos y una semana después en el mismo escenario acudir al mitin de su contendor. En ambas ocasiones acudí al lugar provisto de una cámara de video, no para grabar los discursos, sino con el ánimo de capturar en imagen quienes eran los asistentes a los dos eventos. Una simple vista de las dos grabaciones permitió rápidamente a mi cliente darse cuenta de que un número significativo de los que asistieron a su evento también asistieron a su de su adversario.

Esto motivó realizar una investigación para identificar las razones por las cuales los ciudadanos asistían indiscriminadamente a los actos de campaña de un candidato u otro, y los resultados fueron verdaderamente sorprendentes. A la pregunta de si asistían indiscriminadamente a los eventos de campaña de varios candidatos en una misma contienda, 38 por ciento, es decir casi 4 de cada 10 entrevistados, aceptó hacerlo. 43 por ciento no lo hizo y 19 por ciento prefirió no contestar la pregunta. Las razones principales para quienes aceptaron que era una práctica común fueron: 54 por ciento por considerarlos una fiesta con música, 23 por ciento porque había comida y bebida, 9 por ciento porque eran acarreados, 5 por ciento por la oportunidad *encontrarse* con amigos y el resto, prefirió no responder.

79 por ciento de quienes asistieron indiscriminadamente no consideraron poco ético asistir a eventos para todos los candidatos.

La verdad es que la excitación de los mitines y las manifestaciones de calle, a menudo confunde a los candidatos y sus campañas sobre lo que realmente está sucediendo.

En el año 2006, el Presidente Alvaro Uribe Vélez era el ganador indiscutible de la contienda electoral en todas las encuestas que se realizaban. Sin embargo, razones de seguridad le impidieron como lo hizo cuatro años antes, ganarse la emoción de los ciudadanos en las calles de las distintas ciudades de Colombia. Uribe había sido muy duro combatiendo a los grupos armados, por lo que sus asesores de seguridad y servicios de inteligencia lo motivaron a hacer una campaña mediática.

Sin embargo, la crecida del candidato de la izquierda, Carlos Gaviria, no solo preocupó al presidente Uribe, sino que confundió a los propios miembros de la campaña de Gaviria Díaz en razón a que este había convertido las plazas de las principales ciudades a las que acudía, en escenarios de cada vez más grandes manifestaciones de sus seguidores. El color amarillo del Polo Democrático Alternativo, había superado por mucho todos los colores en las calles de todo el país, lo cual convenció a los directivos de la izquierda que podían plantearse la posibilidad de forzar una segunda vuelta electoral.

Como estratega del candidato de la izquierda en ese momento, sabía que esto era prácticamente inviable, como de hecho lo fue, ya que Uribe marcaba 60 por ciento en las encuestas de intención de voto, mientras que Gaviria tenía 22 por ciento. En esa ocasión una vez más pudimos constatar cómo la intuición, puede jugar en contra de la racionalidad de los números. Quizás era entendible si pensamos en la emoción que para los seguidores de Gaviria significó al final pasar del 6 por ciento histórico al 22 por ciento, duplicando al Partido Liberal que en esa ocasión solo consiguió el 11 por ciento de los electores, cuando en el pasado había sido la fuerza política más grande del país.

En la campaña electoral de México en 2012, el candidato de la izquierda Andrés Manuel López Obrador y sus seguidores llegaron a creer que habían volteado una elección que favorecía en los números ampliamente al candidato Enrique Peña Nieto, quien a la postre resultó siendo el ganador, por el simple hecho de creer que los errores cometidos por el candidato del PRI lo habían llevado a una caída estrepitosa en la intención de voto, porque la verdad es que el desempeño de su candidato era superior y porque las calles fueron tomadas durante semanas previas a la contienda por los miembros del movimiento "Somos 132", un grupo de jóvenes universitarios que supo inicialmente movilizar a la juventud en contra del candidato del PRI, pero que perdió su fuerza una vez más se evidenció que se trataba de una iniciativa que fue aprovechada por la izquierda democrática y que terminó como una fuerza aumentada artificialmente con acarreados del PRD y el PT entre los que al final además de los jóvenes, aparecieron, plomeros, electricistas y trabajadores vinculados a la candidatura de López Obrador.

Al final como había sucedido en el 2006, el candidato de la izquierda desconoció el triunfo en esta ocasión arrollador de Enrique Peña Nieto de más de 8 puntos porcentuales.

En la campaña electoral de México en 2012, el candidato de la izquierda Andrés Manuel López Obrador y sus seguidores llegaron a creer que habían volteado una elección que favorecía en los números ampliamente al candidato Enrique Peña Nieto, quien a la postre resultó siendo el ganador, por el simple hecho de creer que los errores cometidos por el candidato del PRI lo habían llevado a una caída estrepitosa en la intención de voto, porque la verdad es que el desempeño de su candidato era superior y porque las calles fueron tomadas durante semanas previas a la contienda por los miembros del movimiento "Somos 132", un grupo de jóvenes universitarios que supo inicialmente movilizar a la juventud en contra del candidato del PRI, pero que perdió su fuerza una vez más se evidenció que se trataba de una iniciativa que fue aprovechada por la izquierda democrática y que terminó como una fuerza aumentada artificialmente con acarreados del PRD y el PT entre los que al final además de los jóvenes, aparecieron, plomeros, electricistas y trabajadores vinculados a la candidatura de López Obrador.

Esa misma emoción sumada a la evidente desconexión de Chávez con su propia gente en las últimas semanas, y la aparición de encuestas realizadas por algunas firmas de reputación que daban a Capriles ganador al final, hizo pensar que después de 14 años consecutivos en el poder, la oposición iba a salir de Hugo Chávez y su socialismo del siglo XXI, algo que ciertamente no aconteció.

Sabemos incluso que el escenario de perder la contienda dejó de ser una opción en el comando Venezuela, al punto que el tiempo de reunión del "War Room" o cuarto de guerra del sábado anterior a la elección, se utilizó para definir cómo se haría la celebración.

La salida a los medios de comunicación del candidato Capriles, una vez se conocieron los resultados oficiales de la derrota, sin un discurso preparado en el que ha debido anunciar que a partir de ese mismo momento asumía el liderazgo de una oposición constructiva, evidenció su propia sorpresa y desconcierto con los resultados. Capriles aceptó de corazón haber sido vencido "democráticamente" como él mismo lo dijo, cuando en realidad ha debido denunciar que si bien no hubo fraude comprobable en las urnas, quien ganó fue el abuso indiscriminado del poder, algo que ciertamente favoreció a la oposición, ya que de la mayor participación en las urnas el oficialismo chavista solo obtuvo el 10 por ciento mientras la oposición aumentó su caudal electoral en 50 por ciento y diferente a lo ocurrido en 2006 cuando compitió con Manuel Rosales, Chávez no logró su triunfo con un 26 por ciento de diferencia sino solo con 11 por ciento, con lo cual la brecha continuaba cerrándose.

Sin embargo, las elecciones se ganan en las urnas. Capriles pudo haber ganado la calle y la emoción de la gente que lo vio crecer en las últimas semanas y aglutinar casi seis millones y medio de electores, pero Chávez ganó la elección que es lo que al final cuenta. Otra demostración distinta de la búsqueda del poder no es la intuición lo que juega, cuando se trata de analizar lo que ocurre en el entorno.

Meses después en abril de 2013, Capriles estuvo a punto de ganar la elección contra el candidato elegido por el presidente Chavez antes de morir. De hecho, es posible que la haya ganado. Una vez más, el joven gobernador del estado Miranda demostraba su capacidad de emocionar a la gente en la calle.

Los líderes que quieren llegar al poder hoy saben que para hacerlo tienen que dejar de escucharse a sí mismos. Los mecanismos de investigación que existen actualmente permiten a un líder escuchar y entender en profundidad lo que acontece en su entorno.

Por su parte los verdaderos profesionales de la política no nos dejamos llevar por la emoción, sino por lo que dice la investigación, ya que de lo contrario dejamos de dar sustento científico de base a nuestras recomendaciones y caemos en lo que desafortunadamente caen muchos colegas que es en el uso y abuso de las ocurrencias.

En politica, la percepción
es la realidad.

Quienes durante años hemos dedicado nuestra vida a entender la comunicación hemos aprendido que en casi todo, pero especialmente en la comunicación política, una cosa es la realidad y otra muy distinta la percepción de la realidad.

Difícilmente podemos percibir las cosas de la misma manera, cuando hemos nacido en países y ciudades con costumbres diferentes, nos hemos educado con diferentes enfoques, crecimos en ambientes que no se parecen el uno del otro, unos en climas cálidos, otros templados fríos y otros en lugares donde hay estaciones, lo que influyó en la formación de nuestra personalidad y carácter. Nuestras mentes, bajo todas estas influencias y quizás muchas más, se formaron a lo largo de los años con diferentes perspectivas y criterios cuando se trata de abordar la interpretación de la realidad.

Lo que sucede a nuestro alrededor, no hay manera de recibirlo como información que llega directamente más que a través de nuestros cinco sentidos. Cuando esta información llega a la mente de cada uno de nosotros para ser interpretada, es cuando aparece la percepción, la cual se forma precisamente a partir de esas influencias a las que nos referimos al comienzo de este capítulo.

Es por ello que cuando hablamos de la imagen en la política podemos decir que hay tres estadios diferentes de esta: *la imagen aparente*, que es la que creemos que los distintos segmentos ciudadanos tienen de una marca, un servicio, una empresa, una institución o un líder; *la imagen ideal*, que es la que se quisiera tener; y *la imagen real*, que es la que los ciudadanos finalmente tienen.

Ahora bien, de lo que se trata cuando se busca acceder al poder es no limitarnos a estar informados sobre cómo nos perciben los ciudadanos, si no debemos entender, al menos es lo que hacemos los estrategas, que debemos trabajar en causar esa percepción en esa mayoría, que al final es la que con su voto habrá de elegirnos y con la que debemos aprender a conversar para mantenernos vigentes y con apoyo una vez lleguemos.

Estamos en una era mucha más compleja, la era de la colaboración, donde ya no son los líderes los que le hablan a la sociedad para que esta siga el camino que su visión indica, sin posibilidad ni respuesta de ningún tipo como ocurría unos años atrás, sino que hoy son los ciudadanos y su conversación permanente a través de las nuevas formas de comunicación existente, los que exigen respuestas rápidas, transparencia, derecho a participar y mayor conciencia social, como se mencionó en la introducción de este libro.

Nada más necesario para lograr causar los resultados deseados que comenzar por entender que las cosas no se dan más por obra y gracia del espíritu santo, sino que los logros son el resultado de una planificación estratégica colaborativa en la cual los ciudadanos cuentan y mucho.

Hay líderes que saben entender perfectamente aquello que perciben en un determinado momento los ciudadanos, lo que les permite definir junto con sus asesores, estrategias capaces de persuadir a los electores de la realidad que quieren.

Es el caso del presidente de los Estados Unidos Bill Clinton, sin lugar a dudas, uno de los políticos más hábiles y brillantes de los últimos tiempos, nos deja importantes enseñanzas en esto de causar los resultados deseados. Clinton, asesorado por su primer estratega James Carville, supo entender en 1992, cuando ganó su primera elección a presidente, que los votantes americanos, acostumbrados desde siempre a vivir en un país equilibrado hacia el centro, se encontraban un tanto obstinados de divisiones y polarización, motivada por tres períodos republicanos, dos de Reagan y uno de George Bush padre, y demandaban un giro hacia el centro-izquierda, enfocado principalmente en la necesidad de ofrecer una nueva propuesta económica, que generara oportunidades de trabajo. Años mas tarde, a la hora de buscar su reelección, Clinton y sus estrategas volvieron a entender que la opinión pública había dado un giro en sus percepciones, por lo que Clinton decidió traer a Dick Morris, Bob Squire y Henry Sheinkopf como sus estrategas, y ellos le recomendaron dar un giro hacia el centro-derecha, para atraer así el voto más moderado del Partido Republicano y reelegirse en 1996.

Es muy importante comprender que en la búsqueda del poder no basta con conocer cuáles son las percepciones existentes. Esto no conduce a cambiar la realidad. De lo que se trata es de causar creencias distintas, persuadiendo a los ciudadanos y electores acerca de lo que realmente resulta conveniente para la mayoría. Lo primero es propio de analistas. Lo segundo de líderes. Para lograr lo anterior, hay que partir de una comprensión distinta de lo que acontece en las comunicaciones y el análisis estratégico hoy. La principal diferencia está entre quienes perciben la realidad a partir del que y quienes partimos mejor del por qué.

Veamos, quienes ven la estrategia desde el "que" de las cosas:

- Acuden a prácticas clásicas de la negociación política.
- El foco está conectado con el pasado presente
- Se fundamenta en conseguir objetivos y persuadir audiencias
- Fijan objetivos
- Se basan en temas
- Identifican barreras
- Buscan asegurar un posicionamiento determinado
- Tratan de modificar las percepciones.

Los que, al contrario, trabajan la estrategia desde el "por qué" de las cosas:

- Acuden a la filosofía de la comunicación orbital
- Se enfocan en el futuro presente
- Se fundamentan en causar resultados e involucrar actores
- Definen caminos a seguir
- Se basan en impactos
- Identifican desconexiones
- Inspiran pasión para alcanzar propósitos
- Busca. encausar su destino

Estas diferencias que parecen sencillas cuando solo se enumeran, tienen una gran profundidad, ya que más que entender lo que acontece para ver cómo se actúa a partir de la percepción existente, logra causar resultados anhelados.

Veamos los resultados históricos que fueron causados por los líderes que han dirigido el destino de la humanidad con su habilidad persuasiva en diferentes momentos de la historia:

Charles De Gaulle, presidente de Francia, entendió que más allá de reducir su papel al de un dirigente capaz de entender la dirección que llevaba la conversación de los ciudadanos franceses en su época, su deber era asumir su papel de líder e identificar no la conversación existente, sino la deseada por los franceses y entender los puntos de dirección y colisión que había en ambas conversaciones. Así fue como pudo causar un nuevo destino para su país y encontrar el apoyo de la mayoría, a su propuesta de reconstrucción denominada la V República.

Cuando se trata de líderes latinoamericanos que tuvieron la capacidad de construir percepciones deseadas no podemos dejar de nombrar a Juan Domingo Perón y a Joaquín Balaguer, de la Argentina y República Dominicana, respectivamente. En el caso de Perón, una anécdota histórica explica perfectamente de lo que este caudillo fue capaz a la hora de generar percepciones políticas. En alguna ocasión en que fue entrevistado en Madrid durante su exilio, le preguntaron cómo era la composición política de la Argentina en ese momento, a lo que Perón explicó: "...Bueno hay 25 por ciento de radicales, un 20 por ciento de conservadores, un 15 por ciento de socialistas, un 10 por ciento de comunistas..." el entrevistador intrigado interrumpió para preguntarle "General... ¿Y los peronistas?" ante lo cual Perón replicó "peronistas somos todos."

Esto sigue siendo tan cierto que en la actualidad el peronismo es tan fuerte que es difícil que quien no lo sea pueda acceder al ejecutivo nacional, y en el poder legislativo los peronistas ganan siempre o casi siempre la más importante cuota de participación, porque de acuerdo con las reglas electorales argentinas, tienen la capacidad de obtener en las urnas la primera mayoría y la primera minoría.

Ahora bien, los que son verdaderamente emblemáticos en lo que a la diferencia entre realidad y la percepción se refiere en América Latina, son los presidentes Hugo Chávez de Venezuela y Álvaro Uribe Vélez de Colombia. Dos líderes que aun cuando ideológicamente fueron diametralmente opuestos, utilizaron la misma estrategia para construir entre la mayoría una percepción favorable. Ambos alcanzaron el poder en sus respectivos países como una opción distinta y de cambio, frente al desgaste de partidos tradicionales que, durante años, se habían repartido el poder.

Ambos cumplieron sus respectivas promesas de campaña en sus primeros gobiernos. Chávez, reemplazando la rica sociedad petrolera, que favoreció a unos pocos y que excluyó a la mayoría por una sociedad de subsidios que privilegiaba a una mayoría popular, combatiendo abiertamente a la sociedad privada productiva. Uribe, estableciendo una política de seguridad que favoreció a los que tenían y aumentando como lo hizo Chávez la sociedad de subsidios para favorecer de manera también populista, a quienes poco tenían.

Los dos se apoyaron en el conflicto, identificando un enemigo a quien enfrentar en forma permanente. En el caso de Chávez, la oligarquía de derecha a través de la promoción de una lucha de clases; y en el caso de Uribe, la intelectualidad de izquierda, para poder mantener así viva la llama del apoyo de sus seguidores e impedir que una parte importante de estos terminara por engrosar las filas de los llamados votantes blandos, que son con quienes al final de cuentas la oposición podría engrosar sus filas y ganar las elecciones a estos dos caudillos.

Ambos, aun cuando cada uno a su manera, decidieron en su estrategia enfrentarse con los demás poderes del Estado, con el único propósito de dominarlos. Esto les permitía, desde su visión autoritaria, concentrar cada vez más el poder. Chávez lo logró casi completamente, Uribe estuvo a punto de hacerlo, pero por suerte para los colombianos, la institucionalidad del país terminó venciendo a su caudillo y la Corte Constitucional le impidió su segunda reelección, que le hubiese permitido un tercer período consecutivo.

La realidad nos dice que Chávez dilapido su enorme poder y la riqueza de su país, dos elementos claves que le hubiesen permitido transformar a Venezuela, en el país económicamente líder de la región, como también nos dice que Uribe para conseguir su objetivo de acabar con las FARC, y lograr la seguridad prometida para el país, se rodeó de amigos de muy dudosa reputación, los paramilitares, que cometieron delitos de lesa humanidad, terminaron premiados, al ser extraditados a los Estados Unidos donde pagaron cárcel por tráfico de estupefacientes. Lo que es lamentable es que a los ojos de aquellos que siguen favoreciendo la imagen del ex presidente, estos criminales sangrientos siguen siendo percibidos como "un mal necesario".

Los estados aparentes, ideales o reales de la imagen a los que nos referimos anteriormente, pueden ser manejados y controlados si sabemos construir una adecuada estrategia de comunicación y una fluida conversación entre candidatos y electores… entre gobernante y gobernados.

Todos tienen un punto de partida.

Lo primero que debe hacer quien aspira a conseguir el poder mediante el concurso democrático del voto, es saber cuál es su punto de partida y cuál el de sus posibles competidores.

Nada saca quien aspira a llegar al poder, si no conoce a tiempo sus verdaderas posibilidades y si a sabiendas de que estas existen, no es capaz de diseñar un mecanismo idóneo para alcanzar su objetivo y superar a quienes también tienen posibilidades reales de llegar.

Ahora bien, esto no se consigue por la vía de salir primero a buscar el favor de los ciudadanos si no se ha realizado un verdadero diagnóstico que permita conocer las posibilidades reales, entender cuál es la mejor estrategia para conseguirlo y construir el mensaje del cual debe ir acompañada. No obstante, antes de entrar en el tema de la estrategia, que sin lugar a dudas es el elemento central de toda campaña por el poder, debemos detenernos en analizar en qué consiste entender cuál es el punto de partida de unos y otros.

Hay quienes tienen el olfato suficiente para entender que ha llegado su momento y en política, las oportunidades no pueden dejarse pasar cuando se presentan, especialmente hoy en día en que vemos cómo hay una fila cada vez mayor de líderes que aspiran a llegar al poder y una serie de jóvenes cada vez más preparados para asumir el liderazgo del mundo de hoy.

Sin embargo, precisamente por el hecho de que la competencia es cada vez mayor, quien aspira al poder está obligado no solo a ver sus posibilidades, sino que debe entender cuáles son las de los demás, ya que se dispone a participar en una lucha, muchas veces despiadada, en la que otros también compiten.

Para conocer el punto de partida, lo primero, por lo tanto, es desarrollar con la ayuda de profesionales de la política moderna un diagnóstico de posicionamiento, el cual se desarrolla en varias etapas: La primera es una etapa exploratoria, en la que un candidato recoge y procesa toda la información referente a los últimos procesos electorales, analizando hasta el más mínimo detalle acerca de lo ocurrido. Solo si sabemos el por qué las últimas elecciones se comportaron de una u otra manera, podremos entender dónde están los llamados votos persuasibles que se necesitan para ganar una contienda electoral por el poder.

Esta etapa exploratoria no puede limitarse a entender el porqué del comportamiento electoral ciudadano limitándose a analizar los últimos procesos para descubrir si existe o no una tendencia que se debe seguir. En realidad, se requiere ir mucho más allá. Se hace necesario realizar en la misma etapa exploratoria del diagnóstico, una serie de estudios cualitativos, participativos, etnográficos e incluso antropológicos y psicológicos en caso de que fuese necesario, para descubrir no solamente las opciones de llegar, sino otra serie de variables referidas a entender a la opinión pública.

La investigación de la fase exploratoria debe ser lo suficientemente enriquecedora para el análisis como para entender, como mínimo:

- ¿En qué estado de ánimo se encuentra la población en general y el electorado en particular?
- ¿Cuáles los niveles de esperanza o, por el contrario, de frustración existente?
- ¿Cómo son percibidos los principales problemas y cómo estos afectan a los ciudadanos y sus familias?
- ¿Cuál es el nivel de conocimiento de los posibles competidores y si la imagen que se tiene de ellos es positiva y negativa?
- ¿Cómo se percibe la capacidad de los competidores frente a la resolución de los problemas percibidos?
- ¿Dónde están las afinidades partidarias? Si es que estas existen, y de no ser así, ¿Cuál es la influencia electoral real de los llamados votantes independientes?
- ¿Cuáles son los niveles de aprobación o desaprobación de la gestión de gobierno y la imagen del gobernante? Sobre el entendido que la oposición

no gana elecciones, sino que los gobiernos las pierden, algo que explicaremos en detalle más adelante.

Por último, ver adónde van los factores que motivan las actitudes y decisiones de los ciudadanos y votantes.

Para validar estadísticamente las hipótesis que los profesionales de la política encuentren al momento de analizar los resultados de la investigación cualitativa, que es la que se utiliza para profundizar acerca de las percepciones de los distintos grupos de población, y participativa que como lo decíamos anteriormente, permite acercar la distancia que existe entre los problemas y sus soluciones.

Cubierta esta llamada etapa exploratoria, la cual debe terminar con una junta de consultores que como profesionales podrán desmenuzar al mínimo detalle los resultados de la investigación para encontrar hallazgos estratégicos, vendrá entonces una fase estratégica colaborativa, en la cual el candidato y su equipo más cercano y de colaboradores de confianza, bajo la guía y moderación de los consultores profesionales, desarrollan una agenda de trabajo que les permita:

- Análisis estratégico de los resultados de la investigación.
- Hacer un análisis geopolítico, sobre el entendido que hoy la política es global de manera tal que lo que ocurre en el mundo, influye sobre lo nacional, lo regional e incluso lo local.
- Realizar igualmente un análisis de los distintos escenarios desde la perspectiva política, económica, social y comunicacional, para definir las posiciones que haya que adoptar en cada caso. Es seguro que estos escenarios influirán a la opinión pública durante la campaña.
- Construir una estrategia política comunicacional y de trabajo territorial de manera colaborativa, para que pueda ser interiorizada por el candidato y todos los participantes del ejercicio, lo que garantiza que será puesta en práctica. Dicha estrategia colaborativa será el camino a seguir para llegar a buen puerto, pero sobre todo, es el mecanismo mediante el cual se podrá causar el escenario de triunfo o aquel que sea el escenario propuesto, ya que como lo dijimos anteriormente, ganar no siempre es el objetivo.
- Analizar también, cuál podría ser el camino estratégico asumido por los contendores y entender los mecanismos idóneos para neutralizar e incluso bloquearlos mediante una estrategia propia de ataque y defensa.

- Finalmente, llegar a definir cuál será el mensaje clave de campaña que en estas últimas, es la idea fuerza mediante la cual un candidato y su campaña podrán persuadir a una masa mayoritaria de electores que son quienes darán el triunfo y permitirán acceder al poder o conseguir el objetivo propuesto para cada proceso.

Cuando este ejercicio se realiza de manera profesional y con la debida anticipación, se asegura no necesariamente el triunfo, pero ciertamente si se estará planificando de manera adecuada, lo que sin lugar a dudas generará un valor agregado, que permitirá aventajar a los contrarios que compitan y no lo hagan de igual manera.

Este ejercicio además servirá a todo candidato o aspirante al poder, para identificar la efectividad y capacidad estratégica de los consultores que lo acompañen en esta primera etapa clave, constatar si su trabajo responde a una disciplina de procesos ordenados y sistémicos, o si, por el contrario, simplemente se trata de charlatanes que solo traen consigo ideas ocurrentes, algo que suele suceder con un importante número de personas que sin serlo, se venden como profesionales de la consultoría política.

Realizar un buen diagnóstico permitirá además a un candidato, entender si quienes lo rodean son las personas idóneas con las cuales podrá alcanzar los objetivos propuestos o si será necesario producir cambios de su equipo a tiempo, de suerte tal que ninguna de las áreas claves de una campaña quede al descubierto.

Desafortunadamente, muchos de quienes compiten tienen la mala costumbre de dejarlo todo para el final, y peor aún quienes lo acompañan tienen la costumbre de no asumir la responsabilidad que a cada uno se le asigna, sino que prefieren meter las narices en las responsabilidades de sus vecinos, con lo cual ni hacen bien lo propio, ni dejan que los demás hagan lo suyo. Esto conduce al caos constante al que nos referimos en la definición de una campaña política.

¿Quién no ha sido testigo de candidatos que se deciden a participar cuando ya no tienen ninguna posibilidad se desentienden a la hora de desarrollar una estrategia basada en información científica, pues no contratan encuestas y se limitan a buscar los resultados de intención de voto en aquellas que son esporádicamente publicadas en los medios; hablan de todos los temas sin priorizar aquellos que de verdad interesan a los electores y cuando van a las entrevistas de medios se limitan a contestar todas las preguntas, no a pasar su mensaje a los electores, simplemente porque no poseen uno; se despreocupan por fortalecer zonas débiles de su personalidad e imagen; y en muchos otros errores atacan a los demás candidatos solo por el gusto cínico de hacerlo y con temas que ni les disminuyen su caudal electoral ni aumentan el propio?

Ahora bien, para quien de manera disciplinada, decide ser proactivo, planifica y actúa bajo un plan de acciones tácticas ordenadas que responde a metas de corto y mediano plazo, tendrá una verdadera ventaja competitiva sobre sus contrarios y podrá de manera más expedita imponer la agenda de la discusión, haciendo que los demás vayan a la zaga, que es como se gana una elección.

Como en los otros capítulos, hay ejemplos. En su decisión por regresar al poder después de perder las elecciones presidenciales en el 2000 un grupo del más alto nivel de dirigentes del Partido de la Liberación Dominicana incluyendo al candidato perdedor, miembros del Comité Político, máximo órgano de poder del partido, en lugar de quedarse lamentando lo ocurrido, decidió inscribirse y acudir a un seminario de campañas electorales realizado en la ciudad de Miami.

Posteriormente y a un año de las elecciones presidenciales de 2004 a las que el presidente Leonel Fernández había decidido presentarse nuevamente, debidamente avalado según lo establecido por la Constitución dominicana de entonces, el propio mandatario buscó, con la debida anticipación, un equipo de consultores profesionales en el que tuve el privilegio de actuar como estratega, junto con Sergio Roitberg quien tuvo a su cargo el asesoramiento en la comunicación de campaña, y el profesor Eduardo Gamarra, quien acompañó al equipo técnico del PLD en la construcción del programa de gobierno, para acompañar al exmandatario, primero en la realización de un diagnóstico integral, y luego en el desarrollo de la campaña electoral.

Los resultados de estas decisiones acertadas dejaron ver sus frutos. Leonel Fernández superando todo pronóstico, consiguió el 57.11 por ciento de los votos, barriendo en primera vuelta al entonces presidente Hipólito Mejía, algo que jamás había logrado el PLD en toda su historia.

No le ocurrió lo mismo a Manfred Reyes en Bolivia, cuando se enfrentó a Evo Morales; ni a Antanas Mockus cuando compitió con Juan Manuel Santos en Colombia; ni a Álvaro Noboa contra Rafael Correa en Ecuador, ni a muchos otros que no planificaron con tiempo, prefirieron actuar bajo parámetros tradicionales o dejaron para última hora lo que han podido hacer con tiempo, cuando los espacios estaban aún vacíos, que es cuando es más fácil llenarlos.

Estados Unidos es tal vez el país donde, por lo menos en las elecciones presidenciales, la planificación es la parte más importante del ADN de la campaña.

Por tratarse además de un proceso electoral que se desarrolla Estado por Estado, la campaña planifica en cada uno de ellos y lo hace cubriendo a profesionales de la consultoría política que se han especializado en alguno de los tantos frentes que hoy son abordados por las campañas y requeridos por los partidos, en cada una de las ciudades y hasta distritos electorales de cada uno de esos Estados. Los asesores de Florida se especializan en Florida, los de Ohio en Ohio, los de Nueva York en la Gran Manzana, los de California en California y así sucesivamente.

Con excepción de Brasil, donde todo termina siendo "O mais grande do mondo", la Asociación Americana de Consultores Políticos, AAPC, hoy debe superar los 2000 afiliados, precisamente porque una cosa somos aquellos consultores que pertenecemos a ella que nos dedicamos desde hace años a trabajar en varios países y geografías, y otros los que se dedican a hacerlo exclusivamente en una sola disciplina en el lugar donde residen.

En una campaña presidencial de los Estados Unidos, fácilmente se pueden contratar cien o doscientos consultores. Es por eso que muchos de ellos, terminada la elección de 2008 que llevó a Barack Obama, el primer afroamericano que accedía al poder en el país más poderoso del mundo, todos salieron a venderse, como los asesores de Obama. Algo que, de algún modo, era cierto.

Ahora volviendo a lo que atañe a este capítulo, vale la pena señalar que si bien las campañas americanas por el hecho de ser Estado por Estado, si bien son más caóticas que las nuestras, en razón a su gigantismo, la planificación y disciplina táctica de las mismas, es lo que las convierte en verdaderos casos de estudio, se gane o se pierda en cada una de ellas. Todo absolutamente todo en ellas, está milimétricamente pensado más de una vez, así como todas sus acciones no solo se pueden medir en efectividad, sino que de hecho se miden semanalmente. No hay estrategia en campaña presidencial americana que no obedezca a una investigación minuciosa, un diagnóstico adecuado y una ruta crítica a la hora de determinar todas las acciones de la misma.

En el 2008 el cerebro de la campaña del presidente Obama y a la vez gerente de la misma David Pluff, según nos narra en su libro *The Audacity to Win* utilizó incluso las redes sociales, los mensajes de texto de telefonía móvil y los mensajes vía Black Berry, para enviar a los miles de voceros de la campaña, los mensajes positivos que tenían que pasar en los programas periodísticos a los que acudían a diario. Esos mismos voceros recibieron en forma permanente y actualizada los argumentos de ataque que a diario aparecían contra el adversario. Algo que no sucede sin embargo aún en las elecciones locales donde los candidatos obvian por ejemplo invertir en tácticas de redes sociales y prefieren hacerlo en mecanismos tradicionales de correo directo.

Es esta precisión de relojero la que permite que las campañas presidenciales de los Estados Unidos, sean ejemplo a seguir y que los consultores acudamos al estudio minucioso de ellas para aplicar muchos de sus procesos y replicar muchas de sus herramientas en aquellos países de sistemas presidencialistas similares.

¿Por qué razón si las corporaciones y hasta las PYMES hoy en día evalúan y planifican su futuro y lo revisan al menos una vez al año, los partidos, los candidatos y sus campañas no hacen lo propio, cuando se trata de empresas que impactan sobre la calidad de vida de las personas?

A la hora de planificar, por lo tanto, el primer paso a seguir es realizar un diagnóstico que nos permita entender cuál es nuestro punto de partida y el de nuestros posibles contrincantes.

La línea recta es el camino más corto.

Nada parece ser más difícil para una campaña por el poder que trazar con éxito el camino más expedito para alcanzar el objetivo deseado, es decir, construir una estrategia política ganadora que permita causar el triunfo.

Quizás esto se deba a que cuando hablamos de estrategia para muchos pueda sonar como algo muy abstracto. Quizás sea porque se suele confundir la diferencia que existe entre objetivos, estrategia y táctica, o será quizás simplemente porque para la inmensa mayoría de quienes aspiran, al menos en América Latina y los países en vía de desarrollo, el hábito los arrastre más hacia la forma tradicional de hacer la política, que es a lo que están acostumbrados.

Para comprender mejor de lo que estamos hablando, nada mejor que recordar aquella regla de la geometría que estudiamos cuando estábamos jóvenes en la escuela según la cual la "línea recta es el camino más corto que existe entre dos puntos".

Si traducimos esta máxima a una campaña por el poder, tendremos que entender que de lo que se trata es de trazar un camino recto entre el primer punto que es el día en que se toma la decisión de participar en una elección, y el día en que se realiza la misma que sería el punto de llegada. Se trataría, por lo tanto, de seguir esa línea, saltando todos los obstáculos que se interpongan en el camino, que, por cierto, serán muchos para no perdernos ni desviarnos en el zigzag que impondría la coyuntura. A la hora de trazar una hoja de ruta a seguir, que en últimas será la estrategia, hay que tener en cuenta que antes y durante el proceso, el día a día que todo lo puede, es capaz de presionar de tal manera, que consigue sacarnos del camino.

A la mayoría de las campañas les sucede y terminan perdiéndose en un laberinto sin salida que impide llegar a tiempo al destino trazado.

¿Quién en una campaña no ha escuchado condicionantes expresados en frases tales como "... *habrá que consultarlo con el presidente*", o "... *el comité político del partido puede asumir una posición contraria*", o "... *esperemos a que el tribunal electoral decida sobre si...*", o "... *es lo que conviene pero si lo hacemos ahora podría despertar la oposición de tal o cual sector*", o "... *si asumimos esta dirección y en la mitad del camino nos encontramos con que...*"

En fin, no son uno sino muchos los obstáculos que un candidato y su campaña encontrarán a lo largo del camino como condicionantes, que de seguirlos uno a uno terminarán convirtiendo la línea recta trazada en un tortuoso camino con muchas curvas a seguir, que solo traerá consigo que al final recordemos otra regla de la geometría que también estudiamos en la escuela: "Toda línea envolvente es mayor que la envuelta".

Lo cierto es que ganará la elección quien entienda que la recta es el camino más expedito a seguir, siempre y cuando se anticipen los obstáculos y dificultades para llegar primero.

Otra reflexión importante a la hora de construir una estrategia es entender que esta debe ser simple, sencilla de entender, pero poderosa al mismo tiempo. Algo así como un coche todoterreno, que es capaz de atravesar rápidamente las calles de una ciudad, así como por carreteras descubiertas y polvorientas.

Muchas campañas, mal aconsejadas por el camino, desarrollan una estrategia demasiado complicada que más de la mitad de sus miembros no quieren seguir, simplemente porque no la comprendan. Pensemos que la estrategia debe ser lo suficientemente simple para que cualquiera la entienda y lo suficientemente poderosa para mover a toda una sociedad. Aquí, vale la pena recordar una enseñanza de Arquímedes, que también aprendimos al momento de ir a la escuela: "*Dadme una palanca y os moveré el mundo*". Esa extraordinaria frase es precisamente la mejor representación de lo que debe ser una estrategia efectiva y eficaz. Encontrar este apalancamiento es tener una estrategia que seguir.

Ahora, ¿cómo se construye una estrategia política? Hay muchas maneras. Lo importante es que al hacerlo tengamos en cuenta que estamos obligados a partir de supuestos basados en información recogida a través de investigación científicamente realizada, no de chismografía política, debemos actuar no como intelectuales capaces de hacer un buen análisis de contexto y coyuntura, sino como estrategas capaces de causar un destino deseado.

Con mi amigo y colega, Felipe Noguera, primer presidente latinoamericano de la Asociación Internacional de Consultores Políticos, IAPC, a quien considero un verdadero maestro de la estrategia política, hemos conversado muchas veces sobre el tema de la importancia de una estrategia, y hemos llegado a conclusiones interesantes.

Una de ellas la necesidad de aplicar en la construcción de una estrategia política un método que contemple varias variables. De ahí, por ejemplo, la llamada "estrategia de las 7 campañas" de Felipe, que con el tiempo he venido adaptando a la nueva realidad.

La estrategia de las 7 campañas parte del supuesto de que solo hay siete campañas posibles para ganar una elección, y hay casos en la historia política que demuestran que con una sola de las siete hay líderes que lo han logrado. ¿Cuáles son las siete campañas:

La campaña de la opinión: En todos los procesos de elección a cargos del poder, hay fuerzas que conducen o arrastran a un porcentaje importante de la opinión pública hacia un determinado deseo colectivo, que puede terminar por construir una tendencia electoral que numéricamente persuada a una mayoría a la que ya nadie detiene. La decisión de dicha mayoría puede asegurar la victoria o la derrota en una elección. En la mayoría de los casos, esta llamada campaña de opinión pública se mueve en el eje cambio vs. continuidad.

Vamos a verla con ejemplos para entenderla aún mejor. En el año 2000, en México, después de 71 años consecutivos del PRI en el poder, la población demandaba un cambio. Los estrategas de Vicente Fox entendieron esta fuerza de opinión pública y convirtieron a su candidato en el símbolo del cambio, lo que le era suficiente para ganar la elección.

Sin embargo, la reelección de Georges W. Bush es los Estados Unidos, no se dio porque su gobierno haya sido destacado, de hecho fue todo lo contrario, sino porque después de los ataques del 9/11 ocurridos contra las Torres Gemelas en Nueva York y la guerra desatada en su gobierno contra Sadan Hussein en Irak, los electores americanos prefirieron la continuidad, pues no se cambia de general en medio de la guerra.

La campaña de la camiseta: como en los partidos de futbol, la camiseta del equipo simboliza la fuerza de la marca. Si un candidato es poseedor de la marca más importante en términos electorales esta sola campaña le será suficiente para ganar la elección, siempre y cuando sepa cómo motivar a los demás jugadores, en especial a la fanaticada, que para fines políticos son los militantes de base que conforman una estructura de trabajo.

Un buen ejemplo es la campaña presidencial del año 1990 en Colombia. El Partido Liberal, unido en ese momento era tan fuerte que el Presidente Cesar Gaviria Trujillo, quien nadie hubiese imaginado como candidato presidencial en ese momento, logró ser elegido después que asesinaron al virtual ganador de esa contienda, Luis Carlos Galán, todo porque fue seleccionado con un emotivo mensaje el día del entierro del senador liberal, cuando su hijo se dirigió al despedir a su padre para decirle: "Doctor Gaviria, asuma usted las banderas de mi padre" y gracias al apoyo cerrado que le brindó el partido.

Lo mismo le ocurrió al presidente Zedillo, quien terminó siendo el candidato de un PRI fuerte y vigoroso que se había emocionado con su candidato Luis Donaldo Colosio quien como Galán fue asesinado en el proceso. Si el PRI hubiera llegado a 2000 con la misma emoción y entusiasmo, Fox no habría ganado la elección.

La campaña de la imagen: la buena imagen y carisma de un candidato a veces son suficientes para ganar una elección.

Fue lo que ocurrió al gobernador de Arkansas William Clinton en 1992, cuando ganó al presidente George Bush padre en su intento por reelegirse y, como ocurrió con el senador Barack Obama en el 2.008, cuando ganó la elección y se convirtió en el primer líder afroamericano del mundo libre. El carisma de Clinton es más que reconocido y el de Obama fue tal, que acabó con las posibilidades de Hillary Clinton, carismática líder del Partido Demócrata que contaba además con el apoyo irrestricto de su marido.

En México, Enrique Peña Nieto superó a todos los contendientes con su imagen y carisma de político joven y moderno. De hecho Televisa cadena que lo apoyó irrestrictamente desde cuando era gobernador del estado de México, había convertido su historia personal prácticamente en una telenovela en la cual él hacía el papel de galán que incluso contrajo nupcias con una de las artistas más queridas de la televisión mexicana del momento, a quien apodaban "la gaviota".

El carisma es un activo en la identidad personal de un candidato que busca el acceso al poder y que sin duda añade mucho valor a quienes lo poseen.

La campaña temática: en toda campaña hay temas que preocupan y afectan a la población más que otros. Cuando un candidato los identifica y logra persuadir a los electores de ser quien está mejor preparado para resolver al menos uno de ellos, quizás el más importante, se convierte en el candidato ganador.

Es lo que ocurrió a Alvaro Uribe en Colombia, que fue quien mejor manejó el discurso sobre el tema que más preocupaba a la inmensa mayoría de los colombianos, el tema de la seguridad de suerte que todos creyeron que tenía la solución contra la guerrilla de las FARC que amedrentaban a medio país. Uribe será recordado siempre como el presidente de la Seguridad Democrática, que es como se llamó su programa de gobierno.

La campaña del ajedrez: es aquella en la que el candidato o su campaña demuestran tener la habilidad de armar el álgebra de coaliciones.

Si en el estado de Nueva York por ejemplo, votan los judíos, los afroamericanos y los latinos, es prácticamente seguro que ganen los demócratas. Este es un buen ejemplo para demostrar que las coaliciones no se hacen solo entre partidos o movimientos políticos, sino que se extiende a sectores ciudadanos.

Basado en largas conversaciones con otro gran estratega con quien he trabajado hombro a hombro en los últimos años, Edgard Gutiérrez, decidimos en la práctica remplazar las dos últimas campañas del modelo de Felipe Noguera, a partir de la importancia, por ejemplo, del mundo digital, en las campañas y del enfrentamiento cada vez mayor que ocurre en ellas.

La campaña de la conversación: gracias al desarrollo de la tecnología, la política cambió. Hoy, ya no nos comunicamos de manera unilateral y vertical; hoy, vivimos la era de la conversación permanente a través de las redes sociales, donde todos somos receptores y emisores al mismo tiempo.

En una campaña profesional, no se trata solo de comenzar primero, sino de llenar los espacios cuando aún están vacíos, lo que suele suceder antes del inicio de la competencia electoral, donde todos se pelean por dominar los mismos.

Además, con los avances de la tecnología, las comunicaciones dieron ese vuelco de 180 grados modificando la unilateralidad y verticalidad de la comunicación hacia un sistema mucho más multidireccional y democrático en el que los ciudadanos dejamos de ser simples espectadores de la comunicación y entramos a ser actores y decisores de la misma, cuando somos capaces de ser relevantes e influir sobre la conversación de otros y estos a su vez sobre sus contactos y seguidores en las redes sociales. Este espacio hay que dominarlo con suficiente antelación, de tal suerte que, cuando entre la etapa de competencia, los "bots" que al final muchos contratan no logren superar la autenticidad que un candidato posee en su conversación orgánica con la ciudadanía.

Dominar la conversación ciudadana es un verdadero arte. Barack Obama en su primera campaña fue el pionero y nos hizo caer en cuenta de su importancia, y Nayib Bukele, presidente de El Salvador, nos enseñó que a través de la conversación ciudadana se puede también ganar una elección.

La campaña del ataque: Preferimos con Edgard Gutiérrez asociar la campaña a la estrategia de ataque y defensa.

Las campañas interpretando a Von Clauzewitz, en su obra *La Guerra*, los ataques son la expresión democrática del conflicto y en nuestra región, atacar es casi que un oficio obligado en todas las campañas políticas.
La verdad es que hay que hacerlo donde realmente duele y se puede caer, por el contrario, más allá de lo que sirve para empujar al propio candidato. Chtristian Salmón en su obra *"La Era del Enfrentamiento"* nos señala como en el campo de las batallas democráticas, el enfrentamiento de ha convertido en el orden del día.

En la elección azteca de 2006, el exgobernador del Estado de México, ha podido fácilmente llegar a ser el candidato del PRI en incluso ganar la contienda, si no es por la acertada estrategia de ataque que su propio copartidario, Roberto Madrazo, se desarrolló contra él en el punto en que era más débil, hundiendo sus posibilidades, al igual que se hundieron las del propio Madrazo, con la extraordinaria campaña publicitaria de ataque diseñada por el gran publicista mexicano Juan Curi, contratado para ello por la maestra Elba Esther Gordillo, cuando acuñó la célebre la frase: "¿Tú le crees a Madrazo? yo tampoco".

Esto sumado a la operación "Tucom", (todos contra Madrazo), acción que dentro de su propio partido, acabó con las posibilidades de éxito de este.

Atacar donde duele, es, por lo tanto, otra forma de bajar al contrario a tiempo para ganar una elección. Lo que ocurre es que solo atacar no se gana, hay que añadir al ataque una propuesta esperanzadora, de lo contrario terminará siendo una estrategia de oposición.

Ahora bien, si bien es cierto que cada una de estas campañas puede resultar suficiente para ganar, estratégicamente es mejor apostar a ganar cuatro de las siete, ya que de conseguirlo, se asegura el triunfo.

De ahí la importancia de poder monitorear el posicionamiento de cada uno de los candidatos. No solo del propio frente a cada una de estas campañas. Esto es exactamente lo que debe medir el tracking semanalmente, para entender qué falta hacer para fortalecer la estrategia y para debilitar a los contrarios de cara a las siete campañas descritas.

Otra fórmula para construir una estrategia de campaña es la de imaginarse y armar un laberinto con cada uno de los temas álgidos o críticos que surgen de la investigación y tratar de dibujar en este laberinto cuál es el camino para encontrar la salida más expedita.

El candidato que gane la elección será aquel que por su lado logre recortar las paredes del laberinto, para avanzar en la línea más recta posible entre la entrada y la salida del mismo, y que sea capaz a través de su campaña, de construir trampa tras trampa para que los contrarios se pierdan en la identificación de por dónde se sale. Para ello debemos pensar en cómo un ratón es capaz incluso de carcomer las paredes de un laberinto y caminar en línea recta en busca de un pedazo de queso.

Otra opción tiene que ver con la capacidad que tiene un candidato de transportarse al futuro para luego ser capaz de traer dicho futuro al presente para actuar sobre el aquí y el ahora. Para hacer esto, hay un ejercicio simple pero potente a la vez.

La mecánica consiste en buscar el templete o primera página del periódico más leído del país, región o ciudad, donde se compite, cambiar la fecha de la publicación, colocando en su lugar la de un día después del día de elección, y hacer el ejercicio de intentar titular el artículo de la primera página, con aquello que nos gustaría leer como titular ese día. Esta es la forma en que podemos anticipar el futuro.

El próximo ejercicio es volver al presente, escribir lo que hay que hacer para conseguir lo que escribimos, ser el titular.

Al hacerlo estaremos redactando no solo el contenido del artículo, sino la estrategia de la campaña. Y lo debemos hacer conjuntamente con el llamado "Inner circle" o "Círculo Rojo" de la campaña, para que todos se sientan partícipes.

La recomendación al hacerlo es escribir una, dos o máximo tres ideas que es lo que se necesita para ganar una elección.

Algunos llaman a esto capacidad neurolingüística. No sé si lo es o no lo es, es algo en lo que no he profundizado. Lo que sí tengo claro es que cuando traemos el futuro al presente para actuar en el aquí y el ahora, estamos causando el futuro, y eso precisamente es desarrollar una estrategia.

Mi amigo y colega, Albert Durig, uno de los estrategas de Microsoft, con quien he tenido el gusto de trabajar cuando los dos estabamos vinculados a Newlink, desarrolló junto con Rafael Pedraza, un método verdaderamente innovador y creativo llamado "Orbital Strategy".

Consiste en desarrollar una metodología mucho más provocativa y audaz con el cliente en la cual, no se trata solo de establecer una conversación para identificar lo que está pasando con los distintos grupos de interés y actuar desde una perspectiva tradicional, sino que parte de la creencia de que hay que generar una colisión para entender dónde verdaderamente están las desconexiones que existen, no con los grupos de interés sino con los actores involucrados en el proceso.

Para Albert y Rafael, una cosa son los interlocutores, a los cuales abordamos desde la perspectiva propia de unilateralismo de la comunicación, es decir cuando había un emisor y muchos receptores que no tenían cómo responder, y otra muy distinta los actores involucrados, que desde un mundo que exige participación, colaboran como receptores y emisores al mismo tiempo. Pero este tema se discutirá más adelante.

Lo que es claro, es que las campañas por el poder requieren de una estrategia la que, además, como decía Joe Napolitan en su extraordinario libro *Election*

Game, sea buena o mala es mejor que esté escrita para que no caigamos en la tentación de fallar, para luego salir a decir que no había estrategia alguna.

La estrategia es el concepto más importante que debe tener la campaña por el poder y partir de la idea de que es mejor construirla a partir de la lección de la línea recta, facilitará que seamos más eficientes y eficaces. La estrategia es la hoja de ruta que nos permitirá llegar seguros a buen puerto, como dicen los marinos. Si no sabemos a dónde vamos, como es el caso de muchas campañas, no hay camino que nos pueda llevar.

Consideremos ahora algunos ejemplos que merecen ser puestos de relieve:

Uno de esos casos es el de Alan García en Perú. ¿Quién podría olvidar la manera como García, uno de los hombres más inteligentes y preparados de este país, salió de su primer mandato? Azotado por la opinión pública que lo llevó a niveles nunca antes vistos de rechazo; criticado por los medios de comunicación que apenas años antes lo habían endiosado y vapuleado por los sectores empresariales que se sentían traicionados del apoyo que le brindaron para acceder al poder, cuando vieron que detrás de su elocuencia se escondía un socialista a ultranza que aplicó con rigor políticas de privatización que era, no una terquedad suya, sino la tendencia de una época, cuando contrario a lo que sucede hoy día, se buscaba robustecer los Estados. García no solo salió azotado por la opinión, criticado por los medios y vapuleado por los sectores privados, sino perseguido por la justicia que lo obligó a asilarse durante un tiempo en Colombia y luego huir hacia el Viejo Continente.

Sin embargo, en política también, "después de la tormenta viene la calma", con lo cual una vez terminada la persecución contra Alan García, este político preparado y erudito como pocos, se propuso buscar una segunda oportunidad que le permitiera no solo reivindicar su nombre, sino demostrar que se había cultivado para ser un buen presidente y que muchas de sus decisiones, seguramente equivocadas, fueron impulsadas no solo por una tendencia regional sino por su inexperiencia e inmadurez políticas. Finalmente alcanzó su objetivo.

En 2006, en la campaña en la que fue elegido por segunda vez, muchos candidatos aparecieron como posibles ganadores y terminaron viendo desaparecer sus opciones de ganar. Entre los más conocidos se encontraba el entonces considerado el "superalcalde" de Lima, Alberto Andrade Carmona. Sin embargo, su indecisión no le permitió traducir su gran popularidad en intención de voto. También hacía parte de la baraja Lourdes Flores, una mujer de gran prestigio que luchó la presidencia de su país en varias ocasiones sin que esta le abriera sus puertas. Esta quizás fue la ocasión en que más se acercó. Y, finalmente Ollanta Humala, un general golpista, quien se presentó por primera vez con opciones reales de triunfo.

Ayudado por su asesor de cabecera y excelente estratega Hugo Otero, Alan García, esperó sin desgastarse el momento preciso, y con su discurso y acción política impulsó una polarización entre Lourdes Flores, quien salió a defender los valores de la derecha tradicional, en un momento en que América Latina buscaba opciones alternativas a la política desarrollada a partir del "Consenso de Washington", y Ollanta Humala a quien logró ubicar en la extrema izquierda.

Lo primero no fue difícil. Lourdes Flores, mal asesorada, cayó en la trampa, y para lo segundo Alan García tuvo la genial idea de atacar al entonces presidente de Venezuela, Hugo Chávez, quien no resistió la tentación de salir a defender impulsivamente la candidatura de Ollanta Humala, en un país donde la idiosincrasia no era muy dada a aceptar la intromisión extranjera en sus decisiones políticas internas, mucho menos viniendo ellas del coronel presidente de Venezuela.

Perú fue virreinato en la época de la colonia y desde entonces se sigue la creencia de uno de los próceres de nuestra independencia que afirmó, no sé si con razón o no "Venezuela es un cuartel, Colombia una academia y Perú un convento".

Alan García se mantuvo en el divino centro y sin entrar en la polarización sacó de la segunda vuelta a quien lucía más débil, Lourdes Flores, para luego ganar a Ollanta Humala, quien no tenía ni la astucia ni la sagacidad ni la inteligencia política de García.

Es lamentable la manera en que terminó Alan García, líder indiscutible de la política peruana de las últimas décadas, suicidándose, al ser acusado por la justicia de su país de supuesta corrupción, en el momento en que fue buscado por las autoridades en su residencia, con el propósito de conducirlo a prisión preventiva mientras se desarrollaba el juicio en su contra. Su archienemigo, el conocido periodista peruano Jaime Bayly Letts, escribió en honor de García una extraordinaria pieza titulada *El suicidio de Mozart*, publicada por INFOBAE, la agencia de noticias de Argentina.

Otro caso de asombrosa inteligencia estratégica fue el del presidente Hugo Chávez para ganar abrumadoramente la elección de la Asamblea Nacional Constituyente con la que cambió la Carta Magna de su país y comenzó a dirigir un cambio, que al principio era no solo pedido sino una exigencia de la inmensa mayoría de los venezolanos.

Con el tiempo, ha venido polarizando a gran parte de la sociedad en contra del cambio desarrollado por Chavez, lo que se demuestra ampliamente con los resultados de las elecciones realizadas allí en 2012 y 2013 después del fallecimiento de Chavez. En 2006, Chávez ganó las elecciones presidenciales contra Manuel Rosales por una diferencia abrumadora de 26 por ciento en 2012 si bien ganó, la brecha se redujo a 11 por ciento, ya que el oficialismo solo aumentó su caudal electoral en 10 por ciento, mientras la oposición creció en 50 por ciento y en 2013 Nicolas Maduro el elegido de Chavez apenas si consiguió un pírrico triunfo electoral frente al candidato Henrique Capriles, que dejó un alto sabor de manipulación y fraude electoral.

Sin embargo, en 1999, un año después de ser electo presidente por primera vez, el comandante Hugo Chávez, como le dicen sus seguidores, desarrolló una campaña estratégicamente brillante.

Primero hizo de la elección de la Asamblea Constituyente el símbolo del cambio prometido durante su campaña, y que ratificó el día de su toma de posesión al momento de su juramento cuando dijo "... ante esta Constitución moribunda juró..."

Para conseguir el triunfo arrollador que obtuvo, Chávez apeló al jugador o apostador que había detrás de cada venezolano y utilizó además el concepto de la quiniela, algo muy popular en la época entre los venezolanos que cada semana apostaban en las carreras de caballos a través de este sistema.

Como sus candidatos eran totalmente desconocidos, frente a los de la oposición que no lo eran tanto, y la Constitución vigente le impedía todavía participar en política, Chávez puso de cabeza de lista nacional a su mujer de entonces, Maria Isabel de Chávez, para poder promocionar en una boleta exactamente igual a la existente en las quinielas y con las mismas palabras utilizadas en las apuestas de la hípica:
"... en el estado Zulia (un ejemplo, ya que lo hizo estado por estado)..., estas son las llaves de Chávez".

De esta manera la gente acudía con una ayuda a buscar los números señalados en la supuesta quiniela, para marcar los candidatos del chavismo estado por estado, así mientras Chávez solo presentaba su lista de caballos ganadores, para decirlo en términos hípicos, en la oposición fragmentada, dividida y rechazada frente a una fuerza de cambio, cada partido nacional o regional presentaba un sinnúmero de candidatos que fueron arrollados completamente.

Como resultado de lo anterior, en las elecciones parlamentarias de 2000, el partido del presidente Chávez obtuvo 91 escaños en la Asamblea Nacional, en tanto que Acción Democrática solo obtuvo 33.

Otro ejemplo interesante de analizar es el de Vicente Fox. El país azteca hasta entonces era políticamente tradicional. El presidente de México, por 71 años consecutivos, fue del PRI, del Partido Revolucionario Institucional, y lo había decidido todo... absolutamente todo.

Sin embargo, los mexicanos han sido siempre una sociedad donde se guardan las formas y el respeto. De ahí que aun cuando las decisiones fuesen totalmente producto del autoritarismo, el propio Presidente de la Republica cuando imponía la decisión de quien reemplazaba a un gobernador, por ejemplo lo hacía en el tenor de una conversación como la siguiente:

El Presidente: "Señor Gobernador considero prudente y de la mayor importancia que usted me diga, quien considera sería la persona indicada para continuar el excelente trabajo que Ud. ha llevado a cabo por el bien de su Estado". Ante lo cual el gobernador, que por conducto del delegado del partido ya había sido informado de quién era el personaje que el presidente consideraba para reemplazarlo, no tenía opción de contestar indicando el nombre del escogido por el presidente. Acto seguido, el primer mandatario decía: "Fíjese señor gobernador, que no había pensado en este nombre, pero estoy seguro de que viniendo de usted, es la opción más recomendable'. Prepárate una buena campaña para que puedas ganar y asegúrate de que habrá continuidad de tu excelente trabajo".

Este respeto de las formas no era potestad única del PRI, en el PAN ocurría lo mismo, y en el propio PRD nadie se había atrevido hasta el 2000 a contradecir lo que mandaba Cuauhtémoc Cardenas.

Vicente Fox rompió con esa estructura acartonada. Siendo gobernador decidió sacar la cabeza haciendo publicidad a nivel nacional, con un comercial en el cual apelaba al cura Hidalgo, padre de la independencia mexicana, para luego asegurar que en su estado se habían remangado y se habían puesto a trabajar para generar nuevas oportunidades de empleo que en el momento era la principal demanda de la mayoría de los mexicanos.

Luego se sacó la corbata y el traje oscuro propio de los gobernadores, se puso botas y hebilla, y se convirtió en el charro moderno que simbolizaba el cambio, en un país hastiado de 71 años consecutivos de poder hegemónico de un solo partido.

Fox, que era experto en mercadeo, acababa de llegar a ser presidente de Coca Cola México, aplicó todas las técnicas de mercadeo a su campaña presidencial. Así que obligó a su propio partido a elegirlo sin ser el elegido, y luego convenció a los mexicanos para que lo votaran para presidente.

Por último, tenemos el caso de República Dominicana que culmina con la elección de Luis Abinader, en la primera elección presidencial que se realiza en medio de la pandemia del COVID 19.

Habíamos trabajado en ese país durante 10 años con el expresidente Leonel Fernández y su partido, el PLD. Habíamos diseñado una estrategia para que Fernández volviera a tomar el poder en 2004.

Fernández tuvo un buen gobierno de 1996 a 2000. Mientras México y los países asiáticos pasaban una crisis económica, la República Dominicana crecía al 8 por ciento y en el mundo se hablaba del "milagro dominicano". Sin embargo, el PLD perdió las elecciones presidenciales del 2000 y al sucesor de Fernández, Hipólito Mejía, las cosas no le resultaron tan bien como pensaba. Después de dos buenos años de gobierno, una crisis bancaria del sector privado, derrumbó las finanzas del Estado, principalmente porque Mejía tuvo la responsabilidad de proteger con sus decisiones las enormes pérdidas causadas a los cuentahabientes.

Más allá de una crisis económica que Mejía no pudo superar en la que se perdieron miles de empleos, creció la inseguridad, la prima del dólar llegó a niveles difíciles de sostener, y el Gobierno perdió la confianza de los mercados y los inversionistas, Mejía había desatado una crisis política al hacer aprobar en el Congreso, donde gozaba de la mayoría, una reforma constitucional para pasar su reelección. Frente a este panorama, Leonel Fernández y sus asesores definimos una estrategia basada en el concepto "Vuelve Leonel, vuelve el progreso", lo cual permitía por antagonismo, mostrar al presidente Mejía, como un candidato inapropiado para un momento donde la demanda ciudadana era el progreso.

Fue interesante cómo de la cultura popular surgió espontáneamente un merengue titulado "E pa fuera que van", que terminó simbolizando el deseo ciudadano del momento en contra del presidente candidato del PDR Hipólito Mejía. El mismo concepto sería adoptado años después en 2020 para exigir la salida del poder de Danilo Medina.

El triunfo en primera vuelta de Leonel Fernández en 2004 no era suficiente. La gobernabilidad política era prácticamente inexistente, ya que el PLD llegó al poder con solo un senador de 32 y 41 diputados de 151. De ahí que nos hayamos puesto a trabajar para cambiar esta realidad. Asesoramos al presidente y su partido en las elecciones congresionales de 2006, donde el PLD logró pasar de 1 senador a tener 22 y a obtener la mayoría simple en la Cámara de Diputados.

En 2008, con las reglas impuestas por Hipólito Mejía, porque como dice el refrán popular, "nadie sabe para quién trabaja", adoptamos la idea de construir una idea fuerza de continuidad que saliera no del partido ni del candidato, sino de la gente que le pedía al mandatario "... Pa lante presidente", una forma de resumir que se necesitaba que Leonel siguiera como cabeza de gobierno, para que su éxito de haber sacado al país de la peor crisis de la historia, continuara. Así Leonel Fernández fue reelegido de nuevo en la primera vuelta.

Para la elección de Congreso en 2010, la estrategia diseñada se concentró en dominar ampliamente las provincias del país, ganando la contienda congresual ampliamente, especialmente la de Senado. El PRD, que hizo una campaña excelente, cayó en nuestra trampa, y el día de las elecciones Miguel Vargas Maldonado, quien lideraba el partido de oposición, se enfrascó en el discurso que nosotros queríamos, haciendo foco en los resultados provinciales donde el PLD del presidente obtuvo 31 de 32 senadores, en tanto que el PRD no obtuvo ninguno. Dominamos la agenda de la discusión y la población entendió que el PLD había arrasado, cuando en realidad el PRD había tenido un buen desempeño al cual no supo cómo sacarle provecho.

Finalmente, en la elección de 2012, nuestro papel no fue de estratega general, puesto que a pesar de haber sido requeridos para ello por un emisario de Danilo Medina, Jos´ñe Singer, nos rehusamos a aceptar por ser en ese momento el opresidente Fernández nuestro cliente. Sin embargo, cuando el presidente nos pidió involucrarnos lo hicimos asesorando al "cuarto de guerra" del PLD, donde vimos claramente los errores del candidato Hipólito Méjia, quien competía contra Danilo Medina, y fácilmente ha podido ganar su repostulación.

Pero quizás después de haber ganado para nuestro cliente de aquel entonces, en forma consecutiva cinco elecciones en el mismo país, lo que verdaderamente nos llena de satisfacción es haber contribuido a ganar la sexta elección en República Dominicana, trabajando al lado de Luis Abinader, sin duda alguna, el líder político más serio, entregado a su pueblo y honesto con el que hayamos trabajado en los 43 años que hemos dedicado a la consultoría política en 16 países.

Cuando comenzamos en 2018, a visualizar la mejor estrategia para su campaña, tan solo el 17 por ciento de los dominicanos sentía simpatía por el PRM, un partido nuevo creado en el 2015, mientras que la afinidad hacia el partido de gobierno el PLD era del 48 por ciento. Eso no era todo, los dos líderes que en ese momento aparecían como posibles candidatos del PLD, el presidente Danilo Medina y el expresidente Leonel Fernández, había obtenido en su mejor momento 61 y 57 por ciento de apoyo ciudadano respectivamente, en tanto que Abinader no había pasado del 35 por ciento. Sin embargo, las encuestas también mostraron que 7 de cada 10 dominicanos deseaban un cambio en la forma de hacer política y gobernar.

Nuestro planteamiento estratégico se concentró, por lo tanto, en el concepto cambio. Fue cuando en lugar de lanzar una campaña de partido o de candidato, lanzamos el concepto "Unidos por el Cambio", con el cual aspirábamos a captar ese porcentaje de ciudadanos cansados del abuso de poder y la corrupción del PLD, que había sido la constante del Partido de Gobierno en los últimos años.

No podíamos, sin embargo, hacer una campaña en la que no nos apropiáramos del aún incipiente partido, ya que debíamos primero acudir a unas elecciones internas a competir contra un grupo de aspirantes, entre los que se encontraba Hipólito Mejía, un líder histórico. Fue por esta razón que al desarrollar nuestro "brief" comunicacional, pedimos a Silvia Molina, una diseñadora dominicana de talla mundial, desarrollar un diseño para el "cambio" como eje central, que incluyera, modificándolo, el logo símbolo del partido, que no utilizara los colores de la organización, sino los colores de la bandera nacional, y que buscara la manera de convertir a nuestro candidato Luís Abinader, en el representante de" Unidos por el Cambio", que era la forma como nos íbamos a presentar en sociedad.

La ejecución gráfica de Silvia fue una genialidad. No solo realizó un diseño propio de una campaña electoral de los Estados Unidos, en razón de su calidad, sino que tuvo la genialidad de utilizar el logo del PRM modificado como la letra i de la palabra cambio y con los mismos colores y la misma i construyó la palabra Luís, dejando atrás el apellido Abinader, con lo cual construía un candidato más cercano a la gente. La fotografía realizada modernizó completamente la imagen del candidato, quien en principio competiría con dos sexagenarios.

Utilizamos como eslogan #ElCambioVa que era una afirmación contundente de lo que iba a suceder el día de la elección, y después del papelón que hizo el Gobierno a partir de la suspensión de las elecciones municipales el 16 de febrero de 2020, cuando el país entero se movilizó a exigir la salida del PLD, la aparición ciudadana del grito #SeVan, se convirtió en el complemento perfecto de nuestra ejecución estratégica.

Ganamos las elecciones municipales y congresuales por paliza y las presidenciales con Luís Abinader en primera vuelta con el 52.52 por ciento de los electores que votaron, habiendo tenido que sobrepasar primero los efectos de la pandemia, en la cual no solo el candidato se contagió cuando aún no se conocía la cura y no existían las vacunas, sino que los ciudadanos preocupados por su vida, por su trabajo y en especial por su sustento diario, pusieron en pausa la emoción de la fiesta electoral y entraron en un ambiente de incertidumbre y altísima preocupación. Del 59 por ciento que habíamos alcanzado de intención de voto en las encuestas de enero de 2020, caímos a 42 por ciento a partir del anuncio oficial de llegada del coronavirus, lo que no solo hablaba de una posible cancelación del proceso, sino que una segunda vuelta electoral, cuando ya sentíamos que teníamos la primera asegurada.

Por suerte, el gobierno de Danilo Medina cometió varios errores fundamentales. Primero, haber promovido un fraude contra Leonel Fernández, quien ganaba todas las encuestas que se publicaban sobre las elecciones internas del PLD, lo que produjo un cisma del partido. Luego bautizar a su candidato como "El Penco", y peor aún los tres errores finales cometidos en el manejo de la pandemia que contribuyeron a exacerbar más los ánimos y permitieron que la gente se fijara más en nuestro candidato, como la persona que representaba el cambio que la mayoría anhelaba. Fueron estos errores los siguientes: 1) La corrupción continuó vigente en la compra de equipos y elementos sanitarios necesarios para proteger a la población del contagioso virus; 2) el PLD no respetó el toque de queda impuesto por ellos mismos a partir de las 5 pm y hordas de militantes salían en las noches a repartir en los barrios comida y utensilios de protección, como mascarillas, alcohol y otros; y 3) todo lo que repartían tenía la cara y mensaje del candidato del Gobierno, con el propósito de venderlo como el benefactor de lo que recibían, lo que a la población le resultó una burda campaña de mercadeo en medio de la angustia y el dolor de la gente.

Para nosotros es motivo de orgullo y satisfacción personal y profesional haber sido estrategas de seis procesos electorales ganadores en la República Dominicana, con dos partidos diferentes. Hoy nos centramos en construir la estrategia para una séptima victoria, con la campaña de reelección del presidente Luis Abinader, en mayo de 2024.

Lo importante en política es entender que es mejor tener una estrategia que no tenerla y recordar al definirla, que la línea recta es el camino más corto entre dos puntos el día que la definimos y el día de la elección.

Si la táctica no funciona,
no hay estrategia que valga.

Quienes hemos leído sobre estrategia militar y hemos profundizado en el desarrollo táctico de importantes guerras, creemos como decía Karl Von Clausewitz que: *"La estrategia es el uso del encuentro para alcanzar el objetivo de la guerra. Así pues, debe tener un propósito para toda acción militar, un propósito que debe ser coherente con el objetivo de la guerra. En otras palabras, la estrategia esboza el plan de la guerra y, para el propósito mencionado, agrega la serie de medidas que conducirán a ese propósito".*

Y no hay estrategia que funcione si las acciones tácticas no están alcanzando los objetivos a lo largo del camino. Para ello se necesita tener, sin embargo, una gran disciplina y entender que los grandes logros se consiguen dando pequeños pasos y estos deben darse desde la perspectiva de poder alcanzar los objetivos propuestos en el tiempo propuesto. Una vez definida la estrategia, hay que diseñar un plan táctico que permita diseñar, medir y evaluar cada paso.

Nada está más lejos de la realidad que creer que podemos lograr todo de la noche a la mañana. Creer que esto es posible solo puede ser producto de inmadurez política, algo de lo que adolecen muchos que creen que alcanzar el poder es algo que se puede conseguir por arte de magia.

Nunca olvidaré las palabras del exministro de Defensa de la Presidencia de Ernesto Samper, Fernando Botero Zea, que todavía resuenan como piedras en mi cabeza cada vez que las recuerdo. Las pronunció en un almuerzo privado teniendo como anfitriona de la ocasión y testigo a su madre y mi gran amiga Gloria Zea, - la mujer más valiente e importante que ha tenido el mundo de la cultura en Colombia -, en las que al tiempo de solicitarme que le ayudara, Botero me comunicaba que dejaría el Ministerio para luego a sabiendas de que inevitablemente iría preso - algo que él, veía como pasajero -, estaba dispuesto a asumir, porque lo que realmente necesitaba era que, mientras esto ocurría, lo ayudara a proyectar su imagen como la de una víctima, al mismo tiempo que se demostraba que había sido el mejor ministro de Defensa de la historia del país. Según sus ingenuas palabras, esto le facilitaría iniciar su campaña presidencial y alcanzar el solio de Bolívar.

Quizás a primera vista sonara bien, pero en el fondo, era un plan demasiado simplista, basado en falsos supuestos, ya que ni la detención fue corta, ni Fernando Botero jamás pudo lanzar su campaña, y mucho menos pudo llegar a la presidencia de Colombia.

Las tácticas son esenciales. Este es el mecanismo adecuado mediante el cual podemos actuar hoy, para alcanzar los objetivos propuestos para mañana y desarrollar la estrategia propuesta. Ahora bien, no es algo simple, es un ejercicio colaborativo en el que participan muchas personas que exige varias cosas fundamentales al mismo tiempo: foco, extraordinaria disciplina, capacidad de anticipar situaciones, respuesta rápida, precisión y un trabajo sistémico.

De ahí la conveniencia a la hora de organizar una campaña de delegar en grupos de trabajo las distintas áreas claves, no mediante una estructura rígida vertical en la que existen demasiadas dependencias e interdependencias, pues esto evita eficiencia.

La táctica es la capacidad no de saber que podemos movernos como peces en el agua, sino de efectivamente hacerlo, en el momento preciso, que es antes de que los demás lo hagan y justamente para que una vez lo hayamos hecho nadie más logre conseguir hacerlo. Para ello se requiere actuar con precisión desde el momento mismo en que se organiza la campaña, el cual inicia con la escogencia de los miembros del equipo, no por el hecho de ser cuadros políticos que tengan que ser tenidos en cuenta, sino porque tengan, los perfiles idóneos y la probada capacidad de gestión, para la responsabilidad que van a asumir. Acto seguido, se necesita definir cuáles son las áreas clave que necesita la campaña según sus fortalezas y debilidades estratégicas. Hay campañas que no requieren un esfuerzo importante de recaudación de fondos porque ya los tienen, lo que hace que no necesiten montar una estructura muy grande para ello. Otros, sin embargo, deben enfocar sus acciones tácticas iniciales en este importante frente, como todas las campañas son costosas.

Un buen desarrollo táctico debe alejarse, además, del mundo de las ocurrencias muy frecuente en las campañas, y concentrarse más bien en implementar una serie de procesos, procedimientos de trabajo y mecanismos de control que permitan medir el impacto que se está teniendo, cada semana.

Para ello, es altamente recomendable utilizar un "Dashboard" o mapa de control en el que, a través de distintas fuentes de información que nutran un índice de gestión para cada una de las siete campañas, podamos ver de manera permanente cómo se avanza en cada una de ellas y cómo lo hacen los contrarios, lo que permitirá saber dónde y cuándo debemos apretar el paso. La disciplina es clave en el desarrollo táctico de una campaña política, pues a sabiendas de que toda campaña es sinónimo de caos, como lo afirmábamos en el capítulo anterior, de lo que se trata es de encauzarlo positivamente. Suena extraño decirlo, pero las campañas no pueden ser procesos democráticos en los que cada uno actúe con total libertad dentro del debido respeto de las reglas preestablecidas, sino que son ejercicios de autoridad, precisamente para evitar que el caos termine dominando.

Ahora bien, para que la democracia esté presente en una campaña, haya cierta congruencia y la autoridad no caiga en autoritarismo, la fórmula mágica está en dejar que al comienzo todos opinen y, una vez esto ocurra, todos... absolutamente todos, acudan a sus puestos de trabajo, asuman las responsabilidades que se les asignen sin meter las narices en las áreas que corresponden a otros, para ser tan efectivos como les sea posible. Para ello es ideal tener comisiones de trabajo por área, cada una de las cuales, si bien debe contar con un coordinador responsable, preferiblemente deben estar conformadas por un grupo reducido de personas idóneas que agreguen valor y sigan procedimientos específicos de trabajo, acudiendo a la utilización de mecanismos que permitan, medir con regularidad, los avances del trabajo realizado a los fines de ser productivos.

Cuando la planificación por áreas no existe y no se respetan horarios de trabajo, los responsables de cada una terminan por hacer, no el trabajo que les corresponde, porque prefieren criticar y meter las narices en el trabajo de otros, las campañas terminan dando vueltas en círculo, sin poder avanzar. Por el contrario, si cada semana se planifica la semana siguiente y se evidencian los logros de la pasada, habrá perfecto control del trabajo y se estarán dando pasos cortos para lograr largos avances que serán significativos.

La utilización de herramientas como los "time sheets", a través de los cuales cada coordinador puede verificar en qué cosas utilizó su tiempo cada miembro de su área de trabajo permite verificar la productividad de este y generar correctivos a tiempo. Tener un calendario de trabajo semanal del equipo, comenzando con la agenda del candidato, facilita enormemente el trabajo táctico. Las agendas de campaña suelen ser lo que los candidatos escriben y tachan en sus libretas de agenda personales, y el desorden allí llega a ser de tal dimensión, que ni ellos mismos entienden lo escrito allí y tachado. Las agendas de campaña no pueden responder a las miles de solicitudes que los candidatos reciben todos los días.

Una buena agenda de un candidato o de los miembros de las distintas áreas de una campaña es aquella que contempla las acciones a alcanzar definidas en la estrategia general y que se logran dando pequeños avances que conducen hacia el logro de los objetivos propuestos, porque la agenda, es la síntesis diaria de la estrategia y debe Una buena agenda de un candidato o de los miembros de las distintas áreas de una campaña es aquella que contempla las acciones a alcanzar definidas en la estrategia general y que se logran dando pequeños avances que conducen hacia el logro de los objetivos propuestos, porque la agenda, es la síntesis diaria de la estrategia y debe planificarse cada semana, teniendo en cuenta, por supuesto, que todo lo que en ella se incluye debe partir de la perspectiva de impactar a la mayoría de los electores y conseguir su apoyo. El tiempo, que suele ser el recurso más escaso de un candidato en una campaña, debe ser utilizado en lo que es verdaderamente útil y efectivo a la hora de ayudar a conseguir fondos; pasar el mensaje o persuadir electores.

Planificar cada semana, teniendo en cuenta, por supuesto, que todo lo que en ella se incluye debe partir de la perspectiva de impactar a la mayoría de los electores y conseguir su apoyo. El tiempo, que suele ser el recurso más escaso de un candidato en una campaña, debe ser utilizado en lo que es verdaderamente útil y efectivo a la hora de ayudar a conseguir fondos; pasar el mensaje o persuadir electores.

Todo esto es parte de una buena táctica y no podemos olvidar que "la estrategia es para ganar y las tácticas para no perder".

Escuche a los profesionales, no a los aduladores.

Muchos de los políticos que aspiran a llegar al poder, curiosamente terminan por escuchar más a quienes los adulan que a quienes como consultores les brindamos consejos profesionales, ya que estamos interesados en responder eficiente y eficazmente a las necesidades de los clientes que nos contratan y cosechar así un nuevo triunfo en nuestras carreras.

Los consultores políticos, al menos los que actuamos con profesionalismo y seriedad, somos fríos, directos y algunas veces hasta tajantes en nuestras opiniones, porque queremos presentar a nuestros clientes la realidad tal cual esta se presenta, sin tapujos o posiciones acomodaticias, algo que sí suele ocurrir con quienes siguen a los políticos cuando son candidatos o gobernantes en todo momento, muchas veces para decirles en la mañana la tarde o en la noche, lo que estos desean escuchar.

Escuchar lo que termina siendo música para sus oídos, es quizás lo que termina por agradar más a la mayoría de los políticos, por lo que muchos prefieren estar rodeados de colaboradores áulicos, que de asesores directos y puntillosos.

No obstante, el consejo de los aduladores suele llevarlos a cometer errores trascendentales en su carrera hacia el poder, en tanto que las recomendaciones puntuales de los asesores o consultores profesionales suelen servir más para ganar elecciones y para gobernar.

La política, sin embargo, es una carrera mucho más dura y sacrificada de lo que la gente del común imagina, y al final de cuentas quienes acompañan a un político terminan siendo quienes logran establecer una especie de complicidad entre este y sus consejos, ya que son ellos quienes están allí a diario. Por el contrario, los consultores aparecen y desaparecen. Es por ello por lo que los políticos muchas veces, por complacer a quienes lo rodean y acompañan a diario, terminan por aceptar como cierto lo que ellos les aseguran insistentemente, sin darse cuenta de que, aun cuando se trata la mayoría de las veces de recomendaciones de buena fe, los colaboradores no son lo suficientemente objetivos ni mucho menos atinados para definir la forma como se gana una elección y menos de cómo se gobierna. Sus recomendaciones proceden de una visión viciada.

Quienes rodean a un candidato o a un gobernante, suelen ser, por lo tanto, el primer obstáculo que encuentran en su camino los consultores políticos, cuando son llamados a una campaña o a asesorar un gobierno.

Existe la falsa creencia por parte de quienes rodean a un candidato o un gobernante, que los consultores venimos a reemplazarlos. El celo con que defienden la posición o grado de confianza con su líder los enceguece a tal punto que terminan por convertirse en verdaderos enemigos de los consejos desinteresados que como profesionales podemos brindar los consultores, que por lo general no solo benefician al candidato o el gobernante, sino a los funcionarios mismos. No en vano, todavía hoy escuchamos en boca de importantes y destacados funcionarios de un gobierno o coordinadores de una campaña, frases tales como… *"Para qué necesitamos consultores, sí al final nosotros somos los consultores de los consultores".*

Uno de los papeles fundamentales de un consultor es recordar a los clientes y sus colaboradores lo que ellos ya sabían, solo de una manera ordenada y metódica. No hay consultor político foráneo por hábil que este sea, que conozca mejor lo que sucede en la política de cada país, que quienes viven el quehacer político de una localidad, un municipio, un departamento una región o un país, a diario y durante años. Tampoco hay un consultor político conocedor y erudito que sea más capaz de entender los problemas económicos, políticos y sociales que tienen que tratar los políticos en cada lugar. No obstante, un candidato o un gobernante y sus colaboradores suelen ver las cosas desde una perspectiva contaminada por su propia ideología o posición partidaria, lo que impide que sea completamente objetiva, por lo que impide observar el entorno fría e imparcialmente para poder aceptar que desde la perspectiva desde la cual los otros plantean sus posiciones, se generan también percepciones que son positivamente vistas por ciudadanos y electores.

Los consultores profesionales, precisamente por no tener una opinión sesgada, tenemos la capacidad de hacer ver a nuestros clientes y sus colaboradores lo que ellos ya sabían, pero que no siempre utilizan adecuada y objetivamente. Además, el día a día, les impide a la hora de definir una estrategia ganadora "ver el bosque" en su conjunto, por lo que se limitan muchas veces a quedarse con la "visión del árbol o la rama" que se les plante enfrente.

Quizás estas sean las razones por las que Dick Morris, amigo y famoso consultor americano haya dicho: *"Quien viene en avión, tiene la razón".*

Ahora bien, una cosa es que sea completamente cierto que los colaboradores de una campaña o un gobierno ya sepan lo que los consultores venimos a decirles, y otra muy distinta que lo recuerden cuando se necesita y sepan cómo utilizarlo. Por eso, entre otras cosas, los consultores somos de gran utilidad.

No hay que olvidar que la estrategia es el concepto más importante de toda campaña por el poder; muchas veces los consejos de quienes solo pretenden complacer al líder son simples opiniones que no provienen de un pensamiento estratégico basado en el análisis concienzudo de datos científicamente obtenidos en la investigación, sino simples ideas bien intencionadas la mayoría, pero que no son capaces de causar el propósito deseado, por lo que no dejan de ser simples ocurrencias.

Los profesionales de la política, en especial quienes nos hemos dedicado por años a ser estrategas electorales y/o gubernamentales, estamos mejor entrenados y capacitados para desarrollar estrategias ganadoras. Este es nuestro pan de todos los días. Un consultor político es alguien que se prepara año tras año estudiando el comportamiento de la opinión pública, para lo cual gran parte de su tiempo se dedica a estudiar los factores que motivan las posiciones y decisiones del electorado. Para ello acude a estudios cualitativos y cuantitativos de opinión pública que le permiten analizar y comprender el comportamiento ciudadano, como se vio en capítulo anterior.

Los consultores políticos poseemos además la capacidad de conducir procesos para diseñar estrategias colaborativas ganadoras, ya que, a diferencia de lo que muchos piensan, los consultores, no somos gurúes que traemos fórmulas mágicas bajo el brazo, como si se tratara de magos que sacamos conejos de los cubiletes, sino que gracias a la experiencia de cientos de casos vividos a lo largo de nuestras carreras, podemos orientar un proceso estratégico y poder saber qué funciona y qué no funciona en la búsqueda y el ejercicio del poder.

Un buen consultor político tiene el talento y cuenta con los conocimientos y experiencia suficientes para diseñar e interpretar los resultados de opinión pública; a lo largo de los años ha desarrollado capacidades de pensamiento abstracto, lo que le facilita ser buen estratega; sabe cómo funciona la lógica de la recaudación de fondos de campaña; y sin ser necesariamente un comunicador, - aunque algunos lo son -, sabe cómo desarrollar un mensaje clave capaz de persuadir a los electores a favor de un candidato o de un gobernante, y sobre todo, entiende el funcionamiento de la comunicación política moderna que hoy es orbital, lo cual le permite opinar con propiedad a la hora de ser aplicada en una campaña o en una gestión de gobierno. Un consultor entiende perfectamente de mercadotecnia política, puede trabajar hombro a hombro con los publicistas de una campaña para que estos no se salgan de la estrategia por correr detrás de una buena idea; y entiende cómo funciona la organización del E-day.

Sin embargo, la política se ha especializado de tal manera gracias al desarrollo vertiginoso de la tecnología y la transformación de las comunicaciones, que hoy los consultores generales se han dedicado a ser estrategas frente a la aparición de múltiples especialistas en casi todos los frentes de la comunicación política moderna.

Hoy, además de estrategas, existen investigadores de opinión pública cualitativa, cuantitativa y digital; comunicadores tradicionales o de Internet; expertos en entrenar candidatos para entrevistas, manejo de teleprompter o debates; expertos en el manejo de redes sociales o simples community managers; gerentes de campaña; administradores de bases de datos; quienes solo se dedican al micro-marketing; expertos en campañas a través de teléfonos móviles; especialistas en movilización puerta a puerta; en propaganda política positiva y también negativa; productores de publicidad para Internet; expertos en herramientas para geo-referenciar a los votantes, productores de tele-fórums y de cuartos de guerra digitales, entre otros.

En fin, toda una gama de especialistas que a diario crean más herramientas y generan nuevos protocolos o modelos de trabajo que benefician a las campañas, las tecnifican y las hacen mucho más eficientes, lo que ya ningún consultor, puede abarcar en su totalidad.

Pensar, por lo tanto, que quienes rodean a un político y hasta lo cercan subiéndose detrás de él desde temprano en la mañana y dejándolo recién entrada la noche, pueden ser más eficientes que los profesionales de la comunicación política moderna no solo es un error, sino que termina siendo una muestra de prepotencia o hasta de ignorancia de quienes así lo piensan.

Los profesionales, y esto es muy importante hacerlo saber a los candidatos, y quienes los rodean, tampoco deben ser los consultores charlatanes que solo traen ocurrencias a la mesa. En la consultoría política, desafortunadamente para quienes buscamos el mejoramiento constante de nuestra labor, han aparecido en los últimos años, falsos consultores o embaucadores que le han hecho mucho daño a la profesión y que con sus encantos, han logrado engañar a partidos políticos y candidatos que los han contratado.

Por suerte estos pseudo profesionales de la consultoría por lo general solo consiguen engañar una sola vez, pues casi siempre terminan en conflicto con quienes trabajan en las campañas o incluso con los clientes que los contrataron, quienes por supuesto, no vuelven a pensar en utilizar sus servicios de nuevo.

Joseph Napolitan, el padre de la consultoría política moderna aseguraba, entre otras cosas, que, para identificar un consultor basta con saber cuántos años comprobables lleva en la profesión, cuáles han sido las campañas en las que ha participado y si la mayoría de sus ingresos provienen de la consultoría política.

Hay que desconfiar por supuesto de los consultores que, para esconder sus inseguridades, falta real de conocimiento o alguna otra debilidad personal, asumen posiciones excéntricas, como si esto de verdad sirviera para ganar o para gobernar.

También hay que desconfiar de quienes aseguran tener más campañas ganadas que pérdidas, pues aun cuando a los consultores no nos gusta recordar, y menos contar las veces que hemos perdido, lo cierto es que cuando esto sucede, como lo asegurábamos en capítulo anterior, aprendemos más.

Un buen consultor, por lo tanto, tiene siempre como objetivo central de su trabajo ayudar a sus candidatos a ganar elecciones o a los gobernantes que lo contratan a dejar un legado positivo de su paso por el poder. Por supuesto, bajo el entendido que para él esto es su "modus vivendi", con lo cual lo que hace cuesta. Los asesores profesionales no buscan trabajo en el equipo gubernamental ni tenemos la intención de desplazar a nadie de sus puestos oficiales. Queremos ser una voz influyente en las decisiones que finalmente asume un candidato o un gobernante, que son quienes tienen la última palabra, brindando opiniones importantes y consejos desinteresados pero poderosos a la hora de querer acceder al poder.

17

Seguro mató a confianza.

La política se ha vuelto muy competitiva y son cada vez más quienes comienzan a hacer fila en busca de los cargos ejecutivos y legislativos del poder que les permita comandar sus sociedades. De ahí que acceder al poder se convierte en una oportunidad real, algo que rara vez se presenta más de una o dos veces en la vida, pues es demasiado lo que está en juego.

Para darnos una idea de hasta dónde ha llegado la competencia en las campañas, basta observar las últimas elecciones presidenciales del Ecuador donde existieron dos bloques: el bloque continuista de las políticas de Rafael Correa, cuyo candidato era Andrés Arauz, un joven funcionario gris de su gobierno, quien a pesar de haber pasado a la segunda vuelta, demostró claramente, durante el desarrollo de la campaña, no tener las condiciones necesarias para gobernar, y del otro lado, había 15 candidatos que aspiraban a pasar a la segunda vuelta. Al final, una campaña muy dura favoreció a Guillermo Lasso, quien ganó precisamente porque la elección se definió en el eje del conocimiento y experiencia para sacar al país adelante, en el que Lasso, superaba ampliamente a todos los candidatos que se presentaron en la contienda.

Sin embargo, para Guillermo Lasso, esta no era la primera vez que competía, lo había hecho en dos ocasiones anteriores en 2013 contra el propio Rafael Correa, cuando este contaba con la mayor aprobación ciudadana, y el 2017 cuando para muchos fue Lasso quien ganó la elección contra Lenin Moreno, el candidato de Correa, a pesar de que fue este último quien llegó al Palacio de Carondelet, para hacer un gobierno ciertamente mediocre.

Otra elección que nos muestra cómo la competencia que existe por el poder es cada vez mayor, es la reciente elección presidencial del Perú, en la que en primera vuelta electoral se presentaron 18 competidores y solo tres de ellos superaban un dígito en la votación de la primera vuelta. Al final, Pedro Castillo, un profesor de escuela de provincia terminó quedándose con el poder en el balotaje, compitiendo con Keiko Fujimori, una candidata curtida que se presentaba por tercera vez a una elección presidencial en su país.

Y qué mejor ejemplo de la avidez por el poder que la elección de Colombia en 2022, a la que en un principio aspiraron, si los sumamos a todos, 52 precandidatos. Casi uno por cada millón de habitantes, la inmensa mayoría de los cuales son totalmente desconocidos para los ciudadanos y electores colombianos.

En ese mismo país, Colombia, en otras épocas a Ernesto Samper, Andrés Pastrana y Juan Manuel Santos, les costó toda una vida llegar a ser presidentes.

Santos ocupó puestos importantes en los que sobresalió como funcionario público eficiente. Participó en múltiples procesos políticos como figura del Partido Liberal, en el que sus antepasados habían ocupado posiciones de liderazgo y, sin embargo, pese a los innumerables intentos hechos a lo largo de su carrera por ser percibido como una opción presidencial, nunca lograba superar el 2 o 3 por ciento de intención de voto en las encuestas. Sin embargo, como un buen estratega que siempre fue, él sabía cómo sacar el máximo provecho de la oportunidad cuando se le presentó.

Santos no escatimó en absoluto cualquier esfuerzo para conseguir la primera magistratura del país. Por ello decidió contratar a varios consultores políticos – a pesar de que uno de ellos le exigió por carta personal y firmada por el propio candidato, exclusividad total –, algunos de dichos consultores fueron recomendados de su viejo amigo y "Lobo de mar" en las lides de la comunicación Jack Leslie, y otros traídos por su tristemente célebre gerente de campaña, Roberto Prieto.

Pero también por decisión personal, Santos aceptó contratar a quienes, financiados por un grupo de empresarios, le ofrecimos una "segunda opinión", un concepto que ideamos desde 2004 como un programa que permite medir el impacto que tienen las recomendaciones estratégicas y comunicacionales que recibe un candidato de sus estrategas de campaña. Juan Manuel Santos sabía perfectamente que, si no lograba acceder al poder en el 2010 por la primera vez, ya no lo alcanzaría, y se había jugado una vida entera para conseguirlo.

Es interesante analizar que el programa de "segunda opinión" se crea desde una reflexión sobre la salud. Cuando un mal o dolor fuerte nos aqueja, nos obliga a consultar la opinión profesional de un médico, quien, después de examinarnos minuciosamente y de haber analizado una serie de exámenes solicitados por él, necesariamente se produce un diagnóstico. De esto surge un tratamiento y/o una prescripción de fármacos que deben curarnos totalmente. La duda con la que salimos del consultorio del médico acerca de si el diagnóstico es correcto o equivocado seguramente nos llevará a buscar una segunda opinión que verifique que el diagnóstico fue efectivamente correcto y el tratamiento recomendado para la cura de la enfermedad el apropiado.

Lo mismo suele ocurrir cuando se presenta la oportunidad de acceder al poder, ya que, para conseguirlo, es muy raro que el diagnóstico no resulte ser bastante complicado, después de que el especialista, en este caso no el médico, sino el consultor político de cabecera analice los exámenes solicitados, que no serán de laboratorio, sino de opinión pública.

No hay campaña fácil, pues no se trata solo de aplicar la receta de nuestro especialista, sino de que los demás también juegan y tienen recetas de sus consultores que debemos suponer son tan apropiadas como las de nuestro estratega, para ganar la elección. Y hay un factor importante en todas las campañas que no todos los candidatos tienen en cuenta a la hora de competir: los estrategas por fríos y calculadores que sean también se enamoran de sus estrategias y les cuesta aceptar que deben modificarlas cuando estas, por alguna razón, dejan de funcionar.

De ahí la importancia de tener una "segunda opinión" independiente y no contaminada de un equipo de profesionales, que, mediante un tracking de opinión pública y la aplicación de mecanismos de verificación cualitativa, evidencien el impacto que está teniendo la estrategia propia, la de los contrarios, y la comunicación de todas las campañas en juego, pues solo de esta manera sabremos si caminamos por el camino más expedito o si, por el contrario, debemos producir correctivos a tiempo para no desviarnos y conseguir el triunfo deseado.

Como quiera que a los consultores no nos resulta cómodo saber que otros nos auditan lo recomendable, es compartir con los estrategas de campaña los resultados de esta segunda opinión una vez sean advertidos por parte del candidato acerca de su decisión de contar con una visión diferente e independiente que valide si lo que se hace es lo correcto.

Cuando se habla claro desde el principio, no debería producirse conflicto alguno entre los consultores de una campaña. Suficiente tienen los candidatos con lo que los mexicanos llaman "la grilla de los políticos" para que además exista "grilla entre los consultores".

¿Cuáles son las ventajas de contar con un "segundo punto de vista" en una campaña? En primer lugar, verificar semanalmente que el diagnóstico ha sido el correcto y la estrategia formulada la apropiada para ganar. Una "segunda opinión" puede asegurarnos que los conceptos definidos a la hora de formular la estrategia eran los adecuados y que las acciones tácticas, para la puesta en escena de esta, se desarrollan según el plan de campaña definido.

Recordemos que una de las premisas a la hora de definir una estrategia es que esta sea simple y sencilla, al tiempo que suficientemente robusta, para imponer el ritmo de la contienda. A la vez, debe tener la propiedad de ser moldeable, porque una estrategia rígida e inamovible nunca será suficiente para ganar una elección. El segundo dictamen facilita la identificación de estas variables y la realización de correcciones oportunas.

Por otra parte, una segunda opinión es un elemento clave para observar el desarrollo de la campaña desde una perspectiva independiente y distinta. Los consultores que adelantan la segunda opinión no son los responsables de la estrategia, sino que su papel es observar el funcionamiento de esta desde una perspectiva racional fría, objetiva y no contaminada.

El mínimo contacto de quienes manejan la segunda opinión con el equipo de campaña es vital para mantener su independencia. La segunda opinión debería discutirse únicamente con el candidato, el coordinador de campaña y los estrategas de la campaña, cuando el candidato lo considere conveniente.

Una segunda opinión también permite observar los buenos resultados de los opuestos en el plano estratégico y comunicacional. Cuando trabajamos como consultores o estrategas de una campaña por el poder, por fría que sea nuestra posición como consultores, casi siempre terminamos jugando a favor de nuestro candidato, lo que nos lleva a formar parte de un equipo que compite contra los otros.

Cuando adelantamos un trabajo de segunda opinión, no tenemos el contacto suficiente con la campaña y sus miembros como para dejarnos alinear de un solo lado y podemos ver imparcialmente lo bueno y lo malo que hacen todos los oponentes. No olvidemos que una campaña es como un partido en el que otros jugadores y lo que hacen, también cuenta. Ofrecer información sobre lo que funciona para ellos, desde una posición independiente, permitirá tomar mejores decisiones a la hora de bloquearlos.

Finalmente, una segunda opinión beneficia a los consultores principales y mejora sustancialmente su desempeño como estrategas, pues brinda la posibilidad de tener un espejo en el que ellos y su trabajo pueden verse con toda claridad. Los consultores con el tiempo desarrollamos gran seguridad acerca de lo que recomendamos; sin embargo, nada nos es más útil que tener colegas que valide lo que aconsejamos o que sean capaces de hacernos caer en cuenta de las debilidades estratégicas formuladas que por lo general surgen en el desarrollo de nuestra propuesta estratégica. De esta forma, tomaremos medidas correctivas antes de que sea demasiado tarde.

Como nadie es profeta en su tierra, en las elecciones presidenciales de 1998 en Colombia, se me pidió buscar una segunda opinión al trabajo que como estrategas de la campaña de Horacio Serpa veníamos realizando. Tuvimos entonces la suerte de contar con una segunda opinión del consultor estadounidense Ralph Murphine, maestro de maestros, y uno de los consultores con mayor experiencia y conocimiento de la política mundial, particularmente de América Latina, región en la que se había desempeñado como consultor durante décadas.

Ralph leyó con detenimiento nuestra propuesta estratégica, analizó los resultados de los estudios cualitativos y las encuestas realizadas hasta el momento y acudió a una reunión con el candidato a presidente, preguntando en primer lugar a los allí presentes si preferían que hablara en inglés o en español. La candidata a vicepresidente, María Emma Mejía, lo invitó a hacer su presentación en español, a sabiendas de que el candidato a presidente no dominaba el idioma inglés, además de que el español de Murphine era bastante fluido.

Recuerdo con agradecimiento profundo las palabras de Ralph cuando dijo: *"La verdad preferiría hacerlo en inglés para recomendarle a la campaña creer en la estrategia que sus consultores Mauricio De Vengoechea y Felipe Noguera han recomendado hasta la fecha y tengo la certeza que si lo hago en inglés, ustedes creerán que los consejos han sido los apropiados".*

Pese a que al final no se ganó, y alguna culpa debíamos tener los estrategas en esto, nunca dejaré de apreciar las palabras de Ralph, a quien por cierto no conocía más que de oídas en ese momento, precedido por su fama, desde entonces entendí lo importante que es, para un consultor senior, contar con la segunda opinión de un colega por el que profesionalmente se siente admiración y respeto.

El mensaje es el corazón de toda estrategia.

En alguna de las varias ocasiones en las que tuve el privilegio de ir a Buenos Aires, una de las ciudades que mejores recuerdos me trae, de las muchas que como consultor he tenido que visitar, encontré un grafiti en la calle que evidenciaba la importancia que el mensaje tiene en una población habida de escuchar a sus líderes. Pintado con spray sobre una pared blanca, decía: *"Señores políticos, no más realidades, permítanos soñar con sus promesas".*

Es que, a la hora de votar, la mayoría de gente lo hace no de manera racional, sino emocional, que es lo primero que debemos tener en cuenta cuando queremos construir un mensaje clave de campaña. Los ciudadanos buscan esperanza, buscan ilusión, quieren que algo o alguien les permita soñar acerca de cómo van a alcanzar aquello que no tienen, aun cuando en el fondo sepan, que quizás nunca lo van a conseguir.

Para cada ser humano, mejorar su condición vital o la de su familia es una parte fundamental de sus anhelos. No en vano, las vidas religiosas nos recuerdan que *"la esperanza es lo último que se pierde".*

Fíjense que el mercadeo está basado en gran medida, en sacar a flor de piel las emociones de la gente, en crear luego una necesidad que quizás no tenemos y, finalmente, en satisfacer dichas necesidades con un producto o un servicio que nos venden.

Lo mismo ocurre con la política. Primero generamos una nueva esperanza entre los ciudadanos, persuadimos entre ellos a los votantes de que dicha esperanza el posible y alcanzable, para finalmente establecer con ellos un contrato que se suscribe con su voto. De ahí que lo que está en juego sea desarrollar la capacidad de cambiar la realidad con el discurso.

Una simple mirada a la historia del poder nos permite confirmar que los grandes líderes, más allá de si son considerados buenos o malos, los que cambiaron el curso de la historia, fueron oradores importantes.

Fue Lenin, de la Rusia revolucionaria quien usurpó el poder a los zares. Lo fueron Hitler y Mussolini en la Alemania nacionalsocialista y la Italia fascista, respectivamente. Lo fue el generalísimo Francisco Franco en su prolongada dictadura en España. Fueron Perón de Argentina, Joaquín Balaguer de República Dominicana y Jorge Eliécer Gaitán de Colombia. Al igual que John F. Kennedy y Reagan en los Estados Unidos, Rómulo Betancourt en Venezuela, Peña Gómez en la República Dominicana y Fidel Castro en Cuba. Más recientemente y a su manera lo fueron también Bill Clinton y Barack Obama en los Estados Unidos, Tony Blair en la Gran Bretaña, Alan García en el Perú y Hugo Chávez en Venezuela. Todos ellos son o eran dueños de la palabra, lo que les ha permitido convencer a una mayoría para llevarlos al poder.

Ahora, veamos lo que es un mensaje, ¿un discurso interminable que termina por cansar a la gente con palabras bonitas? No, por supuesto que no.

Un mensaje clave es algo así como la fusión perfecta entre lo que un candidato ofrece y lo que la gente añora escuchar, porque, en el fondo, es lo que sueña con poder conseguir. Un mensaje de campaña es ni más ni menos que el corazón de la estrategia, que nos permitirá persuadir a una mayoría suficiente para ganar y alcanzar el poder.

Es por ello que, a la hora de construirlo, obligatoriamente tenemos que haber definido previamente la estrategia de la campaña, ya que esta es, como ya lo afirmábamos en capítulo anterior, la hoja de ruta que nos permitirá recorrer el camino de la manera más expedita posible, camino que habremos delineado después de haber auscultado a fondo la opinión pública sobre su estado de ánimo, los problemas que los afectan y la capacidad de los candidatos para afrontarlos y resolverlos, los sueños y las frustraciones que acompañan a los votantes, las esperanzas y anhelos que estos últimos tienen, las percepciones racionales y emotivas que generan los líderes en competencia, sus posibilidades reales de conseguir apoyos, y la intención de voto, entre otras. Un buen mensaje de campaña también debería tener las siguientes características:

- Primero, debería ser simple, para que todo el mundo lo entienda. En mi carrera me he topado muchas veces con candidatos que al hablar a la gente creen que la fórmula consiste en elaborar conceptos complicados y en utilizar palabras rebuscadas y abstractas, porque piensan que al hacerlo, están demostrando que son inteligentes y que están preparados para el cargo al que aspiran. El hecho es que los ciudadanos no quieren saber dónde estudiaron, ni cuán eruditos son sus candidatos. Lo que los votantes quieren es saber si quienes reclaman su voto conocen sus problemas y dificultades y si comparten sus esperanzas y esperanzas.

- Un buen mensaje debe tener credibilidad. La percepción de que los candidatos hacen promesas que nunca se cumplen está aumentando entre los ciudadanos. Lo peor de todo, en la mayoría de los casos, es así.

A sabiendas de la necesidad de generar una esperanza, muchos candidatos prometen a sus electores lo que después no pueden cumplir y quienes más suelen hacerlo son los que no tienen posibilidades de ganar la contienda. Lo hacen justamente porque no tienen nada que perder y prefieren asumir riesgos.

De lo que no se dan cuenta estos candidatos es de que, al hacerlo, están denigrando la política y aprovechándose de las ilusiones de quienes quieren una vida mejor para ellos y sus familias. Por suerte, los electores cada día están mejor informados y hoy no se conforman con escuchar qué van a hacer los candidatos, sino que demandan saber cómo lo van a hacer, con qué fuente de recursos y cuándo estará listo lo que prometen.

- El mensaje también ha de ser diferente. Si todos los candidatos dicen lo mismo y hablan de las mismas cosas sin encontrar cuál es el eje diferenciador, entonces la respuesta que nos darán los ciudadanos cuando se les pregunte de qué hablan los candidatos será: *"Todos ofrecen las mismas mentiras"*.

El mensaje debe ser incluyente. Más allá de que en toda campaña haya una masa crítica de electores cautivos que son los seguidores y los afines al partido, las elecciones se ganan con el voto blando de los otros y el voto de los Independientes, con lo cual, si el mensaje del candidato se concentra en sus votantes duros, dejando por fuera a quienes no comparten la ideología de su marca política, entonces se sentirán excluidos y jamás votarán por él, así en lo personal les parezca atractivo e interesante.

- También el mensaje de la campaña debe ser sorprendente. Si un mensaje es plano, terminará viéndose aburrido e insípido. Motivar a los votantes se logra cuando un candidato tiene la capacidad de sorprender, salirse de lo ordinario y hacer un impacto entre los votantes. Esto solo se logra cuando se dicen cosas inesperadas y cuando uno actúa en forma disruptiva. Los candidatos no son simples oradores que se paran delante de un podio o un micrófono para pasar un mensaje.

Un candidato que impacta es aquel que actúa, aquel que entiende que la campaña no es un simple ejercicio electoral, sino una "obra teatral" a la que todos quieren asistir, en la que quienes acuden permanecen expectantes durante su puesta en escena, y en la que todos los espectadores de esta terminan positivamente impactados.

- Un buen mensaje es persuasivo, tiene esa capacidad de conquistar, casi que, de enamorar, como si se tratara de iniciar una relación sentimental. Esto solo es posible cuando el mensaje de un candidato se construye, no desde su visión de lo que quiere lograr o lo que quiere hacer, sino cuando los candidatos entienden que es más fuerte construir un mensaje cuando este se piensa no desde la explicación del "qué," sino del "porqué." Cuando esto pasa, el candidato se conecta mejor con los votantes y ciudadanos, porque piensa no desde su perspectiva sino desde la de ellos. Y detrás de cada cosa que hacemos en política está la gente.

- El mensaje tiene que ser ambicioso y esperanzador. Si bien las campañas piensan siempre, a la hora de hacer estrategia, en identificar la razón de ser del voto para definir el mensaje de campaña, no se puede dejar de lado el aspecto emocional a la hora de construirlo.

El ejercicio del voto no es una acción racional, sino una acción de fe. Los electores para votar se pueden preguntar por qué votan, en qué se benefician, qué los lleva a hacerlo, pero su ser instintivo a la hora de tomar la decisión es parte fundamental de la decisión, precisamente porque en todo acto de fe la emoción pesa tanto o más que la razón. Es por esta razón que el mensaje debe ser capaz de despertar emociones profundas y hasta pasión por la causa, porque cuando esto se logra el voto no solo ocurre en favor de quién es capaz de producir estos sentimientos, sino que entre el hecho de hacerlo y la necesidad de defenderlo nace una fuerza invencible.

- El mensaje tiene que segmentarse. Hace tiempo dejamos atrás campañas donde el mensaje era único y había que repetirlo y repetirlo hasta el mismo cansancio para todos. Hoy las campañas tienen la capacidad de llegar a segmentos específicos de electores que hemos analizado en su conversación, en sus preferencias y hábitos de vida, gustos y hasta en sus formas de pago cuando compran algo.

Esto nos permite ser muchos más precisos y efectivos a la hora de gestionar la comunicación electoral y colocar mensajes de campaña, capaces de generar interacción entre dichos segmentos y conseguir que sean los miembros de cada uno de ellos los que endosen el mensaje de un candidato o candidata. Lo que sigue siendo importante es el número de veces que llega a cada uno de estaos segmentos y es compartido generando sentimientos positivos, de ahí la importancia de su repetición.

Hoy vivimos en un mundo completamente diferente, donde la comunicación, como lo anotábamos anteriormente, dejó de ser "de uno a muchos" para convertirse en comunicación "de muchos a muchos". De la sociedad de masas pasamos a una sociedad interconectada, donde hoy todos conversan con todos.

En la actualidad, la gente es la que influencia a la gente, de suerte que más que pasar el mensaje, un candidato necesita aprender a introducir su mensaje para que otros lo avalen y lo compartan con sus amigos y contactos y así sucesivamente. Este es el papel expansivo de las redes sociales, que son el medio de comunicación y conversación que tienen hoy los ciudadanos de a pie

En el próximo capítulo, sin embargo, veremos que el lenguaje corporal es aún más importante que el lenguaje verbal, pues es el lenguaje que atrae y genera impresiones en el subconsciente de la gente.

El cómo es tan importante como el qué.

El lenguaje gestual o corporal y el uso adecuado de la voz y los símbolos son fundamentales para comunicarse con el electorado a fin de persuadirlo.

Estudios realizados por el doctor Lair Ribeiro, especialista en kinésica, demuestran que el 7 por ciento de lo que recibimos proviene de aquello que nos dicen, el 38 por ciento del tono de la voz, según cuando se nos dice; y el 55 por ciento del lenguaje es corporal.

Allan Pease, músico australiano, quien desde hace más de treinta años decidió volverse un experto en temas de imagen corporal y que, como tal, ha escrito más de veinte libros, asegura que el 87 por ciento de la información que recibimos nos llega a través de la vista; el 9 por ciento, por los oídos; y el 21 por ciento, por el resto de los sentidos.

Más allá de quien tenga los datos correctos, lo cierto es que esto significa, ni más ni menos, que los candidatos deben aprender no solo a hablar para expresar correctamente sus ideas, sino a transmitir emociones a través de su lenguaje no verbal, la utilización de su cuerpo, sus movimientos, la cadencia de su voz, y la tonalidad de la misma, para ser verdaderamente efectivos, pues lo cierto es que, más del 50 por ciento de lo que recibimos proviene no de las palabras sino de la actitud, la voz, los gestos y la cadencia de los movimientos del cuerpo y la comunicación de símbolos.

En lo que tiene que ver con la proyección de la voz, al presidente Barack Obama nadie lo supera. La cadencia que imprime al hablar en sus discursos solo

es comparable a la de un cantante de color que interpreta una buena pieza de música "*soul*" o un "*gospel*". Un buen ejemplo de su cadencia musical al hablar puede apreciarse claramente en un extraordinario comercial de televisión realizado para apoyar su candidatura presidencial en 2008: en el cual se observa claramente cómo el ritmo de su voz en un discurso acompaña el ritmo y los tiempos musicales de un grupo de artistas que cantan con las mismas palabras que utilizó el presidente Obama en su discurso.
(www.youtube.com/watch?v=SsV2O4fCgjk)

Bill Clinton, sin lugar a dudas el político americano que mejor maneja el lenguaje corporal en sus discursos o presentaciones, no solo tiene la misma cadencia de voz del presidente Obama, muy seguramente por el hecho de venir de un estado sureño donde la manera de hablar es más cantada que la utilizada en los estados del norte, donde la tonalidad de la voz es más plana, sino porque que utiliza impecablemente la figura atractiva de su cuerpo y su carisma - del cual es además perfectamente consciente -, como armas letales a la hora de seducir a quienes lo ven y lo escuchan, a quienes importa menos lo que dice, que la forma en que lo hace.

En el caso de Clinton, es posible que sus micro expresiones revelen lo que el expresidente siente en un momento determinado, pero pocos como él son capaces de recomponerse tan rápidamente en su lenguaje corporal ante una reacción negativa, para generar de inmediato, confianza y seducir a quienes lo ven y lo escuchan.

Solamente durante su crisis por el escándalo con Mónica Lewinsky, Bill Clinton, maestro indiscutible de la comunicación, titubeó y develó a través de su lenguaje corporal, que estaba mintiendo, cuando aseguró en la televisión ante millones de espectadores no haber tenido relaciones con la muchacha que se desempeñaba como pasante en la Casa Blanca.

Nos dimos cuenta de ello gracias a que su lenguaje no verbal y los movimientos de los músculos de su cara, expresaban claramente que había una gran contradicción entre lo que el entonces presidente de los Estados Unidos decía y lo que verdaderamente sentía. Sus palabras expresaron una cosa y su gesto otra. De hecho, su mano afirmaba, dirigiendo la fuerza de su expresión hacia un lugar completamente diferente al que dirigía su mirada y la expresión de su cara no era de tranquilidad sino de preocupación y hasta de pánico escénico, algo que muy pocas veces le ocurrió a Clinton en su carrera política.

El antiguo ministro Tony Blair también domina el lenguaje corporal. Siempre estaba erguido, siempre sonriente cuando se dirigía a un auditorio de personas se le veía siempre seguro de lo que decía que, por lo general, era en forma rápida y precisa. Sin embargo, los mejores oradores también se exageran cuando están más que preparados y no hablan espontáneamente, lo cual es notorio. Fue lo que le ocurrió cuando tuvo que referirse a la trágica muerte de la princesa Diana. Blair cambió la seguridad de su voz y la manera rápida en que comúnmente se expresaba, por una declaración exageradamente pausada, en la que se notaba que quería demostrar que sentía un mayor del que realmente tenía por lo ocurrido. Blair ese día, se veía demasiado fingido.

El lenguaje no verbal es parte esencial de la comunicación política, por lo que estructurar una correcta expresión corporal contribuirá de manera definitiva en el desarrollo de una imagen de ganador para un candidato que desee acceder al poder. La correcta postura y el manejo acertado del lenguaje corporal de algunos políticos que consiguieron llegar al poder fueron indicadores suficientes para mostrarnos durante sus campañas que saldrían victoriosos en sus contiendas, pues superaban en su comunicación gestual a sus contrincantes de turno.

Fue el caso de Bill Clinton en su elección contra George Bush, padre, quien, después de cuatro extenuantes años en la Casa Blanca, lucía cansado y envejecido, mientras que el joven gobernador de Arkansas mostraba en su carismática figura y su postura siempre erguida, una actitud de ganador.

Nadie duda de que en las elecciones del año 2000 los mexicanos querían castigar al PRI sacándolo del poder después de 71 años consecutivos, razón por la cual votaron por el cambio, algo que favoreció a Vicente Fox, quien como nadie supo simbolizarlo. La postura de hombre derrotado que mostró el candidato del PRI Francisco Labastida, quien en cada presentación o debate aparecía completamente encorvado y hasta decaído, contrastaba con la de un Vicente Fox siempre erguido, seguro y sonriente, lo que contribuyó significativamente a que lograra su triunfo.

Igual fue el caso de Sebastián Piñera y Eduardo Frei en las elecciones de 2009 en Chile. Piñera lucía seguro, dinámico, simpático y exitoso en su lenguaje corporal y su expresión, en tanto que a Frei se le veía aburrido, inseguro y hasta quejumbroso cada vez que aparecía ante el público.

De hecho, en el caso chileno durante esa elección, el propio Marco Enríquez-Ominami, quien le compitió el voto del centro-izquierda y quien obtuvo una interesante votación, tenía una mejor expresión corporal que Frei. Enríquez-Ominami, sin embargo, perdió completamente la actitud positiva del cambio expresado corporal y gestualmente en 2009 y se perdió en el tiempo. Tendremos que ver si ahora que la izquierda llegó al poder con Gabriel Boric, es capaz de volver a reinventarse.

Hay expresiones corporales que denotan inseguridad como cruzarse de brazos o lanzar el cuerpo hacia atrás después de afirmar algo en actitud defensiva, y otras que demuestran poder, como saludar extendiendo la mano con la palma hacia abajo, mientras se obliga a la otra persona a tener que poner la suya hacia arriba y aceptar una actitud sumisa.

En la rueda de prensa ofrecida por el presidente Nixon al ser acusado por los medios de interferir la investigación relativa al escándalo Watergate, en la que se defendía asegurando no ser un ladrón, Nixon se aferra al podio en busca de apoyo e inmediatamente después de pronunciar su frase "I am not a crook" (no soy un ladrón), cruzando sus brazos y moviéndose hacia atrás en actitud completamente defensiva, con lo que dio a entender que era perfectamente consciente de estar metido en un gran lío que, como sabemos, le costó la presidencia de los Estados Unidos:

Otros líderes, más que por cortesía, demuestran su poder casi obligando a sus colegas a entrar primeros en lugares donde sostendrán alguna reunión o encuentros al tiempo que les dan algunas palmaditas en la espalda como diciéndoles: "entra y no discutas". Una técnica de uso generalizado por Georges W. Bush. Barack Obama y Vladimir Putin durante las reuniones con sus homólogos.

Este último, quien al parecer perdió su capacidad de demostrar su poder en su equívoca decisión de invadir Ucrania, donde se encontró con Vladímir Zelensky, un ex comediante convertido en héroe que utiliza como nadie la comunicación de símbolos.

Basta recordar la primera visita de Ángela Merkel al Kremlin, en donde Putin, a sabiendas del pánico que la también poderosa, canciller alemana tenía a los canes la recibió acompañado de dos perros gigantes que se le acercaron olfateándola durante los minutos iniciales de la visita, sin que ella moviera un solo músculo de su cara.

O aquella otra ocasión en la que simbólicamente días antes de la invasión, se abstuviera a dar la mano a Emmanuel Macron, presidente de Francia y lo obligara a sentarse en el extremo opuesto de una larga mesa, con lo cual le expresaba su total desinterés sobre lo que el líder francés pensaba decirle. Hizo lo mismo cuando después de la invasión de Ucrania, Putin recibió la visita del secretario general de la ONU, Antonio Guterres.

Detrás del lenguaje no verbal hay un universo completo de comportamientos que se expresan a través del cuerpo, su postura, las expresiones de la cara, la proyección de la voz, su entonación y ciertos movimientos que traen tras de sí diferentes significados.

El estudio de la comunicación no verbal, expresado a través de lo que hoy se conoce como lenguaje corporal o Kinésica no es nuevo. Es algo que comienza a ser enunciado desde los griegos en épocas de Platón y Aristóteles, pero es en realidad Charles Darwin quien, siglos después, lo lleva al plano de la ciencia en su obra *"La expresión de las emociones en los animales y en el hombre."*

En 1966, los psicólogos Ernest Haggard y Kenneth Isaacs, mientras escaneaban cintas de sesiones psicoterapéuticas en las que buscaban algún tipo de indicación no verbal que se presentara entre paciente y terapeuta, descubrieron que existen expresiones momentáneas, o lo que hoy conocemos como micro expresiones, en las que las personas develamos, lo que verdaderamente estamos sintiendo en un momento determinado, a través de los gestos de la cara.

Las micro expresiones descubiertas por estos psicólogos expresaban siete emociones que son universales: felicidad, tristeza, miedo, asco, enojo, sorpresa y desprecio.

Posteriormente, otro psicoterapeuta americano, Paul Ekman, considerado entre los más destacados psicólogos del siglo XX, realiza un importante estudio *"Emotions Revealed"* sobre las emociones desde una perspectiva evolutiva de las mismas, y amplía la lista de micro-expresiones agregando a las primeras: complacencia, bochorno, alivio, ira, repugnancia, miedo, felicidad, orgullo, ansiedad, satisfacción, culpa, placer, vergüenza, pena y diversión. Todos se expresan mediante los restos de los músculos del rostro y se producen en fracciones de segundo.

Ekman desarrolló su "sistema de codificación facial de acciones", (en inglés "Facial Action Coding System"), hoy aceptado por la comunidad científica de los Estados Unidos, el cual permite clasificar todas las expresiones del rostro humano que sea posible imaginar. También ha hecho contribuciones significativas a los estudios de los aspectos sociales de mentir. Hoy Ekman diseña, junto con el profesor Dimitris Metaxas en su libro "*Movimiento humano*" un detector de mentiras.

Durante los últimos años, los investigadores políticos hemos comenzado a utilizar software basados en las investigaciones de Ekman para medir un discurso político, una campaña de publicidad política o una página web de un candidato, de suerte que hemos agregado, a la investigación verbal que nos brindan los ciudadanos a través de un "focus group" o a las perceptuales que recogemos con el "perception analyzer", las emociones que se expresan a través de los gestos de sus caras, con lo cual es cada vez más difícil fallar cuando se trata de decidir qué decir, cómo actuar y qué cosas diseñar en una campaña política para captar la total atención de los votantes.

En algunos años más nos sorprenderá la capacidad de imitación que sobre nosotros tendrá el mundo de los avatares, algo que ya comienza a preocupar a algunos y a alegrar la vida de quienes piensan que a través de ellos alcanzaremos la vida eterna que aún la ciencia no consigue sobre el cuerpo humano. Un avatar que aprenda lo que cada uno de nosotros sabe, que además puede contar con un sistema de "machine learning" del que podrá aprender en tiempo real, tendrá con el tiempo, un conocimiento mucho mayor que el de cualquiera de nosotros y le será fácil reemplazarnos para siempre en cualquier disciplina.

Hoy comunicamos todos.

Durante los últimos años hemos sido testigos de la enorme transformación que han sufrido las comunicaciones y del impacto que estas han tenido sobre la vida de la gente. Los avances vertiginosos de la tecnología pusieron en manos de las personas del común, en todos los lugares del planeta, la posibilidad de dejar de ser receptores de la comunicación para convertirnos simultáneamente en emisores de esta.

Se dice que fácil, pero el significado de este cambio y sus consecuencias antes eran inimaginables.

A lo largo de la historia de los seres humanos hemos hecho grandes esfuerzos por comunicarnos con otros, incluso desde antes de Cristo, cuando se dibujaban signos en materiales provenientes de la corteza de los árboles, o desde cuando se acudía a las señales de fuego, método que utilizaban griegos y los romanos.

Hasta mediados del siglo XV, este tipo de comunicación - al menos en Occidente - era absorbida por la iglesia mediante la copia de manuscritos que realizaban los monjes, muchos de los cuales no sabían ni leer ni escribir, y lo hacían actuando como dibujantes de signos que ellos mismos no entendían. Es con la aparición de la imprenta de Johannes Gutenberg, cuando se empieza a masificar la comunicación y las ideas. En Inglaterra, durante el reinado de Enrique VIII, su secretario de Estado y primer ministro, Thomas Cromwell, utiliza la imprenta para propagar las ideas reformistas anglicanas en contra de la Iglesia de Roma, de la cual el rey, se había separado al no ser autorizado por el Papa a divorciarse de su primera esposa, Catalina de Aragón, y contraer nupcias con Ana Bolena. Se trata de un ejemplo de lo que ahora conocemos como comunicación política contrastante. A finales del siglo XIX, el proceso de impresión se perfeccionó con la invención del linotipo y los textos escritos se multiplicaron.

Desde el siglo XVIII, con el descubrimiento de la electricidad, se comenzó a pensar en cómo transmitir mensajes a través de señales eléctricas, pero no es hasta mediados del siglo siguiente cuando aparece el primer aporte de la tecnología al desarrollo de las comunicaciones, el telégrafo. Sin embargo, este avance tecnológico solo permitía enviar mensajes a distancia letra por letra. De ahí que los interesados en continuar aportando avances a la comunicación siguieran investigando hasta encontrar un sistema que permitiera enviar mensajes de voz. La invención del teléfono, patentada por Alexander Graham Bell en 1876, llenó el vacío.

Cuando James Maxwell descubre las ondas electromagnéticas y el físico alemán Heinrich Hertz las ondas radiales, aparece la radio, el primer sistema de comunicación masiva. A partir de entonces y gracias a los avances producidos en 1901, los políticos entendieron que podían enviar mensajes a ciudadanos y electores; los periodistas, informar acerca de los acontecimientos diarios; y las empresas, hacer propaganda de sus productos, siempre de manera unidireccional, ya que el sistema no permitía más que una participación pasiva de los radioescuchas, quienes actuaban como simples receptores. La radio tardó cincuenta años en poder llegar a quince millones de personas. Facebook consiguió llegar a cien millones en tan solo seis meses.

Desde la creación del cinematógrafo de los hermanos Lumière y su primera presentación en París a finales del siglo XIX, el cine avanzó en forma paralela a la radio, con la ventaja su favor del impacto que generaba la imagen. Sin embargo, el cine fue silencioso y su desarrollo comunicativo integral no tuvo lugar hasta la década de 1920. Pero tanto el cine, como la radio, eran sistemas de comunicación de una sola vía, donde los espectadores y radioescuchas se limitaban a recibir información sin la posibilidad de interactuar.

A diferencia de los Estados Unidos, donde el cine se convirtió desde el comienzo en una verdadera fiebre, en la Unión Soviética, por ejemplo, fomentó un cine que buscaba privilegiar el patriotismo y propagar las ideas de la revolución de 1917, en contra de la aristocracia, la burguesía y de los intentos intervencionistas provenientes del extranjero. En Alemania desde mediados de los años treinta del siglo pasado, hasta semanas antes del fin le segunda guerra, el régimen nazi realizaba películas y documentales que valoraban el papel transformador de Adolfo Hitler. Después de la guerra, la industria cinematográfica dio una vuelta de 180 grados para denunciar las atrocidades cometidas por el nazismo. En la Italia fascista, el régimen dictatorial de Benito Mussolini ordenó a los estudios de Cinecittà, crear una serie de películas que narraran la fastuosidad y grandeza del Imperio romano, del cual el propio Mussolini sentía ser su heredero. Hollywood, por el contrario, ordenó la producción de numerosos documentales en favor del sistema democrático.

Pero no es hasta la aparición de la televisión cuando se produce el control total de los medios noticiosos y por ende, el dominio de la política sobre los ciudadanos, pues además del impacto de la imagen los políticos tenían a su favor la unilateralidad del sistema. En 1927, la BBC de Londres y la CBS Y LA NBC en los Estados Unidos en 1930, producen las primeras emisiones de la televisión abierta.

Sin embargo, el sistema para entonces resultaba aún muy costoso como para poder ser masificado. El verdadero desarrollo de la televisión como medio masivo de comunicación no se produce hasta después de la Segunda Guerra Mundial. Esto porque en 1946 solo se habían producido seis mil televisores en Estados Unidos. Cuatro años más tarde, se vendían a razón de tres millones cada año.

En 1950, la televisión comercial se inició casi simultáneamente en Latinoamérica. Curiosamente, ocurrió en dos países grandes y uno pequeño: Brasil, México y Cuba. En 1951 llegó a la Argentina, dando origen a Canal 7; en República Dominicana y Venezuela apareció en 1952; en 1954 en Colombia y Chile; en 1955 en el Perú, en 1956 en Nicaragua. A partir de entonces llegó al resto de los países de la región.

Los dictadores y líderes autoritarios fueron siempre los más interesados en dominar y controlar los medios de comunicación masiva, algo que sigue sucediendo con los líderes autocráticos, ya que son los canales idóneos para impactar sobre la conciencia de los ciudadanos.

Pero no todos los políticos de la época se dieron cuenta de su importancia. Muchos de ellos, a quienes los primeros consultores políticos modernos recomendaron la utilización de la televisión, reaccionaron con el argumento de que pautar en televisión sería una inversión demasiado onerosa que no se justificaba, pues pensaban que no tendría el impacto de la radio o de los mítines políticos. Hoy nos preguntamos, en cuál de las casas de los cinturones de miseria de nuestros países latinoamericanos no hay una antena de televisión, y quizás si entramos nos sorprenda ver que los aparatos de recepción sean pantallas plasma o aparatos de televisión digital que reciben incluso señales de cable, mediante antenas parabólicas o sistemas satelitales.

Desde una perspectiva política y económica donde como era de esperarse terminaron creando una alianza, sus líderes la prensa escrita primero y los medios audiovisuales después sirvieron de plataforma para construir el poder casi omnipresente de una comunicación de una sola vía en favor de dichas clases, ya que estas dominaban por completo no solo los canales de comunicación, sino el contenido de los mismos, con lo cual influyeron decisoriamente sobre la masa de ciudadanos y sus vidas, dejándoles pocas o prácticamente ninguna posibilidad de respuesta o interacción activa, que les permitiera manifestar su desacuerdo con lo que veían o escuchaban.

Con el surgimiento de Internet, todo cambió y hoy lo que vivimos es la creciente democratización de la comunicación. Internet y la tecnología han revolucionado de tal manera las cosas que hoy cualquier ciudadano del mundo, desde de su teléfono celular, tiene la posibilidad de lo que hasta hace poco era exclusividad de las grandes cadenas de comunicación y prensa: ser no solo receptor, sino emisor de información.

Los papeles cambiaron por completo y el llamado "cuarto poder" dejó de ser tan poderoso y cada vez cede más espacio a los ciudadanos del común, razón por la cual estamos viviendo una transición de la sociedad de masas a la sociedad interconectada. Hoy cualquiera de nosotros puede ser un periodista de medios escritos, radio y/o televisión, sin necesidad de tener que trabajar en una empresa tradicional de medios donde por lo general quienes trabajan, están obligados a seguir una línea editorial. El secreto hoy radica en tener la capacidad de generar contenido interesante, que sea relevante a la audiencia que va dirigido, y en saber permearlo a través de las redes sociales o las plataformas digitales de mensajería, donde la gente es quien influye sobre otra gente.

De hecho, muchos de los periodistas reconocidos y con credibilidad ya no necesitarían permanecer en los medios para los cuales han trabajado durante años, pues a través de sus redes sociales, como Facebook o Twitter, o su propio canal de YouTube, tienen más seguidores que la totalidad de personas que compran un periódico para el cual escriben, que quienes los que los escuchan en sus programas de radio o que sintonizaban el canal de televisión a la hora en que aparecían.

Lo que quizás aún les hace falta, es encontrar la manera de monetizar para ellos la relación que tienen con cada seguidor, algo que ya estamos viendo cuando hablamos de los "influencers", que viven prácticamente de eso.

A pesar de todo lo anterior, el poder de las redes en opinión de muchos de nuestros líderes políticos es aún incipiente, lo que nos hace pensar que la historia de quienes se negaban a acudir a la televisión como medio de comunicación política, ahora se repite, con la diferencia de que hoy son los ciudadanos y no los medios ni quienes los dirigen, quienes comienzan a estar en control de la comunicación.

Negarse a aceptar la influencia que cada día tienen Facebook, Instagram, Twitter, TikTok y los sistemas de mensajería como WhatsApp y el propio Messenger en la comunicación entre las personas, por solo mencionar los de mayor penetración, es como afirmar que, a la larga, la telefonía fija nunca sería superada por la telefonía celular.

Nadie resulta hoy más creíble que nuestros propios amigos, sus conocidos, sus vecinos o quienes, incluso, sin que hayamos tenido la oportunidad de intercambiar una conversación personal con ellos, piensan y expresan ideas y conceptos similares a los nuestros de manera natural y espontánea en las redes. Al hacerlo, al menos pensamos, lo hacen sin el interés de vendernos nada o el deseo de convencernos de nada.

Es precisamente este contenido espontáneo y auténtico el que ha producido en los últimos años enormes movilizaciones sociales a través de las cuales millones de ciudadanos del mundo entero han salido a expresar su apoyo a favor de causas que los motivan positivamente, o a manifestar su rechazo acerca de decisiones o posiciones gubernamentales con las que sienten afectados o ven sus derechos fundamentales atropellados, como sucedió en las elecciones municipales de la República Dominicana el 16 de febrero de 2020, cuando al medio día de la jornada, la Junta Central Electoral, que estaba cooptada por el Gobierno de turno del PLD, suspendió el proceso. Esto produjo una total indignación en la población que salió a manifestarse en la icónica Plaza de las Banderas, donde nació el grito de guerra "se van" en contra del Partido de la Liberación Dominicana, sus dirigentes y su candidato presidencial, Gonzalo Castillo, quien terminó derrotado el 5 de julio de ese mismo año.

Lo cierto de todo es que la comunicación hoy está en manos de la gente; los medios han perdido y pierden cada día más el poder que solían tener, porque, a medida que la tecnología avanza - y lo hace a pasos de gigante -, las personas se sienten más y más empoderadas, ya no para solicitar, sino para exigir participar en las pequeñas y las grandes decisiones.

El que mucho abarca poco aprieta.

Muchos de los candidatos que aspiran a acceder al poder piensan que hay que conocer y saber de todo lo que, según ellos les da el derecho de hablar de todos los temas, para poder convencer a la gente, de que están debidamente preparados para gobernar un país, una provincia o departamento o una municipalidad. No es más que una equivocación.

Durante mi carrera política he conocido muy pocos líderes que dominaran con propiedad todos los temas y que, a la hora de abordarlos, incluso frente a expertos en cada uno de ellos, eran capaces de demostrar una destreza especial para entenderlos y discernirlos apropiadamente. Tuve la fortuna y el privilegio de conocer, y en ocasiones trabajar, con muchos de los líderes que se destacaron. Desafortunadamente, no con todos logré entablar las conversaciones en profundidad que me habría gustado tener por lo que no soy quien para juzgarlos, ni mucho menos para calificarlos a todos ellos.

Entre quienes tuve el privilegio de conocer y compartir conversaciones con ellos, los presidentes Felipe González, de España; Alfonso López Michelsen, Ernesto Samper, Carlos Gaviria y Juan Manuel Santos de Colombia; Alan García de Perú, Luis Abinader y Leonel Fernández, de la República Dominicana; el presidente Bill Clinton, de los Estados Unidos; el primer ministro Lionel Jospin, de Francia; Carlos Andrés Pérez, Ramón J. Velásquez y Leopoldo López de Venezuela; Gonzalo Sánchez de Losada "Goni" y Jorge "Tuto" Quiroga, de Bolivia; Martín Torrijos de Panamá; Francisco Flores, de El Salvador; Álvaro Colom de Guatemala; y el presidente José María Figueres de Costa Rica son algunos de quienes recuerdo tenían esa habilidad de mirar y entender el mundo desde una perspectiva global.

Todos ellos entendían a la perfección los factores que movilizaban las tendencias globales desde una perspectiva política, económica y social, pero, sobre todo, todos entendían el contenido histórico que había detrás de cada una de ellas. Sin embargo, la mayoría de ellos tenía una agenda específica a la hora de buscar el poder, porque sabían que no se llega hablando de todo, sino concentrando su mensaje en una idea fuerza central.

Felipe González fue el líder que abrió al mundo las puertas de España de nuevo; Alfonso López Michelsen, admirado por el milagro de los países asiáticos, llegó al poder con el compromiso de llevar a Colombia hacia su primera apertura económica; Luis Abinader llegó con la promesa de reformar, institucionalizar y modernizar el Estado y a la vez transparentar la política en la República Dominicana; Ernesto Samper Pizano diseñó una importante agenda social que desafortunadamente no pudo establecer al cien por ciento como hubiese querido y como le habría convenido al país; Jospin quien le hubiera hecho mucho bien a Francia igual que Leopoldo López a Venezuela, nunca pudieron llegar; y Ramón J. Velásquez y Tuto Quiroga reemplazaron a los presidentes de turno, el primero porque Carlos Andrés Pérez fue separado del poder y el segundo porque al caer enfermo el general Hugo Banzer, como consecuencia de un terrible cáncer que lo obligó a abandonar el cargo, Quiroga quien era el vicepresidente, tuvo que reemplazarlo.

En mis años como consultor político, aprendí a entender que, para acceder al poder, e incluso para ser exitoso en su paso por el mismo, ser erudito y conocedor de todos los temas, sin lugar a duda, ayuda a la hora de gobernar, pero no es condición necesaria para llegar.

Hay quienes se han destacado en una sola disciplina o han concentrado sus esfuerzos en un solo tema y así han logrado brillar con luz propia y brindar una solución necesaria y oportuna a una demanda determinada que la sociedad tenía en un momento determinado.

Saber entender, por lo tanto, la época en que cada líder tiene que desenvolverse y saber interpretar a su sociedad es a veces más acertado para gobernar, que ser un erudito acerca de lo que ocurre en el mundo entero. Aquí están algunos ejemplos:

La situación económica de la Argentina en 1989 era precaria, por cuenta de la hiperinflación volvió a ser precaria después, entre 1999 y 2001 por cuenta del llamado "corralito", y lo volvió a ser de nuevo precaria desde mitad del período de Mauricio Macri hasta la fecha en 2022, lo que obligó al país austral a tener que aceptar un duro acuerdo con el FMI. Hoy Sergio Massa, nombrado ministro de Economía con plenos poderes, no ha logrado demostrar su capacidad de líder económico. Lo que no significa que no pueda quedarse con la presidencia. Argentina hoy busca un candidato que represente un cambio del modelo Kirchnerista.

En el 89, el presidente Raúl Alfonsín, un veterano político de gran reputación y quien se las había tenido que jugar para establecer un sistema democrático después de los gobiernos militares, se vio obligado a entregar anticipadamente las riendas del poder a su sucesor, Carlos Saúl Menem, exgobernador de la provincia de La Rioja.

Menem, un político muy hábil, entendió desde el principio que debía hacer todo lo posible por estabilizar la economía de su país y dedicarse a este único propósito. Trajo para ello como su ministro de Economía a Domingo Cavallo, un reconocido contador público y economista de la Universidad Nacional de Córdoba, poseedor de dos doctorados, uno en economía de esa misma universidad y otro de la Universidad de Harvard.

Mientras el presidente Menem se plegó por completo a las recomendaciones del Consenso de Washington e introdujo una serie de políticas neoliberales en su gobierno, lo que le permitió convertirse en uno de los amigos predilectos del gobierno estadounidense, su ministro Cavallo implementó la Ley de Convertibilidad, que consistía en la equivalencia entre el peso argentino y el dólar norteamericano como fórmula para superar la hiperinflación, que había llegado a alcanzar niveles verdaderamente insostenibles. Durante los primeros años esta política pública funcionó y Argentina se convirtió rápidamente en el país con el ingreso per cápita más alto de la región.

Sin embargo, el modelo produjo, al mismo tiempo, una desocupación estructural que alcanzó niveles superiores al 20 por ciento de desempleo y generó una alta concentración económica que favoreció a los sectores financiero, agroexportador y de servicios exclusivamente.

Domingo Cavallo, aplaudido internacionalmente por todos los economistas del momento, se convirtió para Menem en un problema político inmanejable, por lo que después de resultar reelecto en 1995, le pidió la renuncia y lo reemplazó por Roque Fernández, otro contador economista egresado de la misma universidad de Cavallo y con un doctorado en la Universidad de Chicago. Fernández resultó ser un ministro de bajo perfil que, a diferencia de Cavallo, aprobó sin penalización ni gloria para el puesto.

En los primeros años de su gobierno, las excentricidades del presidente Menem seguramente le ayudaron a generar cierto entusiasmo entre el pueblo que buscaba recobrar el orgullo de ser argentino. Al final de su segundo período, sin embargo, había cansancio de parte de la misma opinión pública que en su momento le había aplaudido el haber resuelto el tema económico y que lo había convertido en el único argentino al que se reeligió para completar en forma ininterrumpida dos mandatos constitucionales.

En Colombia también hay un ejemplo parecido de un líder que trabajó extensamente en otro tema, la seguridad, Álvaro Uribe Vélez. Después de ganar las elecciones presidenciales de 2002 en la primera vuelta, pese a que tan solo seis meses antes de la fecha de la elección aparecía tercero en las encuestas con el 8 por ciento, el presidente Uribe Vélez concentró todos sus esfuerzos en su política de seguridad democrática, como él mismo la bautizó. Después del gobierno de Andrés Pastrana, quien lo precedió, y quien buscó llegar a un acuerdo negociado con las FARC, los colombianos, buscaron un presidente que ofreciera una opción más firme y de mano dura contra este grupo terrorista que le había mentido a Colombia. En ese momento, además, la percepción ciudadana era que la guerrilla había avanzado más de la cuenta y la propia estabilidad del sistema democrático estaba en riesgo, por lo que había que detenerlos.

Según datos arrojados por el Centro Nacional de la Memoria Histórica, se registraron 39 058 víctimas de secuestro entre 1970 y 2010, siendo la guerrilla de las FARC responsable del 33 por ciento de los casos y la guerrilla del ELN del 25 por ciento. La mayor escalada de este crimen tuvo lugar entre 1996 y 2001, precisamente en los años anteriores al presidente Uribe. La mayor parte de los secuestros se llevaron a cabo en Bogotá, Medellín, Cali y Valledupar. Hoy, después de la firma de los acuerdos de paz con las FARC, los colombianos virtualmente dejamos de sufrir ese terrible crimen.

Los colombianos habían perdido el control de las carreteras y nadie osaba ir por tierra entre ciudades. Uribe asumió directamente la estrategia de seguridad como tema central y convirtió a la guerrilla en su peor enemigo, propinando duros golpes a las organizaciones que actuaban al margen de la ley.

Posteriormente, Juan Manuel Santos, quien como ministro de la Defensa, asumiera en persona la responsabilidad de responder a las exigencias del presidente Uribe, propinando a la guerrilla contundentes bajas, entre las cuales la más sonada fue la realizada dentro del territorio ecuatoriano contra el número dos del secretariado de dicha organización, Raúl Reyes, puso fin al conflicto armado de más de cincuenta con la guerrilla de las FARC, mediante un proceso de negociación que se desarrolló en La Habana, Cuba - al que por cierto se opuso rotundamente Álvaro Uribe -, por lo cual, Santos fue reconocido con el Premio Nobel de Paz.

En Brasil, después de cuatro intentos consecutivos por conseguirlo, Luis I. Lula da Silva accede al poder el 1 de enero de 2003 con el compromiso de combatir la pobreza, de la que él y su familia habían sido víctimas. Lula, como muchos, provenía de una familia en la que el padre había abandonado el hogar, dejando a la madre como cabeza de una familia de siete hijos.

Para cuando Lula llegó al poder, el llamado "Gigante del Sur" era el país más desigual de la región. Las disparidades económicas, según la Cepal, entre lo que se conoce como "Estado rico" y "Estado pobre" era de 11,9 veces, cuando en los países desarrollados apenas si superan en 2 veces los unos a los otros.

A sabiendas de que la sostenibilidad de políticas económicas beneficia la estabilidad y de que, por el contrario, introducir cambios abruptos en ellas suele producir efectos negativos inesperados, Lula mantuvo la política económica iniciada bajo el mandato de su predecesor, el presidente Fernando Henrique Cardoso, pese a que políticamente siempre habían existido marcadas diferencias entre los dos. Cardoso no obstante, en la reciente elección, apoyó la re-postulación de Lula da Silva.

Lo sorprendente para muchos, que poco esperaban en el campo económico de parte de Lula, en razón de su pasado como dirigente sindicalista, es que Brasil creció bajo su mandato, se generó riqueza como nunca, el país entró a jugar en las grandes ligas internacionales llamando la atención mundial y, pese a que aún persiste una gran diferencia entre ricos y pobres, la desigualdad disminuyó y 30 millones de personas salieron de la pobreza y pasaron a engrosar las filas de la clase media, como Lula se lo había propuesto. La suya es otra historia que muestra que con un solo tema accedes al poder y logras terminar, dejando una impresión duradera. En su caso la de haber sacado a treinta millones de personas de la pobreza y haber puesto a Brasil en el mapa mundial, convirtiéndolo en la economía emergente más importante de esos años.

Después de dejar el poder, Lula da Silva vivió una verdadera crisis que lo llevó por unos años a prisión. Sin embargo, logró superar los duros momentos de persecución judicial de que fue objeto, salió libre por decisión de la última instancia de la Corte Suprema logró ser candidato de nuevo para ocupar la primera magistratura de su país. Sin embargo, las condiciones económicas y políticas del Brasil y en general del mundo, que tanto favorecieron su primer mandato, hoy no existen y Lula, que es un negociador pragmático, tendrá que emplearse a fondo para ser exitoso de nuevo.

Como sucede con muchas enfermedades, cada estado tiene, en un momento determinado, una herida que es necesario curar para que el mal no siga aumentando y esta no siga sangrando. En algunos casos esta se refiere a temas económicos; en otros, a temas de atraso en infraestructura; las hay referidas a temas de seguridad, de desigualdades sociales, de segregación y exclusión, de falta de justicia. Lo importante es que se puede llegar al poder asumiendo una bandera que despierte de inmediato el apoyo colectivo, porque de alguna manera se trata de alcanzar una esperanza que esté arraigada en el corazón o la mente de la mayoría.

Quienes asumen este compromiso no solo alcanzan el poder, sino que, además, suelen ser exitosos si, una vez que acceden a él, dedican sus mayores esfuerzos a cumplir lo que en el fondo fue su promesa de campaña.

Brindar solución, o al menos avances significativos, a un problema que aqueja a la mayoría genera una especie de alivio colectivo que disminuye las presiones políticas y sociales de la gente.

Los otros también están en la cancha y saben jugar.

Hay candidatos que, en campaña, cuando buscan ser votados para acceder a un cargo de elección popular, equivocadamente piensan que la cancha de juego les pertenece solo a ellos, olvidando que los otros también están en la competencia.

En política es un gran error menospreciar a los contrarios. Sucede cuando hay exceso de confianza y, cuando se pretende ganar una elección, el más mínimo descuido suele ser una ventaja competitiva que estamos cediendo a los contrarios, que estarán atentos a convertirla en una gran oportunidad para ellos.

El triunfalismo es uno de los grandes males que cometen en la campaña, quienes confían en un determinado momento en que los números los favorecen. En política hay muchos ganadores de encuestas que terminan siendo perdedores de elecciones, y como ya vimos anteriormente, las elecciones no se ganan antes, sino durante la campaña. Hay otras ocasiones en las que los políticos sienten ser más poderosos de lo que en realidad son y las decisiones del pueblo soberano terminan por desbordarlos cuando toman decisiones que confían serán irreversibles. Si se quiere ganar, nada está escrito en piedra y es mejor no confiarse de nada ni de nadie.

Lo que se debe pensar cuando se compite por un cargo importante de elección popular es que se compite contra candidatos que están mejor preparados, mejor equipados y asesorados, porque de esta manera, el esfuerzo y la concentración serán mayores; la dedicación, total y, por consiguiente, es mucho más probable que el resultado termine siendo el deseado. Se me ocurren algunos casos para ilustrar:

Durante las elecciones generales de 2002, los políticos liberales de Honduras, que a la postre controlaban el Tribunal Nacional de Elecciones, se confiaron por completo en que, por el hecho de no haber nacido en Honduras, Ricardo Maduro, no se podría presentar como candidato y, por lo tanto, no sería el contendor para vencer.

Los liberales, para entonces en el poder con Carlos Flores Facussé como presidente, por decisiones confusas e intereses un tanto obscuros, - mediante una "leguleyada"-, pretendieron sacar a Ricardo Maduro, líder del Partido Nacional de la contienda, confiados en que la decisión del tribunal que le impedía participar en las internas de su partido era una decisión en firme y, por lo tanto, irrevocable. Los argumentos parecían sólidos. Maduro había nacido en Panamá, no en territorio hondureño; su padre era panameño y su madre era hondureña y la Constitución era clara en ese sentido: para ser presidente de Honduras, la primera condición era ser hondureño de nacimiento.

Sin embargo, Maduro nunca se dio por vencido. Su jefe de campaña, Luis Cosenza, a quien hoy nadie recuerda, se inscribió en las internas a nombre de Maduro, mientras que su líder desarrollaba una sólida estrategia jurídica internacional, mediante la cual terminó demostrando que, por el hecho de ser hijo madre hondureña, él era hondureño también, ya que la madre de esta, es decir la abuela materna de Maduro, la señora Julia Midence Flores, había nacido en Tegucigalpa, Honduras, en 1888. Algo que se podía probar.

Reconocidos juristas internacionales invitados a pronunciarse para dilucidar la situación de constitucionalidad del caso - que fueron convocados gracias a un "acuerdo patriótico" en el que participaron líderes de varios partidos políticos a instancias del propio presidente Flores Facussé -, determinaron que el Tribunal Nacional de Elecciones había cometido un error al excluir a Maduro de su proceso interno, ya que, según su veredicto, Ricardo Maduro, por vínculo de sangre "jus sanguinis" era hondureño de nacimiento.

El 21 de marzo del año 2001, el Congreso de Honduras, controlado mayoritariamente por el Partido Liberal, el mismo que intentó excluirlo, le dio lectura a una sentencia constitucional que habilitaba a Maduro a participar, con lo cual la autoridad electoral se vio en la obligación de aceptar la renuncia de Cosenza e inscribir de inmediato a Maduro como candidato presidencial oficial de su partido, a pesar de no haber participado en las elecciones internas del

Partido Nacional. Fue así como los llamados "cachurecos" – que es como se conoce a los nacionalistas -consiguieron una mayoría abrumadora el 25 de noviembre de 2001 frente a su contendor, el profesor Rafael Pineda Ponce, un hombre ya entrado en edad, político de raza, que terminaba su carrera política, no como presidente, sino como presidente del Congreso hondureño.

Mientras los otros se confiaron, Maduro jamás dio su brazo a torcer y luchó hasta el último momento para cumplir su sueño de ser presidente de Honduras, oficio que, por cierto, desempeñó con extraordinaria habilidad y éxito. Hoy es recordado como uno de los mejores presidentes de las décadas recientes.

Ese mismo año, en esa misma elección, Antonio "Toño" Rivera, hijo de Mario Rivera, uno de los políticos más poderosos de la cúpula del Partido Nacional, el mismo partido de Maduro, sintió que había llegado su momento para ser el alcalde de la capital, Tegucigalpa. Para lograrlo no solo contaba con el aval de las directivas de su partido, sino que era el candidato a la alcaldía que el propio Ricardo Maduro apoyaba, lo que lo convenció de que esto sería suficiente para convertirse en el burgomaestre de la capital.

Sin embargo, Rivera, estaba demasiado confiado y se sentía un ganador por adelantado. Menospreció el deseo, el carisma y la capacidad de trabajo de su oponente, Miguel Pastor, algo que aprovechamos al máximo quienes asesoramos su campaña.

Es interesante que Toño y Miguel fueran dos jóvenes políticos con dos hermanos publicistas, ambos jefes de campaña. No recuerdo quién asesoraba a Rivera; lo que sí sé es que, juntamente con Sebastián Pastor, el hermano de Miguel, desarrollamos una estrategia innovadora que consiguió convertir a Miguel en la nueva estrella de la política local de la capital, al mismo tiempo que Maduro conseguía serlo en la política nacional.

Para poder participar, según las reglas electorales del partido, tuvimos incluso que inventar un candidato presidencial, Carlos Kattan, y crear una organización política nacional, que denominamos Nuevo Tiempo, que le permitía a Miguel competir, ya que, en Honduras, según la ley electoral, solo los candidatos a presidente de los movimientos al interior de los partidos, tenían la potestad de presentar candidatos a las alcaldías, y estos últimos no podían presentarse por sí solos.

Nuestra estrategia de campaña siempre marcaba la pauta. En todo momento marchamos a la delantera de Rivera, quien iba a la saga. Pastor anticipaba y

Rivera replicaba. En ningún momento de la contienda, este último consiguió adelantarnos ni liderar absolutamente nada. A título de ejemplo: Miguel Pastor presentó durante su precampaña, con inusitada antelación, su programa de gobierno y, cuando Toño Rivera quiso hacer lo propio y presentar el suyo, Miguel ya estaba presentando su plan de los cien primeros días.

El resultado final: Miguel Pastor obtuvo una votación histórica en Tegucigalpa. Incluso superó con mucho el número de votos obtenidos por Ricardo Maduro en la capital, a la presidencia.

En política, la cancha siempre está ocupada no solo por dos equipos que compiten; a veces hay muchos más interesados en entrar y participar en el juego. Algunos avanzan más que otros, por lo que solo vienen a ensuciar el campo de juego, lo que afecta a las posibilidades de todos.

Muchos asemejan las elecciones a una carrera de caballos donde no necesariamente quien sale primero del partidor es quien llega primero a la meta, pues el recorrido suele ser largo y prolongado, aun cuando las fechas oficiales de campaña sean cortas.

De modo que, como en las carreras, hay que confiar no solo en el poder del caballo y en la habilidad del jinete, si no hay que tener también una estrategia que contemple las fortalezas y debilidades de todos los participantes de la carrera. A veces hay que salir con todo para que los demás se queden; a veces hay que guardarse para cuando se presenta el cansancio de los demás y nos quedan recursos y fuerzas para picar en el último tramo. Siempre es algo distinto. Lo importante es saber cómo identificar con anticipación y tener el entrenamiento adecuado para llegar primero.

En la elección colombiana de 2002, Horacio Serpa, candidato del Partido Liberal y quien había perdido frente a Andrés Pastrana en 1998, apareció como el candidato sólido y fuerte. Sus contendientes, todos sumados, no alcanzaron la mitad de la intención de votación de Serpa en las encuestas seis meses antes de la elección. Todo parecía indicar que la carrera sería contra la excanciller Noemí Sanín, quien en la campaña anterior había resultado ser una revelación.

Horacio Serpa pensó que Noemí Sanín podría crecer de un momento a otro, como ocurrió en el año 98 con Pastrana, cuando estuvo a punto de superarlo y pasar a la segunda vuelta, y muy a pesar de la insistencia que tuvimos sus estrategas, nunca vio las posibilidades de crecimiento de Álvaro Uribe Vélez, a quien aventajaba por mucho. Apenas seis meses después de estas elecciones,

Serpa contaba con el 43 por ciento de la población a su favor, mientras que Uribe apenas alcanzaba el 8 por ciento.

Álvaro Uribe, sin embargo, manejó el discurso de manera más creíble y coherente y al final no solo superó a Sanín, sino que dejó atrás a Horacio Serpa y ganó la elección en primera vuelta.

En los EE.UU., en 2008, Hillary Clinton menospreció las posibilidades de Barack Obama de ser el candidato demócrata. Obama llegó al Senado en 2004 y parecía difícil que, siendo un novato en el Congreso, pudiera llegar a superar a una mujer experimentada e inteligente como Hillary, considerada una de las mejores abogadas de su país, quien además era la esposa de uno de los líderes más destacados y hábiles políticamente de Norte América, el expresidente Bill Clinton.

Las encuestas nacionales confundieron por completo a Hillary, quien se enfocó en la contienda desde la perspectiva de una elección de país, cuando primero tenía que conseguir la candidatura en un sistema donde las elecciones se ganan estado por estado e incluso en los distritos electorales.

Poco a poco, la estrategia de "microtargeting" de Obama fue avanzando, mientras que la estrategia nacional de Hillary se fue quedando atrás y el día del llamado "Super Tuesday" (supermartes), aunque ya se veía venir el resultado, Barack Obama superó ampliamente a la ex primera dama de los Estados Unidos, quien se tuvo que conformar con apoyar a la nueva estrella de su partido para que fuera presidente y conformarse con ser ella ser su secretaria de Estado durante su primer período de gobierno.

En Costa Rica, en la elección en la que Luis Guillermo Solís resultó ganador, su contrincante, Johnny Araya, se sintió solo en la cancha por largo período de tiempo. Los números lo favorecían ampliamente y Solís ni siquiera aparecía entre los posibles ganadores. Sin embargo, la fatiga de la población sobre la política y los políticos tradicionales jugó en contra de Araya, que finalmente terminó humillado electoralmente.

Algo similar ocurrió en Colombia a German Vargas Lleras, nieto del expresidente Carlos Lleras Restrepo, quien es considerado como uno de los más destacados mandatarios de la política colombiana del siglo XX. Vargas Lleras siempre se movía en la política de manera muy hábil. Comenzó su carrera en el Concejo de Bogotá y pasando luego al Congreso Nacional donde fue un destacado representante y un poderoso senador de la República, que siempre fue tenido en cuenta por los presidentes de turno.

Juan Manuel Santos lo hizo vicepresidente en su segundo mandato, momento en el que se convirtió en una figura con altas posibilidades en la contienda presidencial. Renunció como vicepresidente, condición legal necesaria para poder participar en la carrera de 2018 como candidato. Para ese momento era percibido como el "gran varón" de la política colombiana del momento y él junto con la clase dirigente del país, estaba convencidos de que sería el siguiente presidente, - lo cierto es que German era el más preparado y con mayor experiencia para ocupar el cargo -, algo que, sin embargo, no consiguió.

En Colombia se venía despertando desde hacía años un sentimiento antisistema y Vargas Lleras, a pesar de que muchos lo advertimos, no entendió que existía un cansancio hacia la clase política colombiana de la cual él era el principal símbolo. La estrategia de su campaña sostenida principalmente en el apoyo de los caciques políticos de cada región del país resultó completamente equivocada ya que iba en contra del sentimiento de rechazo generalizado de la sociedad en ese momento, que comenzaba a buscar una figura de cambio, que al final terminó encontrando en Iván Duque a su representante.

Vargas Lleras a quien muchos miembros de la institucionalidad creyeron ganador meses antes, tan solo consiguió el voto del 8 por ciento de los electores en la primera vuelta presidencial, con lo cual quedaron enterradas para siempre las posibilidades de quien habría sido el presidente ideal que en ese momento necesitaba Colombia, pues seguramente habría tenido un desempeño muy superior al de Duque gracias al conocimiento y experiencia que tenía de los temas del país.

Ser primero en las encuestas no es garantía de triunfo y por eso, no nos cansaremos en decir que hay muchos ejemplos de "ganadores de encuestas, perdedores de elecciones", precisamente porque quienes se sienten seguros, creen muchas veces, que están solos en la cancha, cuando lo único cierto es que los demás también compiten.

Ser primero en las encuestas no es garantía de triunfo y por eso, no nos cansaremos en decir que hay muchos ejemplos de "ganadores de encuestas, perdedores de elecciones", - un concepto en el que vamos a profundizar con ejemplos en nuestro próximo libro -, precisamente porque quienes se sienten seguros, creen muchas veces, que están solos en la cancha, cuando lo único cierto es que los demás también compiten.

En contra de lo que muchos creían, la elección no fue ideológica. Los electores no estaban polarizados entre la izquierda y la derecha, sino más bien cansados de sentirse excluidos del neoliberalismo que, desde hacía décadas venía gobernando el país, favoreciendo a quienes en medio de una corrupción cada vez mayor, controlaban el sistema.

Para la mayoría de los colombianos la elección era una lucha entre dos comandantes, el comandante Uribe – como ya lo hemos señalado anteriormente, el presidente más poderoso que ha tenido Colombia en los últimos cincuenta años - que estaba de retirada, y el comandante Petro que venía en ascenso. Y el propósito no era otro que volver a tener un gobierno fuerte, con autoridad y capaz de resolver los problemas, ya que, la percepción era que el gobierno de Duque, quien había sido el delfín del poderoso expresidente, había debilitado por completo al uribismo.

Rodolfo Hernández, quien sorprendentemente pasó a competirle en la segunda vuelta, no tenía ninguna estructura política y sin embargo entendió la ecuación y en las últimas semanas antes de la primera vuelta saliendo a disputarle a Gustavo Petro el cambio, con un discurso en contra la corrupción, de la clase política y contra el sistema, atacando duramente al gobierno. Esto último le permitió desplazar al candidato Federico Gutiérrez, quien cometió el error de convertirse en quien representaba todo lo que la gente quería cambiar.

Hernández consiguió cerca de seis millones de votos y su paso a la segunda vuelta electoral, algo que nunca soñó. Allí superó los diez millones de votos y pudo haber ganado la elección, que perdió por solo 3 puntos porcentuales.

Si solo sabe criticar, quédese en la oposición.

Si observamos el comportamiento de muchos partidos y líderes en el mundo entero, que limitan su acción política a denunciar en forma sistemática los errores que cometen los gobernantes de turno como estrategia para ganar la atención de la ciudadanía, sin proponer al mismo tiempo soluciones alternativas a aquello que critican constantemente, mejor hacen con mantenerse como opositores, pues de este modo difícilmente lograrán alcanzar el poder.

A los ciudadanos, en general, y en especial a los latinoamericanos, les gusta la crítica. Incluso podríamos decir que somos propensos a ella y solemos quejarnos más de lo necesario. En nuestros países, los medios de comunicación y la llamada sociedad civil se hacen siempre eco de la crítica, especialmente cuando se refiere a oponerse a decisiones gubernamentales o posiciones asumidas por cualquiera de nuestros líderes políticos o empresariales que hayan sido capaces de sacar la cabeza y diferenciarse del rebaño conformado siempre por la mayoría.

No solo en la política, sino en casi todos los frentes, el éxito a menudo no se perdona y la crítica proporciona una cierta morbilidad, que es muy atractiva para muchos. Sin embargo, a la hora de votar, la crítica no es suficiente aliciente para que los electores tomen su decisión, pues si bien muchas veces existe lo que se conoce como el voto de castigo, hace falta que quien siempre denuncia, complemente su posición crítica con una propuesta alternativa capaz de persuadir la decisión de los electores a su favor.

A los ciudadanos lo que nos mueve siempre, es la esperanza de creer que podemos conseguir algo mejor para nosotros y nuestras familias. Algo que es más fuerte que lo que nos empuja a la crítica. Por esa razón, a la hora de votar, preferimos escuchar y seguir a quienes son capaces de persuadirnos con una nueva esperanza, antes que escuchar a quienes pretenden hacernos caer en cuenta de lo malo que ocurre, por supuesto, no nos gusta e incluso muchas veces repudiamos, pero que no mueve nuestros anhelos y no logra ilusionarnos.

Votar lo hemos dicho varias veces, es un acto de fe y de esperanza, algo que se consigue más fácilmente con una promesa o una nueva esperanza que con un llamado de atención.

Los ciudadanos admiramos a los políticos que percibimos como honestos en su vida y en sus posiciones seguimos con atención sus denuncias contra la corrupción, contra la injusticia y contra los abusos de poder y, sin embargo, a la hora de elegir, estos no suelen ser los más favorecidos con el voto.

Los elegimos quizás para que sean los paladines del llamado control político del sistema democrático, pero rara vez consiguen el apoyo de la mayoría para acceder al poder, que es el que les permitiría dirigir los destinos de la sociedad y hacer desde allí las transformaciones por las que luchan.

La verdad esto ocurre porque la mayoría de quienes asumen estas posiciones críticas terminan por habituarse precisamente a ser críticos y olvidan que paralelamente tienen que trabajar en construir una propuesta alternativa que despierte entusiasmo entre ciudadanos y electores, para que estos los sigan, no por lo que critican, sino por lo que proponen.

Es precisamente esto lo que le ocurrió en Colombia al Polo Democrático, un partido que denunciaba permanentemente, ejercía el control político que corresponde a todo partido de oposición, pero no tenía una propuesta alternativa que genere esperanza entre los ciudadanos razón por la cual, exceptuando la ocasión en la que Carlos Gaviria se presentó como su candidato presidencial y obtuvo el apoyo del 24 por ciento de los electores, el Polo Democrático jamás logró superar el 4 por ciento de los votos.

En las filas de este partido ha habido importantes líderes y figuras políticas de primer nivel que se han destacado en varios escenarios de la vida pública: Carlos Gaviria Díaz, fue el más exitoso de sus candidatos presidenciales, pero también están o estuvieron Clara López Obregón, Jorge Robledo, Antonio Navarro Wolf, Gustvo Petro y varios otros, que, como representantes de ese partido de oposición, lideraron grandes debates en distintos escenarios de la sociedad, en los que develaron ante la opinión pública excesos de poder, tráfico de influencias, abusos de nuestros gobernantes e importantes actos de corrupción política y administrativa que afectaron de una manera u otra a la sociedad colombiana.

No obstante, la mayoría de sus dirigentes se han enfocado siempre en la crítica, algo que los ha desbordado en el día a día, impidiéndoles mirar hacia adelante para construir una propuesta seria de país capaz de persuadir a la mayoría que necesitaban, para demostrar que están preparados para conducir los destinos de la sociedad desde una perspectiva diferente. De hecho, cuando lograron conseguir como partido el poder local en gobernaciones o alcaldías, su propensión crítica hacia sus propios gobiernos ha sido tal que han terminado por tumbar a sus correligionarios, como ocurrió con Samuel Moreno en Bogotá, y sus actos de corrupción que lo llevaron a él y a su hermano a la cárcel.

También quienes alcanzaron, a nombre de este partido, importantes posiciones, como ocurrió con Lucho Garzón, Antonio Navarro o el propio Gustavo Petro, prefirieron abandonar las filas de un partido que parecería que solo sabía criticar al gobierno de turno, antes que ayudar a desarrollar políticas públicas con las cuales demostrar que, como fuerza política, eran una alternativa viable.

En los últimos años, su visión crítica ha llegado a niveles tales que se ha traducido en sacar a flote las diferencias entre sus propios líderes, lo que hoy los tiene completamente divididos. Lo curioso es que ser un partido de oposición parece ser lo que finalmente los une y produce su crecimiento electoral.

Ahora bien, esto no solo ocurre con los partidos políticos, sino muchas veces con líderes políticos que siempre aparecen como candidatos que terminan por ser reconocidos, no por lo que proponen, sino por lo que denuncian.

Es el caso de Ottón Solís en Costa Rica, sus posiciones también siempre críticas jamás se destacaron por una visión de país ni por una propuesta estructurada de gobierno, al cual como candidato siempre quiso acceder, lo que lo llevó a participar en los procesos de 2002, 2006 y 2010.

La gente lo recuerda como un político de centro-izquierda, crítico implacable del sistema, especialmente después de que los ticos vivieran una especie de desilusión profunda de sus gobernantes que explotó con la denuncia y posterior condena y arraigo del expresidente Miguel Ángel Rodríguez, quien tuvo que abandonar a semanas tan solo de haberse posesionado de su cargo como Secretario General de la Organización de Estados Americanos (OEA), para ir a responder ante la justicia de su país en 2004. Años más tarde, cuando el daño de las denuncias ya estaba hecho sobre la figura del expresidente, fue sobreseído por la justicia que no encontró pruebas suficientes para mantener viva su condena.

Quizás fue por esa época que Ottón Solís comenzó a ser visto como el paladín de la verdad en Costa Rica, para terminar, siendo el rey de la crítica acerca de todo lo bueno y lo malo cuanto él creía que sucedía, en la llamada Suiza de América. Cuando lo conocimos, con ocasión de un evento realizado en la Fundación Global Democracia y Desarrollo, Funglode, que reunió a líderes de la región para analizar en 2005 el futuro de América Latina, nos sorprendió mucho que, a sabiendas de lo cambiante que es la opinión pública - en especial durante un proceso electoral como el que se avecinaba en su país - a nuestra pregunta acerca de con quién realizaba investigación en Costa Rica para su campaña, su respuesta tajante fue que él no necesitaba acudir a la investigación, porque sabía de sobra lo que ocurría en su país y él, sin necesidad de investigar decía estar perfectamente conectado con la realidad.

Al final, este joven líder, que había tenido la clara oportunidad de representar el verdadero sentir de los costarricenses en un momento determinado, terminó por desilusionar incluso a sus seguidores más cercanos y ceder su espacio, para que, en lugar de ser escogido como el líder de la nueva generación, los ticos prefirieran mirar hacia el pasado y elegir en 2006 de nuevo por poca diferencia, al expresidente Oscar Arias, alguien que les brindaba seguridad a la hora de pensar en su nuevo gobernante.

Ottón Solís perdió toda credibilidad como figura nacional y hoy día ni siquiera mantiene su posición como ese líder creíble que denunciaba y criticaba lo malo, con lo cual sus aspiraciones presidenciales parecen ser ya parte del pasado.

En los Estados Unidos pensábamos que seríamos testigos de un cambio radical en el balance del poder que en nada habría beneficiado a la sociedad norteamericana, si los demócratas continuaban en la presidencia después de los dos períodos consecutivos del presidente Barack Obama, y el Partido Republicano terminaba por convertirse en un partido de oposición al gobierno federal desde el Congreso.

Si bien la polarización de los Estados Unidos, que se había radicalizado en épocas del macartismo, se revivió durante los últimos años bajo el mandato de

Ronald Reagan, la verdad es que desde que Obama llegó al poder como el primer presidente afrodescendiente de los Estados Unidos, las tensiones y la polarización aumentaron por cuenta de que la derecha del Partido Republicano, más conocida como el Tea Party, asumió la posición de empujar al partido hacia la extrema derecha, como respuesta a las políticas progresistas de su gobierno.

Una demostración de esto fue que, después de ser reelegido por amplia mayoría como presidente - lo que de por sí implica que los estadounidenses votaron en apoyo a su visión de país y de sus políticas públicas -, después de haber sido aprobada la reforma de salud presentada por el presidente Barack Obama a discusión del Congreso y después de haber superado ante la Corte Suprema de Justicia el embate con que se intentó demostrar la inconstitucionalidad de la reforma - lo que llegó a provocar el cierre del gobierno -, el presidente se negó al chantaje liderado por la extrema derecha, que pretendía renegociar la entrada en vigencia de una ley de salud para conseguir algunas modificaciones a la misma, lo cual era un absurdo sin precedentes.

La actitud miope de los líderes del Partido Republicano terminó por llevar a la presidencia a quien puede llegar a convertirse con el tiempo en su principal enemigo, Donald Trump, un negociante que no solo jamás había militado en sus filas, sino que, por el contrario, había financiado campañas de candidatos demócratas como la de los Clinton.

Donald Trump irrumpió en la política americana asumiendo una actitud megalómana y prepotente desde las internas del partido en 2016, durante las cuales confrontó a los precandidatos republicanos burlándose incluso de ellos y sus posiciones, como lo hizo con el ex gobernador de la Florida, Jeff Bush, el más inteligente y preparado de esa dinastía política.

Como candidato presidencial contra Hillary Clinton, Trump utilizó toda clase de argumentos falsos y se presume acudió incluso a la guerra sucia digital apoyado para ello por Rusia, para debilitar a su contrincante. El 8 de noviembre de 2016, pese a que perdió por más de dos millones ochocientos mil sufragios, del llamado voto universal, Trump derrotó a la candidata demócrata con los votos del colegio electoral, que es el que decide las elecciones en los Estados Unidos.

Durante su presidencia exitosa en lo económico, no se puede negar, Donald Trump radicalizó a tal punto su actitud que el presidente de la Cámara Baja, Paul Ryan, prefirió retirarse y no presentarse a la reelección para evitar continuar siendo el líder de la mayoría republicana, bajo el mandato que polarizó como pocos la política americana y promovió con su acción o con su silencio, el acto más vergonzoso de la democracia americana, la toma Capitolio a manos de sus seguidores, que creyeron en su mentira de que hubo un fraude para desalojarlo de la Casa Banca, cuando, según él, era claro y evidente que había ganado las elecciones que le debieron permitir continuar en el poder.

El fanatismo creado por Trump alcanza aún hoy niveles impensables, pues persiste incluso entre la gente profesional y educada la idea de que si hubiera un fraude en su contra.

En México, pese a haber sido siempre un partido de oposición, el PRD, supo entender en sus inicios - cuando era conducido por su líder moral, el ingeniero Cuauhtémoc Cárdenas - que, además de criticar al gobierno de turno, debían ser voceros de una propuesta alternativa. Fue por esta razón que el propio Cárdenas llegó a posiciones estratégicas de gran relevancia, como ser el primer jefe de gobierno del Distrito Federal. Sin embargo, en los últimos años, la actitud asumida por el partido ha dejado mucho que desear, pues más que desarrollar una propuesta que inspire a un porcentaje importante de mexicanos, su candidato presidencial de las contiendas de 2006 y 2012, Andrés Manuel López Obrador, puso todos los huevos en una sola canasta, la de la crítica y la descalificación contra el gobierno.

A partir de la llegada al poder de Enrique Peña Nieto del PRI, en 2012, López Obrador arreció la crítica, pero a la vez entendió que tenía que vender una opción de cambio desde su nuevo movimiento político, Morena, y se decidió luego por una propuesta populista con la que finalmente logró persuadir a los sectores populares de la población mexicana donde las necesidades son evidentes.

En la República Dominicana, después de cuatro períodos consecutivos en el poder de gobiernos del PLD, durante los cuales el PRD prácticamente había desaparecido y nació para reemplazarlo, el Partido Revolucionario Moderno PRM, guiado por un nuevo líder, la decisión estratégica de ofrecer una esperanza de cambio para transformar la sociedad y acabar con la corrupción a la que el partido de gobierno había conducido al país en los últimos años, surtió efecto y llevó a Luis Abinader a ganar las elecciones de 2020, en la primera vuelta.

Es verdad que muchos partidos políticos y dirigentes forjan su camino a partir de la oposición. De hecho, es desde la adversidad que se forja el carácter de un líder y se consigue el éxito.

Sin embargo, para acceder al poder, más que denunciar hay que proponer; más que criticar hay que construir; más que exigir hay que ofrecer; más que confiar hay que esperanzar y más que decir, hay que hacer, o al menos comprometerse a cumplir con aquello que se promete.

A quienes solo saben criticar, les recomiendo quedarse en la oposición. Allí se sentirán más a gusto.

La oposición no gana elecciones, los gobiernos las pierden.

En agosto de 2011, siendo ya Danilo Medina candidato oficial del PLD a las elecciones presidenciales del 2012, y viendo que su oponente Hipólito Mejía aventajaba al candidato por 17 puntos porcentuales en las encuestas, el presidente Leonel Fernández, en grata conversación pronunció una frase lapidaria con la que he decidido encabezar este capítulo: "La oposición no gana las elecciones. Los gobiernos las pierden".

El propio Fernández había experimentado esa situación en el año 2000, en un escenario en el que, curiosamente, competían los mismos candidatos. En ese momento, la conocida buena dirección de Fernández no bastaba para que el candidato de su partido ganara la carrera. Hipólito Mejía, candidato entonces del PRD, se impuso en aquella oportunidad sin necesidad de una segunda vuelta, ya que Danilo Medina, al no conseguir el apoyo que Joaquín Balaguer había brindado cuatro años antes a Leonel Fernández, prefirió reconocer su derrota y no ir al balotaje.

En 2012, la lección estaba aprendida, por lo que de manera coordinada entre el candidato Medina, el Comité Político del PLD, y el presidente, se pusieron en marcha cuatro estrategias simultáneas y complementarias: la estrategia del candidato, la del partido, la de la candidata a vicepresidente – entonces la Primera Dama -, y la del propio presidente Fernández, lo que permitió superar la diferencia que favorecía al candidato Mejía, empatarlo y, finalmente, ganar la elección, en una contienda política sin precedentes.

Ese año, mientras el candidato Medina, era asesorado por un grupo de consultores brasileros, españoles y argentinos liderados por Joao Santana, en la que escogieron un eslogan demasiado largo y complicado: "Corregir lo que está mal, continuar lo que está bien y hacer lo que nunca se hizo", el PLD y el presidente Fernández, asesorados por nosotros, aprovechamos los muchos errores cometidos por el candidato del PRD, quien, de no haberlos cometido, pudo haber ganado ampliamente la contienda.

La primera dama, Margarita Cedeño, quien fue sutilmente impuesta por el presidente Fernández como candidata a vicepresidente de Medina, asesorada por el propio presidente y por el consultor Antony Gutiérrez Rubí, salió a conquistar el voto de las mujeres.

Los aliados del disminuido Partido Reformista de Balaguer apoyaron a Danilo Medina, a quien hicieron su candidato oficial, lo que contribuyó a ganar en la primera vuelta.

El propio presidente Leonel Fernández, de quien nos mantuvimos cerca hasta el final para apoyarlo en la forma en que se comunicaba con la población, se empleó a fondo para favorecer al candidato de su partido, y salió a las calles del país entero, a inaugurar cientos de obras realizadas bajo su gestión, esto catapultó a Danilo Medina como ganador de la elección.

Lo cierto es que, si candidato opositor Hipólito Mejía no hubiese cometido los desaciertos que cometió, y el presidente Leonel Fernández, no hubiera salido a apoyar decididamente a su candidato, la estrategia diseñada por Joao Santana, no hubiese sido suficiente para que Danilo Medina ganara la contienda, e Hipólito Mejía habría regresado al poder en 2012, como lo preveían meses antes, todos los sondeos.

Debemos reconocer que la campaña de Hipólito Mejía fue genial en sus comienzos. Detrás de su "Llegó papá", como rebautizaron al expresidente, se ocultaron hábilmente todos los errores de su gobierno. En la cultura del Caribe, papá es quien te cuida, te protege y te guía. No obstante, la campaña de Mejía no supo cómo continuar su brillante propuesta estratégica inicial y al final, las salidas impertinentes del candidato fueron bien aprovechadas por nosotros en su contra.

En Venezuela, Hugo Chávez Frías, quien hoy después de muerto continúa vivo, en la mente y corazón de muchos, muy a pesar de la cada vez peor situación por la que pasan los venezolanos, fue, sin lugar a duda, el mejor de los candidatos que ha tenido ese país. Chávez entendía perfectamente que la oposición no gana elecciones, sino que los gobiernos las pierden, pues con excepción del referendo de 2007, ganó todas las elecciones a las que se presentó durante su vida política; trece en total, valiéndose para ello del uso y abuso sistemático de los recursos del Estado venezolano.

Después de haber estado en prisión por cuenta de intentar un "Coup d´etat", del que fue amnistiado por el presidente Rafael Caldera, en el año 1998, se presentó como candidato presidencial y en vocero de un cambio de sistema, aprovechando el inmenso rechazo que existía contra la clase política de "adecos" y "copeianos", que habían gobernado por décadas y no habían sido capaces de superar las condiciones de pobreza en que vivía gran parte de la población, muy a pesar de ser el país con las mayores reservas de petróleo del mundo. Chávez venció a los partidos tradicionales, que ni siquiera pudieron unirse contra él, como sucedió al final de las elecciones.

En abril de 1999, Chávez derrotó por abrumadora mayoría a la oposición, ocupando la mayoría calificada de la Asamblea Nacional Constituyente. Más del 90% de los asambleístas, con los cuales estableció un nuevo pacto social por medio de la Constitución de la República Bolivariana de Venezuela. Ese mismo año, mediante referendo aprobatorio, Chávez impuso su nueva Constitución bolivariana con la aprobación del 72 por ciento de los electores que participaron, lo que de paso le sirvió para cambiar el período presidencial, que en lo sucesivo sería ya no de cuatro, sino de seis años.

A partir de ese momento se creaba un nuevo orden, por lo que Chávez, para refrendarse como gobernante de este y ganarse un año más de gobierno, acudió a unas nuevas elecciones presidenciales en el año 2000 contra Francisco Arias Cárdenas, otro de los comandantes que lo apoyaron en el golpe contra Carlos Andrés Pérez, quien para aquel entonces había abandonado las filas del chavismo a las que regresó años más tarde. Chávez ganó el 60 por ciento de los votos emitidos, mientras que su oponente apenas alcanzó el 37,5.

La Constitución Bolivariana de Venezuela, tan argumentada por el comandante y tan violada a la vez por él mismo, introdujo la figura de un referendo revocatorio a mitad del período presidencial, como mecanismo para que, en el evento de que los ciudadanos estuviesen descontentos con la labor de su gobernante, contaran con los mecanismos necesarios para sacarlo del poder. Chávez, sin embargo, interpretó la norma no solo como revocatorio, sino como referendo refrendario y así lo vendió entre la población, lo que le permitió mantener viva la pasión a su favor, a mitad del período presidencial. Ganó con el 59 por ciento del voto, entre los casi 10 millones de personas que participaron en el referendo.

En 2004, el poder del chavismo se fortaleció en Venezuela. El partido gobernante logró elegir a 22 de los 24 gobernadores de los estados, derrocando totalmente la moral de la oposición, para entonces fraccionada y dividida. El chavismo consigue, además, ganar en más del 80 por ciento de las alcaldías del país, las cuales, durante años, pertenecieron a los candidatos de Acción Democrática y Copei principalmente.

Un año después, en 2005, Chávez estuvo al mando de las elecciones que le ayudaron a consolidar su poder como gobernante; las elecciones de diputados a la Asamblea Nacional. La oposición cometió entonces el error más grave que se ha cometido en la política latinoamericana; bajo la premisa de que el árbitro no era confiable y de que Chávez manipularía los resultados electorales, los líderes opositores se pusieron de acuerdo para no presentar candidatos, con lo cual se marginaron de un proceso que de igual manera se iba a realizar, dejando todos los espacios del poder legislativo al partido de Chávez, el movimiento Quinta República, que, ni corto ni perezoso, tomó el poder de la Asamblea por completo, lo que le sirvió para legislar como más le convenía a sus intereses políticos. Tomará años para enmendar tal error.

Un año más tarde, en 2006, a Hugo Chávez le resultaría fácil ganar las elecciones presidenciales a Manuel Rosales, entonces gobernador del Estado Zulia, ya que, pese a que este había conseguido ser el candidato de una oposición más o menos unificada, Rosales venía del Partido Acción Democrática, del cual se automarginó para montar el suyo propio, que bautizó como "Nuevo Tiempo", cuando se eligió por primera vez como gobernador.

La idea llegó a sus publicistas, extraída del mensaje central que habíamos definido para su campaña a gobernador del Estado. Y si bien tuvo un gran apoyo en el Zulia, muchos a nivel nacional desconfiaban de este candidato, que tenía una tradición completamente "adeca", es decir, propia de los líderes que representaban esa política tradicional del pasado, que, para muchos, era ya un modelo fracasado. Chávez obtuvo el 62 por ciento de los votos en esa elección, mientras que Manuel Rosales mantuvo el índice obtenido por Arias Cárdenas en el año 2000, sacando el 37 por ciento de los votos.

En un espíritu de profundización de su revolución socialista, el presidente Hugo Chávez presentó a la Asamblea Nacional una propuesta de reforma de varios artículos de la Constitución de 1999. Sin embargo, sufrió allí su única derrota electoral cuando quiso que dicha modificación, que fue ampliada y aprobada por la Asamblea y sancionada por el Ejecutivo, fuese también ratificada en un referendo, tal y como lo establecía la propia Constitución. Los venezolanos, movilizados por la oposición, se manifestaron en contra en las urnas, el 2 de diciembre de 2007, ganando la partida al gobierno por estrecho margen, 51,01 por ciento por el NO contra 50,65 por ciento por el SÍ, lo que obligó a Chávez a salir a regañadientes a reconocer que la oposición había tenido, como él mismo la bautizó: una "victoria pírrica", después de una dura negociación con las fuerzas políticas contrarias que tenían cómo demostrarle que la diferencia había sido mayor. A pesar de la derrota, Chávez impuso autocráticamente uno por uno los artículos negados por el constituyente primario en los años posteriores.

En el 2008, en los llamados comicios regionales, donde se elegirían autoridades estatales y municipales, el PSUV, - nuevo partido de gobierno -, conquistó la mayoría de los más de 600 cargos de elección popular, pese a que la oposición, desde los resultados del referendo del año anterior, se venía fortaleciendo nuevamente. De hecho, los opositores al gobierno ganaron importantes gobernaciones, tales como Miranda, Carabobo, Zulia y Táchira, y alcaldías emblemáticas como las de Caracas, Valencia y Maracaibo, aunque al final esta última terminó pasándose al lado del chavismo.

En 2009, el oficialismo vuelve a las urnas para refrendar una enmienda constitucional mediante la cual proponía eliminar los límites impuestos a la reelección, previendo por supuesto que, en 2012, Chávez intentaría buscar, como evidentemente lo hizo, su reelección presidencial. El resultado favorece de nuevo al comandante, obteniendo cerca del 55 por ciento de los votos emitidos. Chávez regresaba de nuevo a la dinámica de ganar las elecciones, que lo acompañó durante años.

No obstante, de cara a las elecciones legislativas de 2010, el presidente Hugo Chávez entendió que la fuerza contraria de oposición venía creciendo y que, si quería mantener el concepto de que la oposición no gana elecciones, sino que los gobiernos las pierden, no podía limitar su capacidad política a lo que podía suceder en las urnas. Fue entonces cuando, haciendo uso de su influencia sobre los demás poderes del estado, consiguió que se corrigiera la representatividad que había que tener según la densidad poblacional de cada lugar. De esta manera, pese a que la oposición obtuvo en esos comicios la mayoría porcentual, el oficialismo consiguió tener más escaños en la Asamblea Nacional que se eligió hasta el 2016.

En 2012, Chávez libró su lucha electoral más dura contra una oposición unificada en torno a la figura fresca y juvenil de Henrique Capriles. La oposición había celebrado unas elecciones primarias históricas, donde se eligió al entonces gobernador del estado de Miranda como único candidato para competir por la presidencia contra el comandante Chávez. Pese al entusiasmo que generó entre las filas opositoras la salida de Capriles a la calle para recorrer el país entero, algo que Chávez - ya diagnosticado con el cáncer que finalmente lo llevó a la tumba - no podía hacer con la misma intensidad, el presidente ganó en octubre de 2012, por una diferencia de cerca de 11 puntos porcentuales.

La convicción chavista de que los comicios no se pierden cuando se está en el poder fue tal que, aun habiendo fallecido, logró imponer a un sucesor, e incluso su liderazgo sirvió para conseguir los votos que necesitaba el oficialismo para competir en las elecciones de febrero de 2013, donde la gente votó más por mantener el legado del comandante muerto, que por Nicolás Maduro. En el momento de redactar este artículo, diez años después, Nicolás Maduro se mantiene aún en el poder.

En la República Dominicana con el actual presidente Luis Abinader, desarrollamos una estrategia que permitió ganar las elecciones presidenciales del 2020 en la primera ronda. Se logró persuadiendo al pueblo, cansado de 16 años de gobiernos del PLD, con una esperanza de cambio. Debe reconocerse que la corrupción, la arrogancia y los errores de un partido gubernamental agotado contribuyeron significativamente a la estrategia de cambio propuesta.

Lo propio le había ocurrido a Hipólito Mejía en 2004, cuando decidió ir por la reelección, ya que, dos años antes, utilizando la mayoría que tenía en el Congreso, reformó Constitución con ese único propósito. No obstante, los coletazos de la crisis generada por la quiebra de Baninter, la institución bancaria más grande de su época, y los desaciertos de los dos últimos años de su Gobierno, facilitaron que la oposición con Leonel Fernández a la cabeza ganara la elección presidencial de 2004.

En América Latina, no obstante, hay una excepción a la regla, Guatemala. En dicho país centroamericano los candidatos del gobierno siempre pierden las elecciones, e incluso no suelen ni siquiera entrar en la segunda vuelta electoral, sino que quedan terceros o cuartos en cada contienda. Solamente en la elección para reemplazar a Álvaro Arzú, el candidato de su partido, Óscar Berger, llegó a segunda vuelta, pero en su primer intento por conseguirlo cuatro años antes, perdió.

Si analizamos los setenta y un años consecutivos del PR en el poder en México; la fuerza electoral del peronismo en Argentina; los veinte años consecutivos de los gobiernos da Arena en El Salvador y luego en los del FMLN en el mismo país; en las reelecciones de Alberto Fujimori en Perú y de Rafael Correa en Ecuador; en las reelecciones de Lula y Rousseff en Brasil, Menem y los Kirchner en Argentina, Uribe y Santos en Colombia, Evo Morales en Bolivia, Balaguer, Leonel Fernández y Danilo Medina en la República Dominicana, podemos ratificar que "la oposición no gana las elecciones, sino que los gobiernos las pierden" porque es más que evidente que las ventajas con que se cuenta son mayores para quien ostenta el poder que para quien se encuentra en oposición.

En los Estados Unidos el presidente Donald Trump, a quien todos percibían en 2019 como el seguro ganador de la contienda presidencial de 2020, cometió todos los errores habidos y por haber en la pandemia, que impidieron que se reeligiera como presidente para un segundo período constitucional, muy a pesar de las cosas buenas que, en términos económicos, - lo único que importa a los americanos -, acontecían.

Recordemos que Estados Unidos es el primer país del mundo en superar el millón de muertes por causa del coronavirus y si bien no todos los fallecimientos ocurrieron bajo su mandato, lo cierto es que su decisión de ignorar el COVID como una pandemia grave y asegurar que se trataba tan solo de una gripe, minó su credibilidad durante la campaña. en estadísticas recientes publicadas.

El propio Trump fue hospitalizado al hacerse con el virus. La preocupación era evidente entre sus personas más cercanas por su obesidad y se le dieron todos los tratamientos conocidos. Sin embargo, a los tres días, rompiendo todos los protocolos, regresó a trabajar a la Casa Blanca y dio una declaración donde apareció más rojo que nunca en su rostro y con notorias dificultades para respirar, minimizando así por completo la gravedad de coronavirus. Jamás podremos olvidar al presidente de los Estados Unidos, sugerir a los científicos, la posibilidad de inyectar desinfectante a los pacientes.

Es verdad que, bajo la presidencia de Donald Trump, la subida de las acciones en la bolsa de Nueva York se disparó al alza, como nunca, pero los contagios y muertes subieron a la par, y decenas de miles de negocios de pequeños y medianos cerraron sus puertas, algunos para siempre. ¿Fue culpa de Trump? Seguramente no, pero la percepción es que no lo hizo bien, razón por la cual la cantidad histórica de 74.223.251 de votos obtenidos por el mandatario republicano, no le fueron suficientes para reelegirse, con lo cual quedó demostrado una vez más, que la oposición no gana elecciones, sino que los gobiernos las pierden.

Llene los espacios cuando están vacíos.

La mejor manera de acercarse a una elección y ganar es salir de nuestras cabezas ese terrible hábito que tenemos los latinoamericanos: "podemos dejar todo hasta el final".

La gran mayoría de los políticos de nuestra región suelen esperan hasta el final para tomar la decisión de presentarse o no a una elección, pese a que es muy probable que lograr alcanzar el poder haya sido un sueño de toda su vida.

Es cierto que muchas veces la estrategia recomienda anunciarse a última hora y recoger el favor de los indecisos, como le sucedió a Andrés Pastrana en Colombia con ocasión de su segunda campaña contra Horacio Serpa. Sin embargo, esto no nos impide estar listos para el momento adecuado y para ello debemos prepararnos con bastante antelación.

Desafortunadamente, dejarlo todo hasta el final es un hábito que no podemos quitarnos de encima. Por eso, cuando queremos asistir a un concierto o a un evento deportivo, los latinoamericanos no logramos hacerlo simplemente porque llegamos, cuando ya se han agotado las entradas en la taquilla.

En cosas más mundanas, como cuando salimos de compras, muchas veces no conseguimos los artículos deseados simplemente porque en lugar de acudir a comprarlos cuando estos salen al mercado, vamos en su búsqueda cuando ya no quedan tallas suficientes. Lo mismo le ocurre a la mayoría de nuestros políticos. Suelen dejar todo para el final, cuando las cosas son mucho más difíciles de conseguir. Por lo general esperan hasta el mismo día en que se cierran las inscripciones, según las reglas que en cada país establecen las autoridades electorales, y muchas veces esto no ocurre porque esté planeado así por conveniencia estratégica, sino porque se dejaron llevar por el día a día que termina por conducirlos hasta el momento más crítico.

En cosas más mundanas, como cuando salimos de compras, muchas veces no conseguimos los artículos deseados simplemente porque en lugar de acudir a comprarlos cuando estos salen al mercado, vamos en su búsqueda cuando ya no quedan tallas suficientes. Esto es válido para la mayoría de nuestros políticos. Usualmente dejan todo hasta el final, cuando las cosas son mucho más difíciles de conseguir. Por lo general esperan hasta el mismo día en que se cierran las inscripciones, según las reglas que en cada país establecen las autoridades electorales, y muchas veces esto no ocurre porque esté planeado así por conveniencia estratégica, sino porque se dejaron llevar por el día a día que termina por conducirlos hasta el momento más crítico.

Como consultor, he tenido que ver las campañas presidenciales que no habían pensado en la recaudación de fondos hasta que el candidato ya se había inscrito para participar en el concurso.

Recuerdo casi con angustia, el compromiso que adquirimos con uno de los grupos económicos más importantes de Bolivia cuando fuimos invitados a asesorar la campaña del exalcalde de la ciudad de Santa Cruz de la Sierra, Percy Fernández, pues el día en que recibimos la primera convocatoria estábamos exactamente a un mes y doce días de la elección que nos invitaban a asesorar.

Percy había sido alcalde de la ciudad por dos períodos consecutivos, cuando se inició la transformación de la ciudad. Sin embargo, llevaba ya dos períodos por fuera del cargo y el incumbente, curiosamente del mismo apellido, Fernández, tenía buena imagen y más de diez puntos porcentuales por encima, en la intención de voto.

Santa Cruz es la ciudad más productora y rica de Bolivia. De hecho, recibe aún hoy, una importante migración de gentes venidas del Occidente andino boliviano en busca de oportunidades que no encuentran en sus departamentos.

En la época de esas elecciones, la atmósfera política estaba muy enrarecida. Los bolivianos estaban cansados de un sistema de partidos políticos que había fracasado y buscaban un cambio en la forma de gobernar el país, lo que permitió la llegada del movimiento al socialismo, MAS, y su candidato, Evo Morales, a la presidencia.

El deterioro de los partidos políticos era evidente y los ciudadanos miraban más hacia las personas y las propuestas, sobre todo si estas eran de cambio en el momento de la votación.

Esto no favorecía mucho a nuestro candidato, que era un hombre mayor y tozudo, perteneciente al grupo - al menos así se le etiquetaba -, del presidente Gonzalo Sánchez de Lozada, "Goni", quien, a pesar de haber sido un buen gobernante, tuvo que abandonar el poder y también el país, dejando tras de sí, la percepción de mal presidente entre los bolivianos. Como si fuera poco, Percy tenía pésimas relaciones con la prensa, por cuenta de un lamentable episodio en el que se molestó por alguna pregunta impertinente que algún periodista le hizo en el pasado, y se lanzó contra el reportero para golpearlo con el micrófono con el que era entrevistado.

Aceptar asesorar esta campaña con tan poco tiempo restante, más que un desafío, era quizás irresponsabilidad. Pero lo hicimos porque nunca habíamos trabajado en Bolivia y las elecciones como esta siempre generan un desafío.

La estrategia de choque planteada funcionó y Percy Fernández se convirtió de nuevo en el alcalde de Santa Cruz de la Sierra, al ser ratificado por el Concejo de la ciudad, después de salir primero en el escrutinio, el día de la elección. No fue para nada fácil, ni para él ni para nosotros como consultores, precisamente porque la decisión de llamarnos era tardía, principalmente a la hora de querer fortalecer una estructura política, que prácticamente no existía, y porque mediáticamente, tuvimos que disfrazarla bajo el nombre de Frente Amplio, un grupo de apoyo que se contradecía con su propio nombre, ya que contaba tan solo con el apoyo del yerno del candidato, un exitoso banquero perteneciente a una importante familia cruceña sus dos hermanos, y un par de docenas de personas que lo habían acompañado en el pasado cuando ejerció como alcalde.

Los estrategas políticos sabemos que en la mayoría de las campañas quien toma la delantera tiene las de ganar, pues es quien al final define una estrategia de primero, ya que, de esta manera, entendemos antes que los demás las debilidades y fortalezas de todos los contendores. Cuando se cuenta con el tiempo se puede negociar y construir alianzas que fortalezcan los endosos políticos, el candidato puede anticiparse en la consecución de recursos y tanto candidato como los voceros de campaña tienen tiempo de preparar su comunicación,

Desafortunadamente, no siempre logramos convencer a nuestros clientes de comenzar a trabajar con la suficiente antelación, así la decisión estratégica sea presentarse último, como hemos dicho, en ocasiones ocurre. Además, partiendo de la premisa sobre la cual tanto hemos insistido en este libro de que el mejor sinónimo de campaña es "caos", anticiparse en el tiempo a trabajar en la organización y en tenerlo todo listo, facilita encauzar las cosas para que en caos termine como lo sugiere la teoría que lo define, generando un clima de estabilidad.

De hecho, para que una campaña funcione adecuadamente, es altamente recomendable permitir que en la misma todos se expresen con suficiente antelación acerca de lo que creen que hay que hacer, para que cuando se les asignen funciones específicas y se entre en modo campaña, - que sin duda es más autocrático que democrático -, todos ya hayan opinado y se puedan dedicar a cumplir con las responsabilidades que los son asignadas sin meter las narices en las de sus vecinos.

Llenar los espacios cuando estos aún están vacíos permite, además, construir una relación con los periodistas y los medios mucho más auténtica y confiable que cuando solo los buscamos para que nos ayuden en el momento en que la campaña lo necesita, que es cuando todos les piden lo mismo. Incluso deja suficiente tiempo para neutralizar a aquellos que no nos gustan y cambiar sus percepciones, ya que tenemos el tiempo para convencerlos de que sean la mejor opción.

Un ejemplo interesante de analizar sobre candidatos que llenaron los espacios cuando estos estaban aún vacíos son las campañas de Vicente Fox en 2000, Enrique Peña Nieto en 2012, ambas en México y de Luis Abinader en República Dominicana en el 2020, ya que pudo transitar sin competencia mientras que en el PLD se mataban entre Danilo Medina y Leonel Fernández.

Todos ellos comprendieron desde el primer momento que, si querían alcanzar la presidencia de su país, tenían que canalizar su destino desde muy pronto.

Cada uno lo hizo a su modo, pero todos consiguieron el mismo resultado. Veamos un poco cómo lo hicieron: en México, un país donde las formas muestran por qué son el país de la institucionalidad política, los que deciden quién es el candidato presidencial y cuándo debe comenzar, son los comités políticos de los partidos. Fox y Peña Nieto, dos políticos de dos partidos institucionales, prácticamente obligaron ellos a sus organizaciones políticas a escogerlos como candidatos.

Todos ellos comprendieron desde el primer momento que, si querían alcanzar la presidencia de su país, tenían que canalizar su destino desde muy temprano.

Vicente Fox, gobernador de Guanajuato, un Estado emblemático, pero políticamente poco influyente en el contexto nacional, se hizo a la tarea de convencer a los ciudadanos de todo el país acerca de la necesidad de buscar un cambio en un momento en que la gente buscaba sacar al PRI del poder, después de más de setenta años consecutivos gobernando. No fue fácil para Fox ganarle la partida a la cúpula de los poderosos e intocables de su partido el PAN, un grupo conservador y desconectado de lo que quería la gente. Sin embargo, Fox terminó obligando a quienes miraban más hacia la figura de Don Diego Fernández de Ceballos a tener que apoyarlo mejor a él como candidato presidencial. Para ello se anticipó a los tiempos de las decisiones y, aun siendo gobernador, inició una campaña publicitaria nacional que terminó por convertirlo en el símbolo del cambio que buscaban los mexicanos, lo que profundizó sacándose de encima su hábito hasta entonces tradicional y acartonado, para convertirse en un charro mexicano moderno.

Por otra parte, Enrique Peña Nieto dio una buena lección sobre cómo llenar los espacios cuando seguían vacíos. Siendo a un gobernador del Estado de México, una entidad de gran importancia en el contexto político y económico nacional, se inmiscuyó de una manera directa en las elecciones que para elegir gobernadores los años previos a la elección presidencial de 2012, se dieron en varios estados del país, lo que le permitió convertir a los ganadores en importantes aliados para su elección. Para ello, se alió con la cadena de televisión más importante de México, Televisa, la cual le ayudó a convertir su figura en "un héroe con una historia" que, llegada la hora de contarla, despertó atención y emociones entre ciudadanos y electores.

No obstante, su acción no se limitó a lo anteriormente descrito. Poco a poco, Peña Nieto fue tejiendo una red política por todo el territorio nacional que se convirtió en una militancia entrenada a la hora de tener que salir a motivar a los electores a su favor.

Así las cosas, ni aún el hecho de que la clase dirigente e informada de México y del propio PRI percibiera al entonces senador Manlio Fabio Beltrones como un estadista mucho mejor preparado y formado que Peña, para dirigir los destinos del país, impidió que Peña terminara saliéndose con la suya y quedándose con la candidatura para luego ganar la presidencia. La decisión de entrar en la contienda interna de parte de Beltrones fue tardía y demasiado racional, mientras que Peña Nieto había ya logrado desde hacía tiempo enamorar al electorado desde una perspectiva totalmente emocional.

Luís Abinader, quien ya había sido en 2012 candidato a vicepresidente con Hipólito Mejía, se presentó como candidato a la presidencia en 2016 y, para 2020 lanzó su campaña con más de dos años de antelación. Esto le permitió ir creciendo paulatinamente y de manera sólida.

Hay otros candidatos que a pesar de entrar bien ubicados y a tiempo en la contienda, se descolocan en el camino y pierden la oportunidad de llegar al poder. Eso es exactamente lo que le pasó a Sergio Fajardo en las elecciones presidenciales del 2018 en Colombia.

Fajardo no solo había sido un destacado alcalde de su ciudad Medellín, - la segunda ciudad de Colombia después de la capital y la primera si se quiere en términos de desarrollo económico e industrial del país y en materia de civismo -, sino que posteriormente, como gobernador del departamento de Antioquia, había reafirmado sus dotes de buen gobernante.

Desde 2016, este matemático sobresaliente, experto más en lógica matemática que en números, había comenzado a emerger como una de las opciones presidenciales con mayores posibilidades. De hecho, durante meses lideró la intención de voto en las encuestas serias que se publicaban en el país, y así como muchos creyeron que Germán Vargas Lleras sería el siguiente presidente, quienes estaban cansados de la polarización política, veían en Fajardo la opción de centro que el país necesitaba. Nos reunimos en varias ocasiones con Fajardo en su casa de Rionegro y aun cuando nunca llegamos a un acuerdo económico que nos permitiera asesorarlo en su campaña, le hicimos algunas recomendaciones: la primera, no mostrarse estratégicamente como un candidato de izquierda, sino permanecer a toda costa como un candidato de centro, ya que la izquierda sería colonizada por Gustavo Petro, como de hecho ocurrió.

Fajardo, sin embargo, coherente con sus ideas progresistas, decidió hacer campaña acompañado siempre por el senador Jorge Robledo, hombre proveniente del movimiento de Izquierda Revolucionaria MOIR, quien más allá de ser respetado por la sociedad entera por ser quien tenía la mayor capacidad de ejercer control político desde el Senado, era para muchos, un digno representante de la izquierda colombiana. Y como si esto no fuese suficiente, Fajardo desechó nuestra recomendación de escoger a Patricia Janiot - quien acababa de salir de CNN en español -, como candidata a vicepresidente, y prefirió ir con Claudia López en su fórmula, lo cual de poco o nada le sirvió para superar la mayor dificultad que tenía su campaña que era la relación con los medios de comunicación. Además, al presentarse no como el candidato de centro, sino como otro candidato progresista, se vio en la obligación de competir con Gustavo Petro, un espacio ideológico en el cual, Petro lo superaba ampliamente.

Sergio Fajardo se salió de la ruta que lo hubiese llevado a la presidencia de la República de Colombia en 2018. Perdió la oportunidad que tenía de haber pasado a la segunda vuelta electoral para competir allí contra Iván Duque, el candidato que a la postre ganó, no por ser el mejor, sino porque quienes votaron por él lo hicieron para que no ganara Gustavo Petro. Así como los que votaron por Petro lo hicieron para que no ganara el candidato de Álvaro Uribe, a quien ya comenzaba su desgaste natural. Luego de cara a las elecciones presidenciales de 2022, Sergio Fajardo, luchando como candidato de la llamada "coalición de la esperanza", se desdibujó por completo y no supo cómo recuperar la ruta que casi lo lleva a la segunda vuelta en 2018.

En Ecuador, el presidente, Guillermo Lasso, tomó la decisión de presentarse mucho antes de decidir ser candidato por primera vez. Lasso, durante más de una década decidió apoyar los estudios de un grupo de jóvenes inteligentes, que posteriormente serían sus funcionarios más cercanos, en las mejores universidades del mundo. Siendo autodidacta, pues no tuvo la oportunidad de estudiar una carrera profesional, ya que siendo el menor de una familia de once hermanos tuvo que salir a trabajar desde muy temprana edad, sabía que tenía que contar con el apoyo de un grupo cercano y leal de personas que, una vez en el poder, tuvieran el suficiente conocimiento para implementar políticas públicas acordes con su pensamiento ideológico y visión, que le ayudaran a transformar la sociedad.

Lasso, además, entendió que no iba a alcanzar el poder desde el primer momento que se presentara como candidato y como buen planificador y administrador que ha demostrado ser, a lo largo de su vida, manejó con habilidad los tiempos y recursos que le permitieron llegar a la presidencia en 2021.

Nosotros que sus asesores en tres ocasiones, cada vez que él lo consideró pertinente, y que con el tiempo hemos construido una amistad con él y su familia, somos testigos del acierto, de sus decisiones y de su capacidad para construir la ruta hacia el poder, desde el primer momento. Es lamentable que no haya sabido como permanecer en él, y se haya visto obligado a aplicar la "muerte cruzada" - una figura de la Constitución correísta -, antes de cumplir la mitad de su mandato.

Sea como fuere, nada resulta tan beneficioso para una candidatura como tomar la decisión de competir con la mayor antelación posible, lo que no significa para nada tener que anunciar que se es candidato antes de que hacerlo resulte estratégicamente conveniente, ni que hacerlo asegure el triunfo.

Se trata simplemente de preparar el terreno con tiempo para que, a la hora de participar, se haya conseguido una ventaja competitiva considerable frente a aquellos candidatos que toman una decisión tardía.

Y es que, como afirmaba Sun Tzu en su libro *"El Arte de la Guerra"*, a veces las batallas se ganan cuando ocupamos el campo de batalla antes de que esta inicie.

El contacto directo puede ser digital.

¿Cómo podemos negar el poder de la televisión y la radio? Son medios electromagnéticos, a través de los cuales los candidatos consiguieron, durante décadas, contactar, persuadir y motivar a ciudadanos y electores a votar por ellos.

Sin embargo, hasta la fecha - y esto es algo que se puede comprobar elección tras elección -, nada absolutamente nada, ni aún el poder innegable de los medios audiovisuales, ha logrado superar el contacto directo de un político con sus conciudadanos.

Darse la mano uno por uno de los electores y mirarlos a los ojos no solo genera cercanía, sino que incluso produce una relación emocional. Es la mejor manera de generar empatía, confianza y compromiso entre el candidato y el elector. De hecho, no se ha inventado aún ningún mecanismo más efectivo que el contacto directo, para que un candidato pueda neutralizar a sus críticos o detractores, que ir a enfrentarlos personalmente para escucharlos, discutir posiciones hasta llegar a un nivel de entendimiento con ellos, respetando mutuamente las diferencias que existen en sus puntos de vista.

Hasta las disputas más arraigadas que se dan entre los líderes políticos y los pueblos, sean estas ocasionadas por diferencias políticas, ideológicas o religiosas, se pueden resolver mediante el ejercicio poderoso del contacto directo y el diálogo. Como decía el periodista Camilo Egaña todas las noches en su programa de entrevistas en CNN en español: "Conversando se entiende la gente, aunque a veces cueste".

Del mismo modo, los electores prefieren que quienes reclaman su voto les den la cara, y a la mayoría de las personas les molesta, sobremanera, que los políticos rehúyan al contacto directo con los ciudadanos, ya que son estos quienes los eligen. La menor indiferencia o percepción de alienación entre un líder y sus seguidores conduce a fugitivos que pueden ser muy costosos.

Cuando un político camina un barrio, cuando brinda su mano para saludar amable y espontáneamente, cuando se detiene a escuchar una solicitud, una queja o un reclamo; cuando abraza a los hijos pequeños de unos vecinos; cuando conversa con los habitantes de una comunidad; cuando acaricia con afecto a un abuelo y ayuda a una anciana a cruzar la calle, el efecto positivo que se produce es total y los resultados obtenidos son óptimos, entre quienes tienen la oportunidad de vivirlo en carne propia, o incluso, apreciarlo de cerca.

Para los ciudadanos, el efecto que produce tener contacto directo con su líder se asemeja al de tener una aparición inesperada, casi mágica de una figura que resulta hasta enigmática e idealizada para ellos. Es como si un aura especial apareciera rodeando a un líder en el momento mismo en que este llega a un lugar para compartir en forma directa con la gente que sale en su búsqueda. Y cuando el contacto es de cercanía y el ciudadano tiene la oportunidad de dirigirse a ellos o ellas, en forma directa y sin intermediarios, el efecto es aún mayor.

Recuerdo muchas ocasiones en las que políticos tímidos o lejanos no solo lograron transformar la manera como eran percibidos por ciudadanos que los veían distantes, sino que ellos mismos se transformaron y consiguieron despojarse de su timidez, sus limitaciones y temores en el contacto personal con las personas.

En la campaña presidencial de 1990 en Colombia, César Gaviria dejaba a un lado esa timidez que lo caracterizó siempre y que lo hizo ver hasta prepotente, para convertirse en un político de calle, lo que lo ayudó a conseguir el favor de los electores, más allá de que la verdadera razón de su éxito esté ligada a haber sido quien tuvo la suerte de reemplazar a Luis Carlos Galán como candidato, después de que este fue asesinado en un mitin.

Nadie como Alfonso Portillo, en Guatemala o Hipólito Mejía, de República Dominicana, para ganarse el favor de los electores a través del contacto directo, algo que el primero jamás logró con los líderes empresariales y dueños del poder, de quienes jamás consiguió tener su favor. Portillo era un populista consumado que estaba dispuesto a hacer anuncios o medidas incluso irresponsables pero efectivas a la hora de buscar el apoyo de las masas.

La actitud humilde y relajada del hoy expresidente José Mujica, quien vivía y lo sigue haciendo como un ciudadano del común, incluso pobre, le ha valido como a ningún otro para convertirse en el presidente más cercano y admirado por su pueblo y por cientos de miles de latinoamericanos que lo ven como un hombre sencillo, sincero y auténtico, alejado de cualquier parafernalia protocolaria propia del cargo que ostentó.

A Danilo Medina le sirvió, para su popularidad sacarse de encima el acartonamiento que lo persiguió durante años y que era propio de su timidez y carácter desconfiado, y acercarse a las personas del común cada fin de semana, visitando comunidades pobres a lo largo y ancho de su país, en una estrategia de comunicación efectista que ciertamente no produjo los resultados positivos prometidos, pero le sirvieron para acercarlo a la gente como fueron las llamadas "visitas sorpresa".

Hugo Chávez fue un maestro del contacto directo con su pueblo, al punto tal que le sirvió para esconder el desastre económico en el que dejó a Venezuela después de su muerte, la cual fue llorada por cientos de miles que lo siguen venerando como si se tratara de un santo.

A Luis Abinader, que comenzó a percibirse como un candidato "popi" distante y algo rígido, los conversatorios con los que lanzamos su campaña que denominamos "Unidos por el Cambio", al igual que las caravanas masivas, y su decisión de cambiar la tradición de los presidentes que se escondían y solo se comunicaban en ocasiones, por un presidente que prefiere estar en la calle antes que permanecer encerrado en su despacho, compartiendo con los ciudadanos, lo ha convertido en el presidente más cercano y empático que ha tenido hasta ahora la República Dominicana.

Sin embargo, cada día, se hace más difícil para cualquier líder, desarrollar una campaña política en la que pueda acercarse en forma personal a sus electores para estrechar sus manos o escuchar directamente sus demandas. Son muchas las limitaciones hoy en día. En primer lugar, nuestros países y ciudades se han vuelto cada vez más poblados, como región en la que el fenómeno de la urbanización avanza con rapidez. Con contadas excepciones, como la de Guatemala, los habitantes tienden a irse del campo a la ciudad y la tasa de pobladores urbanos oscila hoy entre el setenta y el ochenta por ciento.

Pero, además, no podemos olvidar que América Latina es la región más violenta e insegura del mundo, lo que obliga a candidatos y gobernantes a tener cada vez mayor precaución a la hora de salir a las calles, y, por ende, a tener menos contacto con los ciudadanos en aras de proteger su propia integridad. Ha habido muchos ataques en años recientes en países latinoamericanos, donde varios candidatos han perdido la vida.

En Colombia, donde se registra el récord, varios candidatos presidenciales han sido asesinados por criminales en medio de sus procesos electorales. Le ocurrió a Jorge Eliécer Gaitán en el año 48, a Jaime Pardo Leal y a Luis Carlos Galán en los ochenta y a José Antequera, Bernardo Jaramillo Ossa, Carlos Pizarro León-Gómez y Manuel Cepeda en los años noventa.

México no se queda atrás en términos de inseguridad. Después del asesinato de Luis Donaldo Colosio, que, al parecer tuvo un tinte político, los atentados contra candidatos a gobernadores y presidentes municipales o alcaldes, se han vuelto recurrentes en los últimos años. Desde las elecciones de 2013 se vienen dando noticias en cada elección del asesinato de candidatos a alcaldes en más 15 de los 31 estados de la República Mexicana.

Recientemente, contra la vicepresidente argentina Cristina Fernández de Kirchner se produjo un intento de asesinato donde un arma Bersa de calibre 32 en medio de una multitud que la recibí en su casa, se acercó hasta su cara y gatillo. Sin embargo, como se comprobó en la investigación, si bien el arma tenía cinco balas, la recámara que disparó contra la expresidente, estaba vacía.

Frente a esta terrible realidad, la tecnología y su desarrollo brindan hoy herramientas innovadoras, creativas y hasta empáticas que permiten acercar la distancia entre el candidato y los ciudadanos, que incluso, no se encuentran en un mismo sitio.

El contacto directo digital, que nació en los Estados Unidos proliferó en la primera campaña de Barack Obama, y cada día se convierte en una realidad mayor en nuestra región, tiene una expansión acelerada. Ya la televisión lo había conseguido cuando apareció en los años cincuenta. Pero no como la tecnología digital que ahora permite hacerlo en tiempo real.

Lo curioso de todo esto es que el uso de mecanismos digitales y de redes sociales que terminó conectando en forma directa al candidato Barack Obama con ciudadanos y electores en la campaña presidencial de los Estados Unidos en 2008, con un impacto que, la verdad, nunca se había logrado, estuvo pensado inicialmente más con fines de recaudación de fondos, que con el de conectar al candidato con los votantes.

La efectividad conseguida fue de tal magnitud que, no solo se logró una recaudación de recursos en cifras menores a veinte dólares nunca antes vista, sino que fue a través de los mecanismos desarrollados gracias a los avances tecnológicos y al desarrollo de redes sociales como apareció la conversación entre líderes y personas, que terminó por encontrar nuevos mecanismos de conexión directa entre uno y otros, uniendo incluso a quienes no tenían oportunidad o derecho a votar por vivir fuera de sus países de origen, haciendo que también ellos se sintieran involucrados en un nuevo sistema de conversación que permitió, que ellos también, terminaran desde lejos influyendo sobre familiares y amigos que sí podían ejercer su voto.

Hoy gracias a redes sociales como Facebook, Instagram y Twitter, por nombrar solo algunos desarrollos que facilitaron la conversación entre líderes y electores, un candidato puede conectarse atractiva y directamente con sus seguidores y hacerlos sentir como si en realidad hubiesen tenido la oportunidad de estar juntos, hablar con él y compartir con él o ella, mediante la colocación de mensajes personalizados, fotografías, vídeos y otros mecanismos que los acercan más y más a la gente.

Un ciudadano común no solo tiene acceso hoy a la página web de un candidato para informarse, sino que tiene el derecho a opinar, a compartir e incluso a interactuar, con sus propias ideas, en la campaña del candidato o candidata de su preferencia.

Pensemos sobre la posibilidad que tenemos hoy de hacer nuestra propia página e imbuirla dentro del web-site de un candidato. Podemos desarrollar allí -hasta donde nuestra imaginación nos lo permite- contenido escrito, visual o audiovisual que no solo recibe el comentario del propio candidato y su campaña, sino que podemos compartir con nuestros propios contactos, a quienes podemos invitar a participar, así como con los miles y miles que tendrán la oportunidad de verlo, comentarlo y seguirlo, si nuestro contenido resulta relevante.

Pero más allá de esto, hoy existen mecanismos como el de los teléfonos o video foros, a través de los cuales un candidato puede interactuar al mismo tiempo con decenas de miles de personas que lo escuchan de viva voz, le hacen preguntas, a la vez que mediante un software e inteligencia artificial, se responden sus inquietudes en forma directa y automatizada, al mismo tiempo que quienes se conectan sienten, que están conversando directamente con su líder. Pueden incluso verlo si es que se conectan al tiempo que hablan y escuchan por el teléfono a Facebook o a un canal de YouTube y al final de dichas charlas, que puede tener duración de hasta de veinte minutos consecutivos con cincuenta o cien mil personas conectadas, los participantes reciben un mensaje personalizado del candidato agradeciéndoles e invitándolos a estar atentos para una siguiente reunión.

La tecnología ha puesto al servicio de la gente no solo la capacidad de interactuar, sino que nos ha brindado la posibilidad de expresarnos sobre lo que deseamos, anhelamos y demandamos de nuestros líderes, algo que anteriormente solo podíamos hacer cuando le enviábamos un mensaje de correo, sin tener la certeza de si este llegase. Cuando le enviábamos alguna razón al candidato o al gobernante, con el líder político de nuestro barrio o distrito electoral, nos quedaba siempre la duda de si verdaderamente el destinatario lo recibiría o, cuando acudíamos a un evento en el que lo veíamos a varios metros de distancia para escucharlo, en el mejor de los casos, podíamos tener la suerte de que en su paso entrando o saliendo del evento, el líder nos estrechara la mano y escuchara de nosotros, a lo sumo, un saludo de solo segundos de duración.

En los años venideros, muy seguramente los interesados en mantener el poder del contacto directo entre candidatos y electores, entre gobernantes y gobernados, acudirán a nuevos software y mecanismos de inteligencia artificial, cada vez más sofisticados, que permitan acercar más a candidatos o gobernantes con ciudadanos y electores. Queda por ver si a través de estos sistemas tecnológicos también seremos capaces de generar emociones, que es donde se encuentra el verdadero secreto del contacto directo.

Lo cierto es que, si bien nada reemplaza en la política el contacto directo, este será cada día menos presencial y más digital, con lo cual las distancias entre líderes y electores, entre gobernantes y gobernados, serán más cortas.

27

La política es la expresión
democrática de la guerra.

Si bien es cierto que cuando hablamos de campañas electorales estamos hablando del desarrollo de una competencia entre organizaciones democráticas, como son los partidos políticos, y entre personas civilizadas y formadas dentro del marco del respeto por las ideas, como son los candidatos que compiten por alcanzar el poder, las campañas políticas son contiendas cada vez más duras, porque en ellas quienes participan, se juegan el todo por el todo en la búsqueda del poder.

Por eso, en ocasiones y cada vez más frecuentes, las campañas se transforman en verdaderas batallas campales en las que, al parecer, hoy todo está permitido.

Lo peor de todo es que desde que existen las campañas negativas o de contraste, como parte esencial de la estrategia de marketing electoral, -principalmente en la región latinoamericana, donde la violencia es pan de cada día-atacar al contrario hasta destruirlo, ha traído un nuevo morbo que ha terminado por convertirse en la parte más emocionante de un juego político, del que todos quieren hacer parte.

Según nuestra experiencia, atacar por atacar indiscriminadamente no funciona y más bien, los ataques dirigidos a los contrarios deben hacerse donde verdaderamente les duele, que no es otro lugar distinto que aquel donde se produce un daño que puede llegar a ser irreparable.

En la reciente elección presidencial de Costa Rica en 2022, Lineth Saborío, de la Unidad Social Cristina suficientemente reconocida por haber sido vicepresidente de la República, era la candidata en competencia con la mejor imagen y la tasa más baja de rechazo, lo que la colocaba en las encuestas como la segura ganadora para pasar a la segunda vuelta y una vez allí derrotar al expresidente José María Figueres, poseedor además de una alta tasa de rechazo. Los errores cometidos, sin embargo, por la candidata Saborío en los debates presidenciales, develaron su falta de preparación y su incapacidad en brindar respuestas coherentes a las preguntas que se le hacían, lo que no solo la descolocó ante el electorado, sino que se convirtió en "bocato di cardinale" para sus contendores, cuyos equipos digitales se encargaron de destruirla. Lineth Saborío, que pudo haber sido el presidente de Costa Rica, cayó precipitadamente y el día de la primera vuelta terminó en quinto lugar.

Lo propio le ocurrió a Figueres en la segunda vuelta en la que un candidato populista y polarizador como Rodrigo Chaves, logró convertirse en el nuevo presidente del país centroamericano, al convertir a José María Figueres con su discurso incisivo, en el representante de un establecimiento desgastado y corrupto. Poco importó a los electores entregar el poder por tercera vez consecutiva a una opción populista e improvisada, alejada de la realidad del país porque, el nuevo mandatario, llevaba viviendo 35 años por fuera del país que ahora tiene que gobernar y sacar a Costa Rica, de la profunda crisis en la que quedó sumido después de la pandemia.

Los ataques políticos son efectivos cuando consiguen cambiar la intención de voto o cuando neutralizan el apoyo a los contrarios, haciendo que las miradas de dichos electores se volteen en favor de la parte atacante o, en el peor de los casos, se abstengan de votar, lo que ya disminuye el caudal de votos y, por ende, sus posibilidades de triunfo de otros.

La política latinoamericana, más que la de cualquier otro lugar del mundo, suele ser verdaderamente despiadada en los ataques, razón por la cual estos no siempre terminan siendo tan efectivos, sino que, por el contrario, su exageración, muchas veces, raya en el ridículo y produce un efecto búmeran.

Los ataques con cualquier cosa que se nos ocurra, por ejemplo, de homosexualidad, pederastia, corrupción o incluso infidelidad con su pareja, sin tener argumentos sólidos ni pruebas fehacientes, no funcionan y es lo menos que escuchamos a diario en las campañas de la región.

Más aún, la desesperación de aquellos que comienzan a ver su elección perdida los lleva a usar cualquier engaño desesperado donde los ataques son el caldo de cultivo.

Es cierto es que las campañas negativas son parte esencial de cualquier estrategia de marketing electoral en la política moderna, pero funcionan solo cuando son producidas estratégicamente y no cuando hacen parte del día a día de la contienda y son dirigidas sin que ningún pensamiento estratégico basado en una investigación de "opposition research", los respalde o los valide.

Hay algunas reglas elementales a la hora de querer propinar ataques a los contrarios que vale la pena tener en cuenta para no cometer errores que puedan devolverse en contra de nosotros mismos.

La primera regla es que, cuando se ataca, al contrario, debemos saber que siempre se produce un efecto de rechazo entre los electores que tanto el atacante como el atacado sufren, con la diferencia de que, si el ataque es estratégicamente efectuado, el atacado sufre un desgaste mayor que quien produce el ataque.

La segunda regla es que cuando decidimos atacar a un contrario, cuya imagen es mucho más sólida que la de nuestro candidato, el ataque jamás debe propinarse en forma directa, ya que la imagen del atacado es como una coraza protectora y, en lugar de facilitar un efecto de explosión, lo que produce es un efecto de implosión, que impide que los votantes del atacado se alejen de él, y más bien, se endurecen en su favor, como queriendo protegerlo. En este caso y solo en este caso, el atacante cae menos que el atacante, que es quien termina con un efecto búfer que se lastima a sí mismo.

Cuando la imagen del otro es mejor y la imagen del atacante es más negativa que positiva, es mejor utilizar mecanismos diferentes para el ataque. Por ejemplo, este no debe provenir del propio candidato que desea atacar, sino que se debe buscar uno o más voceros o mensajeros creíbles, para que sean estos quienes se encarguen de hacerlo. Lo otro es que el ataque jamás debe ir dirigido en forma directa, sino que - como en las batallas donde el contrario es más fuerte - los ataques deben ser diversos, y deben venir por varios frentes y estar dirigidos a los flancos y nunca al núcleo. A veces, cuando atacamos a un adversario, en lugar de debilitarlo lo fortalecemos, lo cual juega necesariamente en contra.

La tercera regla es producir ataques inteligentes, como aquel que le propinó el presidente Ronald Reagan a su oponente, el senador Walter Mondale, durante un debate en su campaña por la reelección, cuando al ser cuestionado por lo avanzada de su edad para reelegirse y poner en duda la energía que tendría para tomar decisiones trascendentales, Reagan respondió con total tranquilidad y fino humor, refiriéndose a Walter Mondale, su oponente asegurando que *"él, (Reagan) no iba a hacer de la edad y falta de experiencia de su oponente, en razón de su juventud, un tema de campaña".*

Otra regla es que, por más que en las campañas haya muchos que inciten a un candidato ganador al ataque, cuando quien necesita producirlos, ciertamente no es quien va ganando sino quien va perdiendo, que es quien para acceder al poder tiene la necesidad de bajar a quien lleva la delantera. Para un ganador, es mejor ignorar por completo al candidato que viene en segundo lugar tras él y dar fuerza al tercero, especialmente cuando el electorado de este es compartido con el de quien va segundo, ya que de esta manera divide sus votos y sus posibilidades.

Ahora bien, cuando en una contienda el candidato que termina ganando ve que la polarización le termina conviniendo para quedarse con la contienda, como le sucedió a Evo Morales en su primera elección ganadora contra Jorge "Tuto" Quiroga, ayudar al segundo a polarizar la elección resultará del todo conveniente.

En una elección de tres, el tercero siempre busca alcanzar primero a quien lo lleva en segundo lugar, luego ir en busca del primero o "corredor principal". En este orden de ideas, le resultará entonces mucho más conveniente no pelearse con el segundo, sino más bien intentar conseguir que el primero lo tenga en cuenta y se refiera a él en el ataque, pues esto lo ayudará a crecer. Este es un juego que ciertamente conviene a ambos, por lo que el segundo debe ser ignorado por completo por ambas partes. Abel Martínez, candidato al PDL, está tratando de lograr esto en la República Dominicana.

Al expresidente de Colombia, Juan Manuel Santos, como lo relatamos en un capítulo anterior, le convino sobremanera pelearse con Horacio Serpa, líder indiscutible del Partido Liberal colombiano en tres campañas consecutivas, ya que esto le permitió sacar la cabeza y crecer, en tanto que para Serpa era mejor debatir con Santos que con cualquier otro con el que estuviera compitiendo en cada ocasión que se presentó. Serpa sabía perfectamente que el Santos de ese tiempo no era un oponente peligroso. Lo paradójico de todo es que Horacio Serpa nunca logró ser presidente y, por el contrario, Juan Manuel Santos lo consiguió en 2010 y fue reelegido en 2014.

Este es el típico ejemplo de lo que debe hacer un candidato que no existe en la mente de los electores: pelearse con el candidato fuerte y sobre todo lograr que este le responda el ataque, lo que le permitirá reconocimiento e incluso comenzar a vislumbrarse con posibilidades futuras.

Ahora bien, los mejores ataques son aquellos que están basados no en el rumor o el chisme político, como creen varios de los colegas que utilizan este mecanismo a la hora de venderse, sino aquellos que pueden ser comprobados o, mejor aún, los que nacen de los errores cometidos, por el contrario, en una contienda electoral.

En política, hay especialistas en "cometer errores". Como si se tratara de un karma que vive en ellos y los persigue hasta hacerlos caer en su propio precipicio. De cuantos candidatos conozco, quizás sea el expresidente Hipólito Mejía, de la República Dominicana, quien se lleve el primer premio en esta categoría, seguido muy de cerca por Manuel Baldizón, de Guatemala.

En dos elecciones que asesoré por convocatoria de Leonel Fernández, como estratega en 2004, y en la elección de 2012 en que Danilo Medina, compitió contra Mejía, los errores cometidos por el expresidente fueron "boccato di cardinale" para cualquier consultor.

En 2012, el error cometido contra las empleadas domésticas, al acusarlas de ladronas, con la declaración histórica de "el filete bajo el brazo", permitió que las mujeres dominicanas se pusieran en su contra, haciendo que ellas fueran quienes dieron la victoria a Danilo Medina, a pesar de que Mejía podía haber ganado la elección gracias a las mujeres y a los jóvenes, quienes terminaron a última hora, virándose en su contra.

En el caso de Manuel Baldizón, candidato presidencial de Guatemala que terminó como todos los posibles ganadores de encuestas ese año, perseguidos por la justicia, los errores cometidos fueron casi infantiles. Para un candidato como él, que buscaba a toda costa demostrar que era un intelectual resultó verdaderamente inverosímil que publicara un libro cuyo contenido era en más de un cincuenta por ciento material plagiado, lo que llevó a revisar todo lo que había escrito, hasta descubrir que su propia tesis de doctorado, era copia textual de otros autores a quienes jamás mencionó para darles crédito.

Pero quizás la mejor fórmula que existe para producir un ataque y que este, en lugar de generar rechazo entre los electores, produzca empatía y muchas veces entusiasmo, es que el ataque venga cargado de humor. Muchos de los mejores ataques en las campañas electorales han sido piezas memorables que permitieron a los votantes no solo sonreír, sino reírse de ellos. Los denominados "memes" han contribuido en gran medida a este estilo de campaña contrastante. No obstante, el humor debe ser auténtico y no inverosímil, como ocurre en muchos casos. Cuando es bueno, produce un efecto contagioso colectivo que refuerza el ataque, ya que consigue entrar casi sin ser percibido como un ataque. El buen humor tiene esa capacidad de sorprender positivamente, ya que, en lugar de generar ese efecto de angustia que ocurre en las personas cuando ven o escuchan una noticia negativa, produce más bien una especie de relajamiento que facilita que el ataque penetre en la mente de quienes lo reciben, sin que las consideraciones negativas salten a primera vista. Por otro lado, si el humor es utilizado para resaltar los errores cometidos por el otro o para dar vuelta a una propuesta hecha, por el contrario, en la que dejó un espacio que podemos utilizar, el efecto que produce es aún mejor.

Fue lo que, por ejemplo, le ocurrió al senador John Kerry cuando compitió con el expresidente George W. Bush en la campaña en la que este se reeligió como presidente de los Estados Unidos. Una de las críticas que se le hacían a Kerry, era la de ser un hombre que parecía mayor, sin necesariamente serlo, un poco con la fama de ser un burgués lejano y prepotente de Massachusetts. La campaña de Kerry para mostrar que era un hombre activo que practicaba deportes acuáticos propios de los jóvenes habitantes de ciudades costeras, hizo un comercial de televisión en el cual el candidato demócrata practicaba el deporte del Windsurf, parado en una tabla e impulsado por el viento sobre una vela.

La campaña de Bush aprovechó las mismas imágenes del comercial de su contrincante, quien tenía que voltear de un lado a otro la vela cada vez que navegaba cierta distancia, para resaltar que, como congresista, había sido un hombre de los que llaman "veletas", es decir, alguien que proponía cosas a las que se oponía con frecuencia al momento de votar por ellas, demostrando así que Kerry que era un hombre completamente contradictorio. Fue como un buen "spot" de publicidad, que se puede ver en YouTube terminó sirviendo para hacer una burla implacable de sí mismo.

Por la época en que se desarrolló la campaña a la alcaldía de Cartagena de Indias del candidato Guillermo Paniza, se pusieron de moda en las estaciones musicales de la radio, los cantos gregorianos. Nosotros que asesorábamos a Paniza, aprovechamos esta moda para producir un comercial de radio que sonaba en todas las estaciones y en el que utilizamos la música religiosa de fondo para dar credibilidad a un copie que resaltaba el nepotismo de la familia García Romero, familia que había dominado la política de la ciudad durante años y que ahora presentaba a otro miembro de ella como candidato a la alcaldía.

El copie, que no pudo ser desmentido, ya que su contenido era completamente cierto, decía: *"Héctor Tico García Romero... hermano del senador 'Juancho García Romero'... hermano del representante a la cámara 'El Gordo' García Romero... hermano del exgerente del Idema 'El Negro' García Romero y primo hermano doble del actual alcalde 'El Gabrie' García Romero ha decidido que llegó su hora de ser alcalde de Cartagena. ¿Cuándo le tocará a Cartagena?"*

El efecto producido por este comercial - que no decía nada que no fuese cierto -, que traía a la memoria la percepción negativa hacia todos los miembros de la familia en su paso por cada uno de los cargos de poder, fue tan demoledor, que fue vetado por la cadena radial RCN, una de las más importantes de Colombia, debido a una campaña de "lobby" realizada por los poderosos hermanos García, por el daño de imagen que les causaba.

Sin embargo, nosotros no nos quedamos ahí: la acción comunicacional vino acompañada por caricaturas impresas en papel periódico, pegadas en las paredes del centro histórico de la ciudad de Cartagena, como si se tratara de "bandos", medio de comunicación utilizado en época de la colonia, para informar a los ciudadanos de lo que ocurría cada día. El efecto, además de grandes risas en la población fue contundente y rápidamente se reprodujo en editoriales y comentarios de prensa, radio y televisión en los principales medios noticiosos, ya no solo de Cartagena, sino del país entero, lo que convirtió en altamente efectivo el ataque que se había producido contra el candidato de la Casa García, quien pese a contar con el apoyo en pleno de la clase política, comenzando por su primo, el entonces alcalde de la ciudad, resultó derrotado por Guillermo Paniza, en esa elección.

He aquí otro punto importante a destacar. Existen quienes, al atacar, creen firmemente en el dicho popular de que " de la calumnia, algo queda". La realidad es que en política esto suele ser falso. Los votantes son inteligentes y rápidamente diferencian la verdad de la mentira. Las acusaciones basadas en falsedades o calumnias, que, en mi opinión, no son campañas negativas, sino campañas sucias, suelen ser cosas muy distintas y nunca tienen el mismo efecto demoledor que los ataques que se basan en percepciones ciertas.

Los ataques, por ejemplo incluidos en el discurso de la oposición acerca del desastre que sería para Bolivia que un hombre de la falta de preparación como Evo Morales ganara las elecciones presidenciales de ese país, solo sirvieron para ayudar a que el presidente Morales se reeligiera, pues no se percibían como verdaderos ante los ojos de la mayoría de los bolivianos, quienes, más allá de si gustaban o no del presidente candidato, reconocían que en su gobierno Bolivia no solo no se retrocedió, sino que mejoró.

En República Dominicana en la reciente elección del 2020 que ganó Luis Abinader, el presidente de la República Danilo Medina contribuyó de manera definitiva a los ataques llenos de humor y sarcasmo que se hicieron contra su candidato, al presentarlo en sociedad con la siguiente frase: El PLD tiene en Gonzalo Castillo, a un "Penco" de candidato. Penco, en el sur de la isla, de donde proviene Medina, se refiere a un caballo fuerte y trabajador. Sin embargo, en el mundo entero, por el contrario, es un sinónimo de torpeza, que era exactamente lo que Gonzalo Castillo denotaba con los errores que cometía casi a diario, en su discurso y entrevistas de medios a las que acudía. Fue tal la avalancha de memes, de los que fue objeto que dejó de ser Gonzalo Castillo, para convertirse en "El Penco", interpretado por la opinión pública como zopenco.

Las campañas negativas, que son muy distintas a las campañas sucias, a diferencia de estas, están basadas en realidades más que en rumores; en errores y desaciertos más que en inventos y existen funcionan y es recomendable utilizarlas correctamente, porque las elecciones se ganan también atacando al contrario donde verdaderamente le duele, que es donde disminuye su caudal de votos.

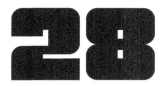

Los aburridos no enamoran.

La gran mayoría de las campañas electorales son con frecuencia aburridas y monótonas, cuando deben ser creativas, alegres e innovadoras.

No es en vano que cada vez más ciudadanos se distancien de la política y de los políticos. La apatía que existe en torno a la política es creciente, lo que explica por qué los niveles de participación disminuyen. Incluso en los países donde la votación es obligatoria, el número de votantes raramente supera el 75%. Para los ciudadanos, la política o los políticos son sinónimo de falsas promesas que nunca se han cumplido y de corrupción.

Y es que, más allá de los avances en innovación que hoy nos brinda la política, gracias al desarrollo vertiginoso de la tecnología, muchas campañas siguen siendo tradicionales, acartonadas y de pésima calidad, lo que ahuyenta cada vez más el interés de los electores, principalmente de las nuevas generaciones.

Tal vez las campañas más monótonas de todas son las de los candidatos a diputados en EEUU. Allí los comerciales de radio y televisión que se producen, salvo contadas excepciones, podrían servir a cualquier candidato, pues parecen producidos en serie con los mismos copies, los mismos tiros de cámara y los mismos "backgrounds". Incluso el anuncio que, por reglamentación, identifica a cada candidato: "Soy fulano de tal y apruebo este mensaje", es aburrido.

Los países hispanos donde existe verdadera creatividad política a la hora de comunicar son: España, Brasil, Argentina, la República Dominicana y, desde el 2000 hacia adelante México, pues con anterioridad no se necesitaba serlo, ya que las campañas eran siempre ganadas por el PRI.

En Brasil esto se debe quizás a que allí la legislación electoral existente, en aras de mantener el principio de oportunidad y equilibrio a favor de todos los candidatos que participan en una contienda, decidió no permitir anuncios publicitarios pautados en los espacios comerciales de la programación normal en época de campaña, sino que los spots, principalmente los de televisión, se emiten en un solo bloque horario todos al mismo tiempo, por lo que la competencia no se da entre quienes tienen más recursos de colocación, sino entre quienes cuentan con la mejor creatividad y una producción de mayor calidad, que diferencie su publicidad de la de los otros candidatos.

Algo parecido a lo que sucede cada año con los anuncios del llamado "Super Bowl" o "Super tazón" del fútbol americano, donde pautar un anuncio cuesta más de diez millones de dólares, pero la diferencia y recordación de los anuncios está dada por la creatividad y producción de estos, no por el número de veces que aparecen durante la transmisión del evento. Quizás la gran diferencia entre ambos ejemplos consista en que el juego del supertazón lo ven aproximadamente trescientos millones de personas una sola vez cada año y la audiencia está cautiva, mientras que en el caso de los spots políticos de Brasil, poca gente verdaderamente está pendiente de los anuncios políticos a la hora de su emisión y, por lo tanto, hay que generar recordación con la creatividad, la calidad de factura de los mismos y el número de veces que aparecen en la programación especial, ojalá en los primeros minutos del bloque publicitario, ya que de lo contrario terminarán siendo uno más del montón de los que son allí emitidos, o el control de la televisión habrá cambiado la trasmisión antes de su aparición.

Los publicistas argentinos siempre han destacado por su capacidad creativa, su manera directa de decir las cosas y hasta un cierto toque de impertinencia que los hace únicos. De hecho, hay muchas agencias de publicidad en el mundo que siempre han buscado argentinos para sus departamentos creativos, incluyendo las grandes compañías americanas. Anuncios como el "*Dicen que soy aburrido*" realizado para presidente De la Rúa en su campaña, o "*Me quieren ver la cara de estúpido*", son piezas verdaderamente memorables de la publicidad política. Incluso comerciales como los del candidato De Narváez en Argentina, que no tuvieron el efecto esperado, son dignos de aplauso.

En México, las campañas han mejorado muchísimo en su calidad de producción, a pesar del desestímulo ocasionado por la absurda medida establecida por el Instituto Federal Electoral (IFE hoy INE), de asumir esta institución, el papel directo del anunciante, impidiendo que los partidos o sus candidatos contraten directamente la pauta que les conviene, ya que es el INE, mediante un sorteo, el que escoge los horarios en que aparecen los anuncios, sin importar mucho que los creados para adultos terminen apareciendo en programas infantiles o aquellos producidos para ser vistos en programas de opinión sean pautados en programación para jóvenes que ni los ven ni se interesan por su contenido.

En Centroamérica, sin querer demeritar el trabajo de unas pocas agencias publicitarias cuya calidad es buena, la creatividad y la producción de campañas publicitarias políticas, con contadas excepciones, - como las buenas campañas de Jorge Oller en Costa Rica y de Manuel Meléndez en El Salvador -, la calidad es muy baja.

Recuerde que solo los anuncios de la campaña presidencial del FMLN en El Salvador en 2014 merecen ser aplaudidos. También los de la campaña de primera vuelta presidencial en Costa Rica en 2022, ya que los de segunda vuelta ese mismo año parecían realizados por publicistas que reprobaron su primer año de carrera.

En general, los comerciales de televisión realizados en Centroamérica son iguales todos: banderas flameando, multitudes marchando, sonrisas por doquier, y hombres, mujeres y niños caminando sin saber muy bien hacia dónde van, es el común denominador de la publicidad de las campañas.

Este no es el caso de la República Dominicana, donde existen profesionales con una extraordinaria creatividad, calidad de diseño y producción publicitaria a la hora de realizar anuncios políticos. Ellos saben interpretar muy bien la realidad de lo que ocurre en la calle y persuadir a los electores con piezas que responden, no a ocurrencias de último minuto, sino a la estrategia planteada. Allí hemos tenido el placer y el privilegio de trabajar con diseñadores, creativos y productores de talla mundial como Silvia Molina, Janio Lora, Nandy Rivas, Freddy Ginebra, Fernando Báez y Juan Basanta – cinematógrafo de talla internacional -, con quienes incluso hemos ganado importantes premios internacionales.

Quizás donde la creatividad política publicitaria sea la más pobre, es curiosamente en el Perú. Es verdaderamente inexplicable como Alejandro Toledo, Alan García, Ollanta Humala y Keiko Fujimori permitieron que se pautaran anuncios publicitarios como los que tuvieron en sus campañas, y siempre me pregunto cómo lograron persuadir a los electores de votarlos con una publicidad tan poco creativa y de mediocre realización.

En Colombia, desde hace años la creatividad de la publicidad política visual supera la de la publicidad audiovisual, pese a que esta última ha mejorado cualitativamente, especialmente en el medio televisivo. Lo que ha sido extraordinario en este país ha sido la creatividad utilizada en campañas del Gobierno nacional para promover al país en el exterior y aumentar el interés de los extranjeros por Colombia. "El riesgo es que te quieras quedar", fue una campaña de promoción verdaderamente memorable, mientras que la campaña "Colombia es pasión" tuvo que ser abortada a tiempo, ya que sin quererlo promovía el turismo sexual.

En el Ecuador, la campaña realizada en la elección de 2013 por el presidente Rafael Correa, no para reelegirse, algo que tenía completamente asegurado, sino para recuperar la fuerza de su partido en el Congreso, denominada "Todo todito" fue altamente singular y efectiva, al igual que lo fue la campaña "Salvar vidas" desarrollada en tiempos de pandemia, con la que Guillermo Lasso logró posicionarse de nuevo en una contienda en la que todos los candidatos de su generación fueron desapareciendo uno a uno.

En España, los spots publicitarios realizados por José Carlos Conde y la gente de Womack, quienes además son cinematógrafos que han ganado varios premios internacionales con sus producciones, son verdaderamente épicos. Ahora bien, la creatividad política no se limita a la publicidad y la propaganda. Es un concepto que debe ser transversal al conjunto de acciones de una campaña electoral. Nos referimos a que en un mundo que cambia a una velocidad que ya para muchos resulta incomprensible, hacer lo mismo que se viene haciendo no tiene por qué producir resultados diferentes, como aseguraba Albert Einstein.

La creatividad de una campaña está en la propuesta, en el estilo, en el manejo de la imagen, en los eventos que se desarrollan a lo largo del proceso y en cómo se desarrollan. La creatividad se debe ampliar en todas las áreas de una campaña por igual y hoy especialmente por las redes, así como la capacidad innovadora de la misma. Ser diferente de los demás es una de las claves del éxito de una campaña en la que la creatividad juega un papel fundamental. Pero el asunto de la creatividad es completamente subjetivo cuando se trata de ser juzgada. Puede haber piezas que son de extraordinaria creatividad y preciosismo a la hora de ser producidas que, sin embargo, no producen efecto alguno entre los electores, aunque después sean de gran recordación o ganadoras de premios. Y piezas publicitarias verdaderamente básicas en su creatividad y producción son a veces capaces de producir gran impacto entre las personas, al punto de que las persuaden de votar a favor de un determinado candidato o por una propuesta afirmativa o negativa en un referendo.

Lo importante, por lo tanto, es que entre la estrategia y la creatividad publicitaria y comunicacional no exista un divorcio que termine en que los estrategas hagan los anuncios o los publicistas ignoren por completo la voz de quienes han escudriñado y analizado a fondo, a través de la investigación, las expectativas de los ciudadanos y han diseñado una ruta adecuada para ganar un proceso electoral.

Cuando estrategas y creativos trabajan hombro con hombro y el análisis del estratega es traducido por el creativo en piezas impactantes, directas y persuasivas, los resultados suelen ser óptimos a la hora de captar la atención de los votantes y ayudar a que tomen su decisión de voto.

La creatividad no es suficiente. La innovación en la política moderna es una condición fundamental para la adición de valor. Las dos campañas de Barack Obama en 2008 y 2012 lo demostraron con enorme detalle. Gracias a la innovación tecnológica, por ejemplo, la primera campaña del presidente de los Estados Unidos logró una tercera parte de los 750 millones de dólares recaudados por medio de donaciones ciudadanas de menos de 200 dólares. Aprovechando lo que hoy se conoce como el "mobility marketing", la campaña envió durante los 4 últimos días, a voceros y movilizadores del voto, más de tres millones de mensajes de voz con instrucciones precisas. En la campaña de 2012, esta misma innovación tecnológica permitió que se colocaran mensajes SMS en los teléfonos celulares de decenas de millones de electores en todo el territorio norteamericano, con quienes se estableció una conversación de doble vía.

Hoy la imagen no se pauta exclusivamente en los medios de televisión abierta o por cable, sino que, gracias a los canales de YouTube y a las propias redes sociales y la programática digital, que hoy acepta fotografías y vídeos, una campaña puede postear minuto a minuto, e incluso motivar a los propios electores a hacer lo propio en favor de un candidato y compartir interacción con familiares y amigos. Como candidato, Barack Obama y su campaña publicaron más de 2.000 vídeos que fueron vistos en YouTube más de ochenta millones de veces.

Gracias a la innovación tecnológica, los consultores políticos y sus programadores de IT han desarrollado toda clase de aplicaciones, software y plataformas que facilitan a una campaña administrar sus bases de datos, acceder a los electores de manera segmentada apoyados por inteligencia artificial, conectar la estructura del partido, administrar la propia campaña, hacer investigación de opinión pública en tiempo récord e incluso controlar el día de las elecciones y defender el voto. Sin embargo, la innovación no debe circunscribirse al tema tecnológico. Cuando un candidato la utiliza en sus eventos de campaña, puede incluso añadir valor para superar percepciones acerca de su imagen y aumentar la atención sobre sus propuestas.

En la campaña de Luis Abinader en la República Dominicana, desarrollamos junto con los jóvenes del partido un concurso ideado por ellos denominado "Mi talento por el cambio", que identificó el talento artístico y musical de los jóvenes en todas las provincias del país y mantuvo la atención de la juventud alrededor de la campaña. Semanalmente, había eliminatorias en todas las provincias del país y mensualmente se iba premiando a los ganadores hasta llegar a una final en la que participaron los mejores de cada provincia. En la final en la que participó, el candidato, que rapeó cuando se dirigió a la juventud y entregar el premio a los ganadores.

Hay candidatos que solo actúan de manera racional, como lo afirmábamos en un capítulo anterior, y hay quienes, gracias a entender que en ocasiones deben actuar y montar alrededor de su actuación una coreografía y una escenografía adecuadas, pueden agregar valor a una propuesta.

En este orden de ideas, de lo que se trata es de magnificar lo que se dice, con cómo y dónde se dice, ya que esto permite una mayor comprensión de parte de los electores. Así pues, hay candidatos que, como si fueran actores profesionales, representan lo que dicen o lo que buscan.

Existen quienes, para no ser percibidos como distantes, incluso conviven con una familia humilde, los fines de semana, en sus propias comunidades. Los hay quienes hablan de generación de empleo en una fábrica o un lugar de capacitación para el empleo, en lugar de hacerlo en la sede del partido o en el salón de un hotel. Los hay también quienes, cuando hablan de deporte, juegan un partido de fútbol, los hay quienes montan una escenografía completa para atacar al contrario dirigiéndose al lugar de los hechos para evidenciar un problema que desean resaltar y los hay quienes de manera sorpresiva, acuden como hizo Percy Fernández en Santa Cruz de la Sierra, a jugar mojando a un grupo de niños, con una boca de incendios que encontró descompuesta en uno de sus recorridos, lo que se convirtió en uno de los spots publicitarios más efectivos de su campaña.

Todo esto es hacer una campaña innovadora, siempre y cuando no se caiga en payasadas o sobreactuaciones innecesarias que solo traerán burla de parte de la ciudadanía. La verdad es que innovar en forma y sustancia siempre trae un valor añadido a las campañas.

La comunicación no alcanza sin movilización.

Las campañas electorales tienden a tener una comunicación excesiva. Y no es que la comunicación no sea pieza fundamental en el desarrollo de estas, sino que, así como hay que llegar a los ciudadanos a través de las campañas de aire, de igual manera hay que hacerlo a través de una adecuada estrategia territorial. Sin embargo, la movilización política se ve desde dos perspectivas diferentes.

En primer lugar, está la llamada estructura propia, que los partidos necesitan no solo en épocas de procesos electorales, sino de forma permanente. Nos referimos, por supuesto, a las estructuras de base. Y en segundo lugar está la capacidad que tienen un candidato de construir apoyos voluntarios de grupos ciudadanos a favor de los objetivos electorales, lo que implica la construcción de una estructura sólida de movilización voluntaria. En algunos países esto se conoce con el nombre de sector externo.

Los grupos políticos no son sus dirigentes. Son el apoyo permanente y creciente de sus bases y son el arraigo que sienten las personas hacia una marca política por convicción, por tradición o porque es a través del partido, en especial cuando está en el poder, como ser parte de la estructura asegura un cargo y el sustento para sus familias. Si lo anterior no ocurre estamos hablando no de partidos políticos, sino de simples movimientos electorales que están llamados a desaparecer, algo que se ha convertido en una lamentable tendencia en casi todos los países de América Latina. De hecho, hemos llegado a la aberrante situación de tener que contratar las personas que conforman la estructura de movilización de una campaña, y trabajan por su candidato solo si reciben una paga a cambio.

A diferencia de lo que muchos creen, una estructura no se construye solo a partir de cuotas, despensas o dinero. Eso solía hacerse en la política tradicional, pero nada resulta más efímero, especialmente hoy en día, que los ciudadanos cada vez más, toman sus propias decisiones a la hora de votar.

Una verdadera estructura se construye a base de ideología, de motivación política que impregne a las bases a luchar por alcanzar el poder y de buena comunicación entre los líderes, mandos intermedios y las bases. Lo demás sirve para promover, pero no es suficiente para fidelizar y lo que se pretende de toda estructura es que permanezca leal en el tiempo, que mantenga viva la llama de los ideales. Mantenerla "aceitada", como dicen los políticos, resulta insuficiente si se piensa que podría ser comprada por otros. Su sentido de pertenencia no debería ser transaccional, sino el resultado de un compromiso político, ideológico y emocional.

Cuántas veces no hemos escuchado en los diferentes países que visitamos gente responderá, ante la pregunta de a qué partido político pertenece contestar con orgullo: "En mi familia hemos pertenecido al partido (tal) por generaciones" y al decirlo, se refieren con emoción al partido del cual escucharon hablar desde niños, el de las discusiones acaloradas en muchas comidas familiares, el de las franelas que salieron a lucir o a repartir cuando acudían a los mítines en los que participaban, el partido de las banderas que tantas veces agitaron con pasión desenfrenada. Este voto duro siempre se debe mantener. Eso no se puede comprar ni con una bolsa de comida, ni con unas tejas de zinc, ni siquiera con un cargo público de esos en los que solo hay que ir a recibir una mesada sin necesidad de trabajar; una "botella", como dicen los dominicanos o una "corbata" en la jerga política colombiana.

El sentido de pertenencia hacia una marca política se logra cuando se siente admiración por uno o varios líderes de un partido y emocionan sus discursos, cuando seguimos un ideal que compartimos con una colectividad que ha participado a través de los años para favorecer a las bases de una organización, cuando hay democracia interna y se abre la puerta a que las nuevas generaciones accedan a las directivas nacionales, regionales o locales de esa organización política a la que pertenecemos, cuando las directivas locales tienen capacidad, a nombre de su partido o de su gobierno, de apoyar la necesidad familiar de algunos de sus miembros. El sentimiento que genera un partido al que seguimos con devoción es como aquel de tener una familia, o un grupo de amigos con los que se quiere estar y compartir a cada momento. Es una fraternidad en la cual nos sentimos cómodos y tranquilos.

Hay marcas políticas que por más que se dividan o que sus líderes cometan errores imperdonables, sus bases mantienen un carisma hacia los liderazgos pasados o presentes, tan fuerte, que siempre mantendrán la opción de ser estructuras políticas mayoritarias.

Esto es lo que ocurre con el peronismo en Argentina. Allí, las diferencias desatadas en los últimos años entre el kirchnerismo y las líneas menos radicales y más de centro progresista, no han impedido que el peronismo siga profundamente arraigado entre los argentinos, de suerte que, a la hora de competir en las elecciones, no solo logran conseguir la primera mayoría electoral, sino también ser la primera minoría, lo que les da la oportunidad de alcanzar muchas veces mayorías legislativas calificadas a la hora de tomar decisiones o adelantar reformas estructurales.

Hoy, sin embargo, el abuso del Kirchnerismo y de la clase política oficialista ha exasperado los ánimos de los ciudadanos y posiciones antisistema, como las del candidato libertario Javier Milei, comienzan a encontrar un espacio importante para crecer.

Hay fuerzas políticas tan metidas en el corazón de las personas que, pese a que algunos piensen que han desaparecido por el hecho de no ganar elecciones de nuevo o ni siquiera ser relevantes, existen aun cuando parezcan fuerzas dormidas o en reposo, pues cuando despiertan de nuevo, aglutinan multitudes.

Ocurrió en el Perú, donde todos creían que el partido fundado por Víctor Raúl Haya de la Torre, el APRA, había dejado de existir con la salida de Alan García y el ascenso al poder del Alberto Fujimori. Años después, el propio García, con su regreso a la Presidencia de su país, algo que parecía imposible, demostró que su partido, estaba aún "vivito y coleando", como se dice popularmente, aunque ciertamente no con la fuerza de antaño.

Eso mismo le podría ocurrir al Partido Liberal en Colombia, a Acción Democrática en Venezuela, al PRI en México y a tantos otros que, además de estructuras políticas electorales, son instituciones cuya ideología se ha arraigado de manera importante en la mente y el corazón de muchas personas y familias, por años.

Sin embargo, lo que ciertamente va en contra de la fuerza de una estructura organizada es que solo se utiliza cuando se necesita en tiempos electorales. Los líderes de los partidos deben mantener una relación permanente y casi personalizada con las estructuras populares. Actualmente, hay desarrollos tecnológicos que permiten gestionar bases de datos, segmentar la población hasta el más mínimo detalle y mantener una comunicación fluida con las estructuras de una organización política.

Para un militante recibir una visita o incluso una comunicación personalizada de parte de sus líderes, con cierta periodicidad, algo que hoy puede hacerse de manera digital, gracias a inteligencia artificial, esto genera compromiso.

Pero, al mismo tiempo, para quienes tienen la obligación de seguir y evaluar el trabajo de los movilizadores de un partido, es decir, para quienes hacen el trabajo de ir puerta a puerta visitando en varios y colonias a las personas que les fueron asignadas, de acuerdo a donde depositan su voto, para contactar a un número asignado de votantes y mantener con ellos una comunicación permanente y persuasiva durante el proceso de campaña, la tecnología permite mapear los recorridos, asignar rutas, controlar que se cumplan siguiendo a los movilizadores a través de GPS de sus propios teléfonos celulares y recibir información en línea acerca de la conversación y peticiones enviadas a través de ellos, de cada uno de los electores contactados, de suerte que la respuesta que se les dé sea inmediata y se tenga un seguimiento de alta precisión acerca de su posición y actitud frente a un determinado propósito electoral.

La tecnología permite, además, seguir en tiempo real a los electores de cada casilla, de suerte tal que el día de las elecciones sepamos con bastante precisión cuál será el color de su voto. También la tecnología y su correcta utilización, permite mantener una conversación fluida y cercana con los electores de todas y cada una de las mesas de votación, ya no solo en épocas electorales sino en forma permanente, lo que facilita la construcción de un mayor arraigo y pertenencia, que son elementos fundamentales a la hora de querer fidelizar a los ciudadanos con una marca partidista o con un líder político.

Lo que es un error desde donde se le mire es limitar el uso del activismo y la movilización a períodos electorales, bajo el entendido de que, con el ofrecimiento de prebendas, regalos, subsidios, etc., los electores van a salir incentivados a votar, y menos aún a promover el voto con sus parientes, amigos o conocidos.

Fox fue de los primeros que lo entendió, razón por la que promovió en su campaña por la presidencia de México, la consigna: "Recibe lo que te dan, pero vota por el PAN".

En República Dominicana, la campaña del PRM en 2020 no se quedó atrás. La buena comunicación que desarrolló entre los sectores populares permitió que, los electores mayoritariamente votaran por el candidato Luis Abinader a pesar de la suma millonaria que el gobierno de Danilo Medina del PLD gastó en dádivas y prebendas para favorecer a su candidato, Gonzalo Castillo.

No se puede olvidar que además de la corrupción en las compras de equipos y elementos de salud durante la pandemia, el PLD de Medina que, como ocurrió en muchos países impuso toques de queda y sacó, sin embargo, a las bases de su partido a repartir en las noches toda clase de ayuda alimentaria a los ciudadanos, principalmente electores, mientras los demás se vieron obligados a quedarse en sus casas, y lo hacían con productos que llevaban toda la marca del candidato del Gobierno. Estos tres errores escandalizaron a un electorado que en su mayoría votó por el candidato de la oposición, Luís Abinader.

Crear fidelidad entre las personas alrededor de una marca comercial es muy difícil y hay que tener en cuenta que quienes lo logran, en un mundo tan competitivo, es porque su estrategia de comunicaciones no se limita a realizar campañas publicitarias cada vez que hay una modificación en las especificaciones de un producto, cuando hay un lanzamiento o simplemente cuando se pretende hacer un impulso de ventas. Las marcas comerciales actúan y se comunican de manera sistemática y sostenible con los consumidores.

Imagínense entonces lo difícil que resulta construir y/o afianzar sentido de pertenencia en los ciudadanos y electores alrededor de una marca política o su candidato, cuando decidimos no comunicarnos con nuestros votantes en forma permanente, sino que lo hacemos simplemente cuando vienen los períodos electorales.

Como lo hemos dicho anteriormente y reafirmamos una vez más el concepto de que los espacios, es más fácil llenarlos cuando están vacíos y nadie compite por ellos, no cuando comienza la contienda, que es cuando todos los competidores luchan por llenar los mismos espacios.

La movilización política moderna no se limita a mandar órdenes desde arriba solo en tiempos de elecciones. Se trata de construir una base de militantes, unos pagos otros no, que salen a buscar a los electores no cuando los necesitan sino construyendo relaciones permanentes y transparentes con la gente, segmentada a partir de su lugar de votación.

Como cualquier otra cosa, en la consulta de movilización y control electoral, hay muchos charlatanes de los que venden humo. ¿Cuántas veces no hemos visto lo que yo llamo "novatos expertos" - que jamás han trabajado una estrategia de tierra -, presentarse a ofrecer sus servicios como si se tratara de expertos en el tema, cuando en realidad no dejan de ser simples simuladores que pretenden replicar, sin conocimiento alguno, modelos que supuestamente vieron en otros lugares?

La verdad es que, si tenemos la mejor estrategia posible, la mejor comunicación posible, pero no contamos con una estrategia efectiva de tierra y movilización, que incluya precisión el día de las elecciones, estaremos destinados a fracasar con mayor facilidad.

Menos razón y más corazón.

No se puede negar que en toda elección hay siempre lo que los expertos llamamos un "leitmotiv" o una razón por la cual se define el voto.

Sin embargo, también es cierto que a la hora de votar los electores se dejan llevar más por lo que estén sintiendo y lo que están soñando, pues es allí donde tienen centradas sus esperanzas, y muchas veces lo hacen incluso a sabiendas de que aquello que anhelan difícilmente llegará. Solo saben que no van a conseguirlo. Y, sin embargo, en el momento de votar, la emoción puede prevalecer sobre la razón.

En muchos estudios semióticos que hemos realizado en la región para tratar de entender patrones de comportamiento, a partir del lenguaje y las palabras que utilizan a diario los ciudadanos - donde ciertamente podemos observar la diferencia que existe entre la conversación vigente y la conversación deseada -, hemos encontrado muchas cosas que bien vale la pena analizar.

En el norte de México, es decir, en Estados como Nuevo León, Sonora y Chihuahua, por ejemplo, existe una marcada actitud de heroísmo y lucha que distingue a sus habitantes de los de otros Estados, originada en que han sabido construir riqueza y desarrollo en un ambiente árido y difícil. Para ellos no existe nada imposible. La población del norte de México se caracteriza por la cultura del esfuerzo.

No ocurre así en otros Estados de la República Mexicana, como Puebla y Jalisco, donde hay una clara actitud de merecimiento. Allí los habitantes consideran, quizás por su historia, que todo lo merecen, en tanto que, en el sur del país, es decir, en Estados como Chiapas y Oaxaca por ejemplo, el sentimiento colectivo es el de que otros tienen la obligación de ayudarlos y ver por ellos, una actitud heredada de las culturas indígenas por años discriminadas y excluidas, que prefieren victimizarse.

En Bolivia, por ejemplo, la actitud que caracteriza a los habitantes de los departamentos del Oriente, principalmente Santa Cruz, nada tiene que ver con la actitud que asumen los habitantes de La Paz, donde al igual que los del sur de México, la gente se victimiza y viven esperando constantemente recibir los favores y subsidios del Gobierno central, mientras que los primeros se sienten capaces de construir su propio destino sin necesidad de contar con el apoyo gubernamental.

En Colombia, la actitud de los paisas, que es como se llama a las gentes de Antioquia, está caracterizada por la dinámica y la capacidad emprendedora, pese a ser una sociedad muy conservadora en sus costumbres, lo que haría pensar que deberían por ello ser más cautos. Por el contrario, en los departamentos de la costa Caribe – con excepción de Barranquilla - y más aún los de la costa pacífica del país, suelen miran hacia adentro en busca de que el Gobierno central les resuelva todo. Por suerte, en los últimos años, la costa Caribe colombiana, ha dado un giro y ha comenzado a dejar de darle la espalda al mar, desarrollando una visión de emprendimiento más global, quizás como resultado de tener uno de los puertos más eficientes del mundo, la Sociedad Portuaria Regional de Cartagena.

En Guatemala, como ya lo habíamos señalado, hay conductas de comportamiento ciudadano que durante años ha mantenido el patrón de votar por el candidato al que según ellos "le toca", es decir, quien quedó segundo en la elección anterior, como si se tratara de una especie de "mea culpa" de los ciudadanos por no haberle dado una oportunidad que en el fondo saben que no va a honrar.

Lo interesante de todo esto es que, antropológicamente, existen variables de comportamiento social que influyen sobre los electores a la hora de votar y que están más conectadas con la construcción de valores de tipo emocional que de tipo racional.

De otra parte, si bien es cierto que racionalmente los ciudadanos cada vez creen menos en las promesas de los políticos de poder brindar solución a los problemas que los afectan ya - que los problemas permanecen en el tiempo y, en muchos casos, en lugar de aminorar, su efecto negativo aumenta -, emocionalmente continúan manteniendo esperanzas acerca de poder mejorar su calidad de vida y la de sus familias.

El avance de las sociedades es un hecho incontestable. Desafortunadamente, las desigualdades y la inequidad también, - en especial en los países en vías de desarrollo que optaron por una visión de izquierda radical -, por lo que estamos cada vez más lejos de que las teorías marxistas terminen por alcanzar ese final feliz que avizoraba el autor de *"El Capital"*, Karl Marx.

Lo que es verdaderamente curioso es ver cómo sociedades enteras en un mundo cada vez más informado se congregan casi religiosamente alrededor de una promesa de campaña que es bien manejada en el discurso, incluso a sabiendas de que esta podría no ser cumplida.

Álvaro Uribe Vélez, en Colombia, prometió acabar con la guerrilla en 18 meses, algo que ciertamente no ocurrió simplemente porque era imposible de conseguir, y tengo además la certeza de que, si lo volviera a prometer, la mayoría de la sociedad creería ciegamente en que sí lo haría.

Pareciera que cuando los candidatos nos hablan de aquello que nos afecta o nos ilusiona alcanzar y generan en nosotros la convicción de que es posible brindar caminos de solución, los electores caemos en ilusionarnos de nuevo con nuestras propias esperanzas y terminamos favoreciendo con nuestro voto a quien promete llevarnos al menos virtualmente adonde siempre quisimos llegar.

En la campaña a gobernador de Nuevo León, en la que Rodrigo Medina alcanzó el triunfo frente a Fernando Elizondo, quien, sin lugar a duda, era un candidato mejor hecho y formado que el joven candidato priista impuesto por el entonces gobernador, Natividad González Parás. Rodrigo, sin embargo, conectó emocionalmente con la población a partir de una promesa básica: "Por tu empleo y la seguridad", algo que después le resultó casi imposible de cumplir, a no ser porque el sentirse vencidos ante la inseguridad y la delincuencia, como estuvieron, despertó ese espíritu que tienen los regios de que pueden con todo, y congregó a todas las fuerzas vivas de la sociedad en aras de lograrlo. Quizás no fue así, pero al menos se logró aliviar algunos efectos de la inseguridad en una sociedad muy arraigada y profundamente segura de lo que es capaz de hacer cuando se lo propone.

En la campaña presidencial de El Salvador, en la que Mauricio Funes resultó ganador de la contienda presidencial de 2009, la derrota de ARENA, que había logrado sacar al FMLN de la alcaldía de San Salvador, tuvo mucho que ver con la decisión equivocada de querer polarizar la campaña utilizando una vez más el miedo hacia la izquierda, algo en lo que una sociedad joven ya no creía, pero principalmente por haber cambiado el eslogan de esperanza, que hablaba de generar oportunidades de empleo, por un eslogan verdaderamente racional como fue: "Vota por la razón", algo que ciertamente no hacen la inmensa mayoría de los electores.

Años más tarde en ese mismo país, Nayib Bukele, quien se vio obligado a armar un movimiento político para poder presentarse como candidato a la presidencia, no solo aprovechó la apatía ciudadana frente a la Alianza Nacionalista Arena y el Frente Farabundo Martí, sino que emocionó como pocos a los electores, principalmente a los más jóvenes con una campaña hábilmente manejada en las redes y una propuesta radicalmente disruptiva y populista. Como presidente Bukele ha respondido con eficacia a la demanda ciudadana de perseguir la inseguridad producida por las "maras" o pandillas de su país a las cuales se viene combatiendo con el propio presidente a la cabeza, aunque debemos decir, que, en ocasiones en clara violación de los derechos humanos, a los que están obligados todos los estados que los suscribieron.

En los Estados Unidos, la sociedad más avanzada en términos de democracia, los electores en 2008 votaron por la esperanza de que podrían expiar sus propias culpas alrededor del racismo, eligiendo al primer presidente afroamericano de la historia. Lo cierto es que el racismo se desató de nuevo en el país en el periodo de gobierno Barack Obama y aún más en el de Donald Trump, el presidente más divisionista y polarizador de la historia de ese país.

En Venezuela, en 1998, Hugo Chávez Frías, como ningún otro, despertó una nueva esperanza entre los sectores más vulnerables de una población cansada de escuchar que Venezuela era un país al que siempre le iba siempre bien debido a sus interminables riquezas petrolíferas.

La esperanza, sin embargo, se agota, e incluso puede llegar a ser negativa, principalmente cuando los gobiernos o sus líderes - por culpa del poder que obtienen y que termina cegándolos -, se alejan de la gente, por lo que sus promesas dejan de ser creíbles. Fue lo que le sucedió al PRI en la campaña en la que la esperanza ni siquiera era votar por Vicente Fox, candidato del PAN que llegó a la presidencia de México en el año 2000 simbolizando, como ya lo decíamos, el cambio, sino que la esperanza se tornó entonces vengativa, pues de lo que se trataba era de sacar al Partido Revolucionario Institucional del poder, después de más de 71 años consecutivos de ostentarlo.

Algo similar ocurrió en Bolivia con la elección de Evo Morales y en Brasil con la elección de Luis Ignacio Lula da Silva, líderes venidos de estratos populares que lo habían intentado sin éxito en varias oportunidades. Tanto la sociedad boliviana como la sociedad brasilera centraron sus esperanzas en estos líderes que, si el voto fuese racional, quizás jamás habrían sido elegidos. "El Evo", como le dicen popularmente, desde una perspectiva racional, era el responsable de varios golpes de calle que se llevaron a varios mandatarios, generando una ola desestabilizadora de la institucionalidad que no le convenía al país; y Lula, que racionalmente generaba temor especialmente en los sectores empresariales, emocionalmente construía una narrativa de lucha, persistencia y tenacidad que al final resultó siendo premiada por una mayoría de electores que, no solo lo llevaron a la presidencia después de cuatro intentos, sino que lo reeligieron nuevamente.

Ahora bien, ¿cómo se explica que presidentes exitosos y carismáticos como Michelle Bachelet, Fernando Henrique Cardoso, Alan García, no logren que sus candidatos los hereden? No dispongo de una respuesta para explicarlo, pero intuimos varias cosas:

En primer lugar, porque es muy difícil endosar el voto; Rafael Correa pretendió hacerlo con sus candidatos a alcaldes en 2014 y sufrió en el momento la derrota más estrepitosa desde que llegó a la presidencia del Ecuador, al perder Quito, Guayaquil y Cuenca frente a la oposición. Años después, más que endosar el voto para que ganara Lenin Moreno, el presidente Correa usó y abusó de los recursos del Estado para conseguir que no ganara Guillermo Lasso, al punto tal que dejó un manto de duda acerca de los resultados electorales que favorecieron a Moreno en 2017. En 2021, a pesar de todos sus esfuerzos y sucia campaña, fue imposible que su candidato Andrés Arauz ganara las elecciones.

En segundo lugar, a causa de la fatiga con respecto al "statu quo". Cuando los gobiernos terminan por creerse que lo hacen racionalmente bien y los gobernados sienten que ellos no progresan como quisieran, la culpa siempre es de los gobernantes, que terminan recibiendo un voto de castigo.

La tercera cosa, porque cuando sucede que los gobiernos y los gobernantes fingen que los ciudadanos siempre aplauden sus obras, eso no sucede. Para graficarlo mejor: cuando un presidente, gobernador o alcalde construyen un puente, pasados dos meses de su inauguración, para los ciudadanos el puente siempre ha estado allí e incluso cuestionan por qué razón no se ha construido aún el que debería estar un poco más adelante.

Hoy más que nunca los ciudadanos comparten sus frustraciones, mucho más que sus anhelos porque, hasta hace muy poco, la comunicación unilateral era capaz incluso de construir esperanzas en los ciudadanos que no eran las suyas. La sociedad se ha vuelto más informada, más pragmática y menos vulnerable, lo que cambia la forma en que se debe construir y permear el mensaje entre la población para que sea creíble.

En resumen, si yo como votante encuentro que un partido o un líder se acercan y empatizan con mis ideales, comparten la visión que yo tengo, por básica que sea, y mis esperanzas se traducen en las del líder, es fácil llegar a un acuerdo que tácitamente está pactado.

He aquí algunos ejemplos que ilustran lo que señalamos. El 10 de diciembre de 1983, Raúl Alfonsín accede a la presidencia de la Argentina porque los argentinos se cansaron de la opresión de una dictadura militar indolente y vieron en el líder del Partido Radical, a un hombre decente con ideales, algo que hacía años no vivían y añoraban. Alfonsín era una luz de esperanza en medio de los abusos de los militares en el poder y el recuerdo no tan grato del fracaso de los últimos años del peronismo liderado por Isabelita Perón y López Rega, el líder radical inspiraba la esperanza de regresar a la civilidad, al respeto y a la libertad que los argentinos habían perdido.

En 1982, Belisario Betancur, candidato del Partido Conservador en Colombia, ganó las elecciones presidenciales frente al candidato del Partido Liberal, por la época ampliamente mayoritario, porque se conectó emocionalmente con la mayoría de los colombianos, que andaban en busca de una nueva esperanza, de algo nuevo en que creer. En esta elección, mientras López Michelsen calificaba de manera categórica y racional como inviables las propuestas de construir viviendas sin cuota inicial o de brindar a los jóvenes educación universitaria a distancia, dos ofertas centrales del discurso de Belisario Betancur, por demás verdaderamente revolucionarias para la época, el candidato del Partido Conservador, con el tan usado eslogan "Si se puede", generó la esperanza de que lo que proponía era completamente posible y derrotó así en las urnas a un hombre que sin lugar a dudas era uno de los más hechos políticamente y preparados para gobernar el país, como lo había hecho ya entre 1974 y 1978.

Hugo Chávez, en 1998, venció las elecciones contra los partidos tradicionales de su país y su máquina política. Con todo, y que al final de la contienda AD y

COPEI decidieron unirse en su contra, algo verdaderamente insólito en la política venezolana, fue Chávez quien logró entusiasmar a la gente porque entendió que los venezolanos le iban a propinar un voto de castigo a la clase política que durante 40 años venía diciendo que Venezuela era un país inmensamente rico al cual no podía irle mal, cuando lo que verdaderamente ocurría era que más del 60 por ciento de la población vivía en la informalidad.

Pese a los índices negativos altos que aparecían en todas las encuestas, producto de haber sido un golpista y de los ataques que le propinaban sus rivales, quienes habían contratado a Irán Pessoa de Melo, un consultor brasilero bastante ocurrente e ingenioso, Chávez construyó una nueva esperanza que con él duró más de trece años y aún perdura entre muchos, lo que le permitió ganar elección tras elección y ser derrotado únicamente cuando tuvo la ocurrencia de anunciar un cambio constitucional para que se aprobara la reelección indefinida. La oposición hábilmente obtuvo, mediante el mecanismo constitucional de las firmas, un referéndum para aprobar o revocar la iniciativa y Chávez acabó derrotado por única vez.

En Perú, Alejandro Toledo, indígena neoliberal, estudiado en Estados Unidos, fue el que acabó poniendo fin al mito de Alberto Fujimori en las elecciones de 1990. Y lo logró no solamente por el cansancio de la gente por los actos de corrupción del gobierno de El Chino - la mayoría liderados por Vladimiro Montesinos, mano derecha del presidente y quien, por cierto, terminó hundiéndolo -, sino porque Toledo llegó en un momento en el que los ciudadanos del Perú reclamaban una esperanza de cambio, que fue precisamente lo que Toledo ofreció. Que lo haya hecho es otra cosa, pues lo cierto es que mantuvo la política económica con la que Fujimori había sacado al país de la hiperinflación del gobierno de Alan García, pero en lo demás terminó siendo un presidente muy criticado, cuya popularidad se derrumbó rápidamente a niveles inferiores al treinta por ciento.

Los dos casos más significativos en Brasil y Colombia en los últimos años pueden ser los de Luis Ignacio Lula da Silva y Álvaro Uribe Vélez, respectivamente. Lula llega al poder después de cuatro intentos consecutivos, se elige con grandes dificultades y gran desconfianza sobre sus capacidades por parte de la población, y se reelige, sin embargo, con holgura, después de haber demostrado que se podía hacer un gobierno humano, cercano a la gente y efectivo, ya que consiguió generar riqueza, concentrarla en aumentar el consumo interno en su país y sacar de la pobreza a dieciséis millones de brasileros.

Lula se reelige porque desarrolla una comunicación franca y sincera y cercana con la gente desde el primer momento, lo que le ayuda a dejar de lado la desconfianza inicial y porque su comunicación está sustentada en su extraordinario carisma.

Uribe se elige porque entiende hábilmente que el proceso de paz de Andrés Pastrana no iba a ningún lado y construye un discurso más coherente en contra de la guerrilla y el fallido proceso de paz de su antecesor, diferenciándose de todos los demás candidatos. Cuatro años más tarde se reelige porque como presidente en su primer período se dedica a cumplir lo que prometió en su campaña: concentrarse en combatir a los grupos armados y recuperar la seguridad, porque demostró ser un trabajador incansable y porque les devolvió a los colombianos la fe en sí mismos y en las enormes posibilidades que tenía el país de salir adelante. No obstante, cayó en el mismo error de todos los líderes autoritarios sean estos de izquierda o derecha, de querer controlar todos los poderes del Estado y recurrir a prácticas inapropiadas para permanecer en el poder.

Lo cierto de todo es que, si bien existe siempre en una gran parte de los electores, lo que los norteamericanos llaman el "reason why" de una elección, es decir, la pregunta que en teoría se hacen todos los electores acerca de por qué deben votar, lo cierto es que la respuesta a esta pregunta no siempre tiene una razón lógica, sino que para la mayoría responde a saber, como candidato, simbolizar o representar en su discurso o en su lenguaje corporal, la esperanza de la mayoría.

Los mexicanos no votaron por Vicente Fox por sus ideas, por su propuesta o por su partido, sino porque supo convertirse en el símbolo del cambio para sacar del poder al PRI después de 71 años consecutivos en el poder.

Los colombianos no votaron por reelegir a Juan Manuel Santos porque creyeran que había hecho un buen gobierno en su primer período, sino porque simbolizaba la paz que la mayoría anhelaba desde hacía décadas y el gobierno de Santos para entonces había realizado logros difíciles de alcanzar en las negociaciones con la guerrilla, que se habrían perdido del todo si se comenzaba de nuevo, con otro mandatario y una propuesta diferente.

Los venezolanos no votaron por las propuestas incoherentes de Nicolás Maduro, ni por las propuestas de Henrique Capriles, sino que lo hicieron, unos, por mantener encendida la llama encendida por Hugo Chávez y los otros, buscando dar por terminada más de una década de enfrentamiento, polarización y abusos del régimen chavista.

Los colombianos en 2018 no votaron a favor de las propuestas de Ivan Duque. Quienes votaron mayoritariamente por él, lo hicieron, para que no ganara el candidato de la izquierda Gustavo Petro y quienes votaron por Petro, lo hicieron en contra no de Duque, sino de Álvaro Uribe. La desilusión que posteriormente dejó el gobierno de Iván Duque, quien desperdició la oportunidad de ser el presidente que unía a los colombianos, le brindó a Gustavo Petro la opción de convertirse en opción de cambio del sistema en 2022, lo que lo llevó a la presidencia de Colombia.

En el Perú en 2021 los electores no votaron por Pedro Castillo quien terminó siendo elegido presidente en segunda vuelta, sino que votaron contra Keiko Fujimori, a quien señalaban de ser la responsable de más de 20 años de control de un sistema que los ciudadanos terminaron por aborrecer.

Siempre detrás de toda elección hay un sentimiento que termina movilizando a la mayoría del electorado, sin embargo, en muchas ocasiones ese sentimiento no es necesariamente a favor, sino en contra de algo o de alguien.

Se gana y se pierde en las urnas.

Una campaña puede tener la mejor estrategia ideada a partir de una investigación robusta y una interpretación acertada de los resultados de la misma; puede tener al candidato más carismático y, a la vez, el mejor comunicador; puede contar con el equipo más profesional y eficiente de campaña; tener el apoyo del partido más fuerte y la estructura más motivada y comprometida; contar con recursos de sobra; desarrollar la más eficaz táctica; propinar los más certeros ataques; realizar los eventos más atractivos jamás pensados; contar con la publicidad más creativa e impactante; entender a la perfección la conversación ciudadana de las redes sociales y ser la campaña más innovadora; incluso hasta llegar uno a uno a todos los electores que se necesitan para ganar; y a pesar de todo ello, se puede perder la elección, por el simple hecho de descuidar las urnas el día de la elección.

El E-day, que es como se conoce al día de las elecciones, la fecha en que los electores se acercan a las mesas de votación para depositar su voto en las urnas es una fecha fundamental para ganar o para perder una elección.

Es mucho lo que ocurre ese día que requiere una gran planificación, porque involucra un verdadero ejército de personas, que requiere una logística que debe ser contratada con suficiente antelación y monitoreada con gran precisión. E-day es en sí mismo, es una compañía que requiere una verdadera capacidad de gestión. De esa jornada dependen, por ejemplo, los testigos o fiscales electorales de las mesas de votación, algo que se dice fácil, pero que implica identificarlos, inscribirlos, seguirlos, capacitarlos, monitorearlos, transportarlos y alimentarlos ese día, así como asegurarse de que permanezcan atentos desde primera hora de la mañana hasta el último momento del día, para que los materiales y herramientas a utilizar y la organización del centro de votación sean los adecuados, que la jornada se desarrolle sin contratiempos que se aseguren de que lo que se marca en las actas corresponda exactamente con los votos depositados, que vigilen que no se produzca ninguna anomalía y que sean capaces de pasar con total precisión los resultados de sus mesas, tanto a la autoridad electoral como al centro de cómputo de la campaña que representan y que, en el caso en que la situación lo amerite, tengan el liderazgo y la capacidad de impugnar el resultado de la mesa que defendieron.

También de la organización del E-day dependen los motivadores y movilizadores de los votantes, cuyo trabajo no se limita a acarrearlos el día en que votan, sino que desde meses antes son parte esencial de lo que se conoce como la estrategia de tierra, es decir, los encargados de identificar cada uno, entre diez o veinte votantes de determinada mesa a los que deberá identificar, encontrar, encuestar, entender, persuadir y fidelizar para que voten por su candidato o al menos neutralizarlos para que no voten por los candidatos contrarios.

Este ejercicio es mucho más complejo de lo que muchos se imaginan, ya que es un esfuerzo de meses y a veces de años antes del día en que se realizan las elecciones.

Del E-day depende la defensa del voto, que no se limita al conteo de los sufragios depositados, sino que implica contar con una estrategia jurídica que desde mucho tiempo antes asegure que ni el partido ni el candidato cometerán errores que terminen en que los tribunales electorales no permitan que un candidato se inscriba como tal, por violaciones de la ley electoral; que evite la imposición de onerosas multas, pero que a su vez hagan un seguimiento detallado de los errores cometidos por los contrarios con el objetivo de conseguir que se sancione a los demás candidatos que violen la ley.

Este grupo, encargado de la defensa jurídica del voto, muchas veces, cuando las elecciones son cerradas, debe desarrollar una estrategia que en ocasiones termina por conseguir que la definición de la elección no se dé necesariamente como resultado del conteo de los votos, sino gracias a una estrategia de impugnaciones y demandas que cambien los resultados de una elección.

Recordemos en los Estados Unidos, en la elección presidencial del año 2000, en la que George W Bush resultó ganador compitiendo contra el vicepresidente Al Gore, quien consiguió una mayor votación en el llamado voto universal, se dio una importante batalla legal de defensa del voto, que terminó por dar la mayoría a Bush en el estado de Florida y con ello la victoria, pues era el estado donde no se definía aún de quién serían los votos electorales que faltaban por contar.

El E-day tiene a su cargo la definición y contratación de uno o varios centros de cómputo que tengan la capacidad de obtener resultados precisos y confiables, incluso antes de que la Autoridad Electoral, los divulgue oficialmente.

Lo anterior implica definir un lugar propicio y seguro, montar y/o contratar un centro de información y data entre la campaña y los centros de votación, lo cual a su vez significa contar con toda una infraestructura en computadoras, pantallas, acceso a Internet de alta velocidad, radios, telefonía móvil, personal especializado y software. Implica también tener contratada una o varias encuestas en boca de urna y a la vez un "quick count" o conteo rápido, el cual se hace a partir de una muestra determinada de centros de votación que representan el universo de electores y sus respectivos pesos geográficos, para poder proyectar con precisión los resultados a los medios de comunicación, los observadores nacionales e internacionales, y actores influyentes de la sociedad civil que en un momento determinado serán, con sus voces y opiniones, defensores o críticos de los resultados que la autoridad electoral haga públicos.

Las campañas electorales se han vuelto competencias cuyos resultados cada vez son más cerrados, lo que obliga a cuidar todos los detalles posibles a la hora de defender los votos obtenidos en las urnas.

En la organización del E-day hay que invitar a observadores y testigos nacionales e internacionales del proceso, bien sea negociando su presencia con instituciones como OEA, IFES, el Centro Carter y otros, y también asegurando la presencia de representantes de partidos políticos, magistrados de otros organismos electorales y actores relevantes de la sociedad civil. Esto implica una logística de invitaciones, viajes, alojamientos y transportes que complican las responsabilidades y compromisos de quienes están a cargo de la gestión de ese día, en especial cuando se trata de candidatos de la oposición.

Bajo la organización del E-day está la responsabilidad de transporte de aquellos votantes que tengan dificultades de acceder a las mesas y soliciten ser movilizados hasta los centros de votación, el propio transporte de la estructura del partido o campaña que tiene a su cargo la responsabilidad de movilización de la comida caliente, de estructura, movilizadores y testigos.

Es evidente que todas las campañas son importantes, pero entre mayor sea el territorio que abarque y mayor el número de votantes, mayor debe ser la capacidad de gestión requerida para la organización de esta jornada.

Imagínense lo que debió ser la logística de las últimas elecciones generales de India, donde el padrón de votantes inscritos superó los ochocientos catorce millones de personas, lo que obligó a que las elecciones se tuvieran que realizar en nueve fases de votación que comenzaron el 7 de abril, terminaron el 12 de mayo y los resultados se dieron a conocer cuatro días después.

Lo cierto es que mientras el avance de la tecnología no nos permita votar a través del teléfono móvil, algo que seguramente veremos en los próximos años, del control que seamos capaces de ejercer sobre el E-day o día de elecciones, dependerá en gran medida que un candidato pueda ganar o perder su elección.

La suerte es una categoría histórica.

Si bien es loable y positivo pensar que los seres humanos somos quienes tenemos en nuestras manos la decisión acerca de nuestras vidas, y para ello la voluntad es motor esencial para este y cualquier otro propósito, no podemos negar que también la suerte juega un papel fundamental.

El hecho mismo de nacer en un hogar en el cual se nos dan más o menos oportunidades es prueba de esto. Y si bien cualquiera, a base de esfuerzo y disciplina, puede lograr lo que se propone siempre y cuando, claro está, cuente con mínimas oportunidades para hacerlo, quienes tuvimos por ejemplo la suerte de no tener que luchar contra la desnutrición infantil, como sucede infortunadamente a muchos niños en América Latina, ya contamos con una ventaja más que importante.

En su libro más afamado: *El Príncipe*, Nicolás Maquiavelo, sin lugar a duda, el padre de la política moderna, ya nos hablaba acerca del papel dominante de la fortuna cuando escribía:

"Cuánto dominio tiene la fortuna en las cosas humanas y de qué modo podemos resistirle cuando es contraria. No se me oculta que muchos creyeron y creen que la fortuna, es decir Dios, gobierna de tal modo las cosas de este mundo que los hombres con su prudencia no pueden corregir lo que ellas tienen de adverso, y aun que no hay remedio ninguno que oponerles. Con arreglo a esto, podrían juzgar que es en balde fatigarse mucho en semejantes ocasiones y que conviene dejarse gobernar entonces por la suerte. Esta opinión no está acreditada en nuestro tiempo, a causa de las grandes mudanzas que, fuera de toda conjetura humana, se vieron y se ven cada día...

...Reflexionándolo yo mismo, de cuando en cuando me incliné en cierto modo hacia esta opinión; sin embargo, no estando anonadado nuestro libre albedrío, juzgo que puede ser verdad que la fortuna sea árbitro de la mitad de nuestras acciones; pero también es cierto que ella nos deja gobernar la otra, o a lo menos siempre algunas partes. La comparo con un río fatal que, cuando se embravece, inunda las llanuras, echa a tierra los árboles y edificios, quita el terreno a un paraje para llevarle a otro. Cada uno huye a la vista de él, todos ceden a su furia sin poder resistirle. Y, sin embargo, por más formidable que sea mi naturaleza, no por ello sucede menos que los hombres, cuando están serenos los temporales, pueden tomar precauciones contra semejante río, haciendo diques y explanadas; de modo que cuando él crece de nuevo, está forzado a correr por un canal, o que al menos su fogosidad no sea tan licenciosa ni perjudicial...

...Sucede lo mismo con respecto a la fortuna; no ostenta ella su dominio más que cuando encuentra un alma y virtud preparadas; porque cuando las encuentra tales, vuelve su violencia hacia la parte en que sabe que no hay diques ni otras defensas capaces de mantenerla...

...Si consideramos la Italia, que es el teatro de estas revoluciones y el receptáculo que les da impulso, veremos que es una campiña sin diques ni otra defensa ninguna. Si hubiera estado preservada con la conducente virtud, como lo están la Alemania, España y Francia, la inundación de las tropas extranjeras que ella sufrió no hubiera ocasionado las grandes mudanzas que experimentó, o ni aun hubiera venido. Baste esta reflexión para lo concerniente a la necesidad de oponerse a la fortuna general...

...Restringiéndome más a varios casos particulares, digo que se ve a un cierto príncipe que prosperaba ayer caer hoy, sin que se le haya visto de modo ninguno mudar de genio ni propiedades. Esto dimana, en mi creencia, de las causas que he explicado antes con harta extensión, cuando he dicho que el príncipe que no se apoya más que en la fortuna cae según que ella varía. Creo también que es dichoso aquel cuyo modo de proceder se halla en armonía con la calidad de las circunstancias, y que no puede por menos de ser desgraciado aquel cuya conducta está en discordancia con los tiempos. Se ve, en efecto, que los hombres, en las acciones que los conducen al fin que cada uno de ellos se propone, proceden diversamente: el uno con circunspección, el otro con impetuosidad; este con violencia, aquel con mafia; el uno con paciencia, y el otro con una contraria disposición; y cada uno, sin embargo, por estos medios diversos puede conseguirlo. Se ve también que de dos hombres moderados el uno logra su fin y el otro no; que, por otra parte, otros dos, uno de los cuales es violento y el otro moderado, tienen

igualmente acierto con dos expedientes diferentes, análogos a la diversidad de su respectivo genio. Lo cual no dimana de otra cosa más que de la calidad de los tiempos que concuerdan o no con su modo de obrar. De ello resulta lo que he dicho; es, a saber, que obrando diversamente dos hombres logran un mismo efecto, y que de otros dos que obran del mismo modo, el uno consigue su fin y el otro no lo logra. De esto depende también la variación de su felicidad; porque si, para el que se conduce con moderación y paciencia los tiempos y cosas se vuelven de modo que su gobierno sea bueno, prospera él; pero si varían los tiempos y cosas, obra su ruina; porque no muda de modo de proceder...

...El papa Julio II procedió con impetuosidad en todas sus acciones y halló los tiempos y cosas tan conformes con su modo de obrar que logró acertar siempre... La brevedad de su pontificado no le dejó lugar para experimentar lo contrario, que sin duda le hubiera acaecido; porque si hubiera convenido proceder con circunspección él mismo hubiera formado su ruina, porque no se hubiera apartado nunca de aquella atropellada conducta a que su genio le inclinaba...

...Concluyo, pues que, si la fortuna varía y los príncipes permanecen obstinados en su modo natural de obrar, serán felices, a la verdad, mientras que semejante conducta vaya acorde con la fortuna; pero serán desgraciados desde que sus habituales procederes se hallen discordantes con ella. Pensándolo todo bien, sin embargo, creo juzgar sanamente diciendo que vale más ser impetuoso que circunspecto, porque la fortuna es mujer, y es necesario, por esto mismo, cuando queremos tenerla sumisa, zurrarla y zaherirla. Se ve, en efecto, que se deja vencer más bien de los que le tratan así que de los que proceden tibiamente con ella. Por otra parte, como mujer, es amiga siempre de los jóvenes, porque son menos circunspectos, más iracundos y le mandan con más atrevimiento..."

Para Maquiavelo, LA VIRTUD es la capacidad creativa de quien domina la mitad de sus acciones, mientras que LA FORTUNA domina la otra mitad.

La fortuna para Maquiavelo es la providencia del Señor. Lo que es cierto es que en el mundo y en nuestras sociedades hay quienes gozan de oportunidades que otros no tienen, no se les presentan y muchas veces, aun cuando quisieran alcanzarlas, tampoco las consiguen.

En el terreno político esto también sucede, y créanme, más a menudo de lo que podríamos imaginar. Se podría decir que hay políticos que nacen con estrella y hay otros que nacen estrellados, aquellos a los que todo les cuesta mucho más.

El padre del presidente Kennedy era un hombre de carácter duro y sin duda incluso políticamente grosero. Jefe de una dinastía política que, con su personalidad, ha ayudado a construir. Sin embargo, a pesar a su gran influencia en el Partido Demócrata, sus sueños de alcanzar la presidencia de los Estados Unidos no los vio realizados ni en su persona ni tampoco en su hijo mayor (Joseph Patrick Jr.) a quien preparó concienzudamente para ello desde temprana edad, pues era en quien tenía puestas todas sus esperanzas.

Curiosamente, sus sueños culminaron favoreciendo a su hijo John Fitzgerald años después de que el primogénito de la familia falleciera en 1944, sirviendo a su país durante la Segunda Guerra Mundial. La suerte del presidente John F. Kennedy resultó, sin embargo, efímera ya que el día 22 de noviembre de 1963 fue asesinado mientras recorría las calles de Dallas en una gira por el estado de Texas, en la que lo acompañaba por su esposa Jacqueline. La misma mala suerte caería sobre su hermano Robert, aliado y consejero político del expresidente, quien también terminaría siendo asesinado cuando desarrollaba una exitosa campaña, que seguramente lo habría llevado a la presidencia de los Estados Unidos.

No todo terminó allí, el hijo del presidente Kennedy, como si lo ocurrido hasta entonces a su familia no fuese suficiente, murió junto con su esposa en un accidente aéreo en el que él piloteaba su propio avión, y el hermano del asesinado presidente, Edward Kennedy, brillante senador por el Estado de Massachusetts, defensor indiscutible de los derechos civiles, murió víctima de una penosa enfermedad que acabó con su vida antes de que pudiera ver culminado su sueño de que en los Estados Unidos, la primera potencia del mundo, hubiese una reforma integral de salud pública, con polémica ley presentada al Congreso por el presidente Barack Obama, más conocida como "Obama Care"

En América Latina hay varios casos verdaderamente relevantes de políticos que nacen con estrella, a quienes el destino pone en sus manos oportunidades que ellos saben aprovechar en su momento, mientras que hay otros a los que simplemente les resulta mucho más difícil y dispendioso llegar adonde se proponen, o simplemente no lo logran.

En la República Dominicana, por ejemplo, el profesor Juan Bosch quiso impulsar una generación de jóvenes valores y buscó entre ellos el candidato ideal para acompañarlo como fórmula vicepresidencial en la boleta que él encabezó en el año 1994, como candidato del Partido de la Liberación

Dominicana. Danilo Medina fue el primero en el que el profesor Bosch fijó su mirada. Sin embargo, Medina no se sentía lo suficientemente preparado para asumir dicha responsabilidad, por lo que terminó siendo Leonel Fernández el elegido. Es a partir de este momento que el liderazgo de Leonel empieza a crecer y se convierte en uno de los líderes políticos de su país.

Difícilmente se puede encontrar en Bolivia un mejor ejemplo de esta suerte, como la de Jorge Tuto Quiroga. Es un político preparado, estructurado y creado política e intelectualmente como pocos. Como estudiante siempre sobresalió como el mejor, según sus propios colegas y maestros. En las dos universidades texanas donde estudió, A&M y St. Edwards, lo recuerdan como un estudiante brillante y adelantado que, muchas veces, no tenía que presentar exámenes, ya que sus calificaciones y desempeño, lo eximían de tener que hacerlo.

Sin embargo, de no haber sido por el "ángel de suerte" que siempre lo acompañó, posiblemente nunca habría llegado a ser presidente de su país, y si lo fue porque la enfermedad de su presidente, el general Hugo Banzer, le dio la oportunidad de sentarse en el solio presidencial de su país, ya que, como candidato, pese a su indiscutible capacidad intelectual y su conocimiento de los temas, nunca ha logrado el favor de los electores.

Hay quienes forjan su destino. En Colombia, es difícil conseguir en los últimos 50 años un político con más experiencia, más conocedor de la política, más trabajador, leal y que como Horacio Serpa Uribe. Desde una edad temprana, él forjó su una carrera política, para cualquier persona, envidiable. En las tres ramas de poder ocupó, desde los cargos más elementales hasta las más altas responsabilidades que se dan a un servidor público. En la rama legislativa, después de ejercer como concejal de su pueblo, terminó siendo presidente de la Asamblea Nacional Constituyente que produjo la Constitución colombiana de 1991, habiendo sido antes diputado, representante a la Cámara y senador de la República. Como abogado que es, en la rama judicial ocupó un cargo de juez de instrucción, y terminó llegando al cargo de Procurador General de la Nación, y en el poder ejecutivo se inició como alcalde de un pequeño municipio y llegó a ser designado presidencial a quien le fueron conferidas funciones del cargo.

No obstante, Horacio Serpa no logró llegar a la presidencia de Colombia a través del sufragio universal, pese a intentarlo tres veces consecutivas y a tener todas las condiciones, políticas, personales, profesionales y familiares para ser un excelente presidente. La suerte fue, sin embargo, para otros.

En Costa Rica, mientras Oscar Arias se eligió y se reeligió, pese a no ser el más carismático ni atractivo de los políticos de su país, los hermanos Rolando y Johnny Araya, dos políticos de raza, como se conoce a los políticos de carrera, no lograron llegar a la presidencia, pese a haber acariciado el cargo en las encuestas, cada uno en su debido momento.

En 2002, Rolando Araya, un político de gran experiencia y trayectoria como diputado y ministro, fue derrotado en primera y segunda vuelta por Abel Pacheco, un psiquiatra y cuentista de leyendas y tradiciones en una microprograma de la televisión, con una mucha menor experiencia política que Araya y quien, antes de ser escogido como candidato del Partido de Unidad Social Cristina, había sido comerciante de un negocio llamado el Palacio del Pantalón, que él mismo atendía a la clientela. Años después, el hermano menor de Rolando Araya Johnny, quien había gobernado la municipalidad de San José de Costa Rica como alcalde entre 1998 y 2013, perdió la elección presidencial de 2014, frente a un académico, Luis Guillermo Solís, que aparecía en el cuarto lugar de las encuestas antes de la primera vuelta. La suerte no acompañó a los arayas para liderar el destino de su país.

Lourdes Flores, una incansable luchadora política de la derecha del Perú, al igual que Noemí Sanín, una carismática excanciller colombiana, resultaron siempre perdedoras en los comicios presidenciales en los que participaron, pese a haber tocado el poder de cerca con las manos; y aun cuando en política no hay muertos, como popularmente se dice, sus intentos presidenciales parecen haber concluido cuando todos las vimos como destinadas en sus países a acceder al poder.

A raíz de estas y otras historias, muchos políticos, al igual que hoy lo hacen importantes empresarios, han caído en la tentación de buscar astrólogos y hasta brujos y mentalistas que se encarguen de leerles su futuro, en el ánimo de anticipar si la suerte les será favorable o adversa en su intento por alcanzar los cargos de poder a los que aspiran a llegar.

Curiosamente, en algunos casos esto ha llegado a tal punto que existen líderes políticos que no toman ninguna decisión sin antes consultar a su astrólogo de cabecera, con lo cual, más que líderes, demuestran que son liderados por ellos, o para no sentirse mal, aseguran que son influidos por los astros.

Lo cierto de todo es que tener suerte termina siendo definitivo en la carrera de cualquier político. Es por ello por lo que Karl Marx afirmó: "La suerte es una categoría histórica".

¿El poder para qué?

Hace un par de años tuve la oportunidad y el placer de leer un extraordinario libro de Moisés Naím, intelectual, profesor, conferencista internacional, escritor y exministro venezolano, titulado provocativamente: *"El fin del poder"*.

En su libro, Naím intenta demostrar una tesis según la cual en sus propias palabras: *"El poder está cambiando de manos: de los grandes ejércitos disciplinados a caóticas bandas de insurgentes; de gigantescas corporaciones a ágiles emprendedores; de los palacios presidenciales a las plazas públicas. Pero también está cambiando en sí mismo: cada vez es más difícil de ejercer y más fácil de perder".*

Para Naím, lo cual, de paso, es totalmente cierto:

"El efecto acumulado de estos cambios ha agudizado la corrosión de la autoridad y de la moral, así como la legitimidad de los poderosos en general. Todas las encuestas de opinión revelan que una importante tendencia mundial es la pérdida de confianza en los líderes políticos, en los expertos, las instituciones públicas, los empresarios y los medios de comunicación. La gente considera que los líderes de la sociedad son menos creíbles y dignos de confianza. Y los ciudadanos están mejor informados, tienen otros valores y son más conscientes de las muchas otras opciones que tienen. Las actitudes hacia el poder y los poderosos están cambiando a gran velocidad".

La verdad de todo esto es que los poderosos se están volviendo menos poderosos desde cualquier perspectiva que se analice. En años recientes asistimos a la caída de gobiernos autoritarios que dominaron la escena de sus países durante décadas. Lo que se conoció en el mundo como la Primavera Árabe, la cual, según el lingüista e intelectual Noam Chomsky, se gestó en 2010 en el Sahara Occidental y se inició en Túnez con la renuncia obligada y la huida de Zine El Abidine Ben Ali, dictador que gobernó su país hasta el 2011, desde 1987 cuando derrocó a otro dictador de Túnez, el presidente Habib Bourguiba.

Le siguió la caída del Gobierno de Egipto, uno de los regímenes más sólidos del mundo árabe que, bajo el mando de Hosni Mubarak, presidente militar que gobernó su país durante casi 30 años, después de suceder al presidente interino Sufi Abu Taleb, tras el asesinato de Anwar el-Sadat - quien además contaba con el apoyo irrestricto de los Estados Unidos - terminó renunciando, detenido y condenado a cadena perpetua.

Del mismo modo, los esfuerzos asumidos por el líder libio Muamar el Gadafi en los últimos años, para acercarse a Occidente y dejar de ser visto como un enemigo de los países aliados de Francia y los Estados Unidos, no le sirvieron de mucho una vez se desató la revuelta interna en su contra.

Los propios franceses y americanos a través de la OTAN apoyaron a la oposición, que terminó derrocando y asesinando a Gadafi, líder revolucionario quien condujo a sangre y fuego los destinos de su país durante 42 años. Gadafi, quien fue bautizado como "el Che Guevara árabe", lideró una revolución socialista que derrocó al rey Idris I e impuso la nacionalización de tierras, industria petrolera y banca, permitiendo tan solo la existencia de pequeños negocios privados.

El gran poder de quien, como Gadafi, lideró e influyó sobremanera en los países no alineados, que estuvo a punto de unificar Túnez, Argelia, Marruecos y Chad, terminó por cuenta de la represión excesiva ejercida sobre unas simples protestas callejeras de sus opositores, que terminaron generando una gran revuelta en su contra.

Hay conciencia entre líderes políticos, empresariales, militares e institucionales de la pérdida de los grandes poderes frente a la presión de los ciudadanos, que conocen cada vez más sus derechos y exigen participar en las decisiones, de la competencia que ejercen sobre los grandes monopolios y oligopolios las pequeñas y medianas empresas, de los grupos terroristas con su efecto sorpresa, que han puesto en verdadero jaque a importantes fuerzas militares.

De ahí que, con el ánimo de evitar la pérdida de poder, hayamos sido testigos en los últimos años de importantes decisiones tomadas, sin saber aun si han servido o no para evitar la disminución de poder o la desaparición de sistemas controlados.

En los últimos años, tres ejemplos que enseguida señalamos son claras demostraciones de decisiones estratégicas asumidas por las cabezas de importantes instituciones, a fin de evitar la pérdida de poder o incluso un mayor deterioro de estas:

El primero es el caso de la renuncia a continuar conduciendo los destinos del Gobierno de Cuba de parte de Fidel Castro, quien gobernó la isla bajo un régimen dictatorial entre 1959, año en que triunfó la revolución comandada por él contra el dictador Fulgencio Batista, y 2008.

El deterioro económico de la isla después de la desaparición de su principal socio, la Unión Soviética, pese al apoyo irrestricto de Venezuela, obligó a Castro a permitir que, con la llegada de su hermano Raúl, se iniciara un proceso incipiente de propiedad y emprendimiento privado que se contraponía por completo a sus tesis revolucionarias, sostenidas y defendidas por años. Para Castro se trataba del inicio de una transición incipiente, eso sí, que podrá ser la salvación frente a un sistema que, si bien a la luz de la mayoría es completamente inviable, no deja de ser altamente influyente. Pensemos que los dos países que más influencia geopolítica tienen en la región, paradójicamente, son Estados Unidos y Cuba. Raúl intentó revertir la política de su hermano, abriendo tímidamente la economía de la isla y las relaciones con los Estados Unidos. En efecto, como presidente Barack Obama, se restablecieron las relaciones diplomáticas y se abrió la embajada cubana en Washington. El arribo de Donald Trump a la Casa Blanca rompió las ilusiones de este intento.

El segundo ejemplo donde se toma una decisión trascendental para evitar la pérdida de poder sin saber a ciencia cierta, cuando se asumió, si dicha decisión resultaría viable, fue la transición de Hugo Chávez a Nicolás Maduro en Venezuela. Si Hugo Chávez no hubiese sido perfectamente consciente de que iba a morir, jamás habría nominado a un sucesor, como lo hizo con Maduro, pues él mismo sabía que su liderazgo no era transferible.

Más allá de si tenía o no razón en la manera como ejercía su liderazgo, lo cierto es que Hugo Chávez fue un líder de traspaso las fronteras de su país e influyó regionalmente, algo que, ciertamente, no tiene Nicolás Maduro, quien, como primer mandatario de Venezuela, ha demostrado ser la prueba fehaciente de la existencia en política del "principio de Peter", principio planteado por el catedrático de la University of Southern California, Laurence J. Peter, según el cual, cuando alguien que realiza bien su trabajo - como era el caso de Maduro como Canciller -, es llevado a un puesto de mayor responsabilidad en el que ni siquiera puede formular los objetivos de su trabajo, la persona regresa a su máximo nivel de incompetencia. De todos modos, dejar un sucesor, más que un intento, falló para Chávez, fue una necesidad para conservar lo bueno o lo malo que había iniciado.

El tercer ejemplo donde se asume una decisión trascendental que busca evitar la pérdida de poder es la renuncia del papa Benedicto XVI, sumo pontífice de la Iglesia católica, quien anunció en forma totalmente inesperada que dejaba sus funciones de primer jerarca de la Iglesia bajo la excusa de estar mayor y cansado, cuando en realidad lo hizo para manejar el desprestigio generado a partir de los escándalos de pederastia de varios de los miembros de la Iglesia, situación que había sido tapada bajo el pontificado de Juan Pablo II, y que traía consigo un desprestigio inmenso para una institución anquilosada que venía perdiendo adeptos día a día.

Es posible que el Papa Ratzinger estuviera cansado y sintiera que no tenía la fuerza para afrontar el problema, como es posible también que fuese perfectamente consciente de no tener el carisma que se necesitaba para producir un cambio de actitud hacia la Iglesia católica. Pero también es cierto que él mismo había comenzado a perder el respeto de cardenales y obispos, al punto de llegar a ser rechazado por ellos como le ocurrió en un viaje a su tierra en Alemania, donde varios cardenales de púrpura rehusaron extenderle la mano para saludarlo.

Afortunadamente, para la institución, la llegada del papa Francisco, su carisma y su decisión de asumir el problema con inteligencia, imprimió una dinámica diferente que ha venido revitalizando la fe de los seguidores hacia la iglesia.

Como bien dice Naím en su libro, vivimos no una época de cambios sino un cambio de época, en la cual *el poder más que diluirse se comparte*.

Los ciudadanos exigen cada vez más de sus líderes y gobernantes, no solo por el hecho de ser conscientes de cuáles son sus derechos, sino porque exigen una respuesta distinta en un mundo donde todo se mueve mucho más rápido.

Si bien es cierto que la fuerza de los sindicatos, que en otro momento fue trascendental para fortalecer a los mismos partidos políticos, se ha venido diluyendo, también lo es que grupos organizados de la sociedad civil han comenzado a tener un papel mucho más preponderante en la gobernabilidad de las sociedades, ya que esta no se circunscribe, como sucedía en el pasado, a las buenas relaciones entre los poderes ejecutivo y legislativo o a sustentar una mayoría parlamentaria que aprobara sin mayores miramientos las iniciativas presentadas por el gobernante de turno.

Hoy los grupos organizados a partir de intereses comunes o iniciativas que buscan conseguir los mismos objetivos le disputan a los políticos el poder decisorio y cuentan con el apoyo de los medios de comunicación, que saben que consiguen más acercándose a los intereses ciudadanos que a los intereses de un gobernante.

La crítica y el oponerse a los gobiernos quizás no dé los votos necesarios requeridos para voltear un gobierno, pero a los medios sí les brinda la posibilidad de ejercer presión sobre los mismos.

Sin embargo, el poder de los mismos medios de comunicación se ha reducido considerablemente. Si en una época no tan remota los periódicos, por ejemplo, ponían y quitaban gobernantes, la aparición de la TV y la radio disminuyó considerablemente este poder a las familias que controlaban los principales diarios. Ejemplo de ello es que en Venezuela, y más recientemente en Ecuador, el control de la libertad de prensa llegó a tal punto que los empresarios de la comunicación terminaron vendiendo sus medios al mejor postor, como ocurrió con el canal de noticias Globovisión en Venezuela y el diario El Comercio de Quito. Recuérdese que aquellos que prefirieron no optar por esta fórmula terminaron perdiendo su inversión o simplemente cerrando.

La anterior disminución de poder de los medios no se limitó, sin embargo, a que la libertad de expresión fuese cada vez más reducida para ellos, especialmente en países donde predominaban los regímenes autoritarios. La sola competencia y la proliferación de medios como el cable y los medios digitales, en constante crecimiento, así como la capacidad de los ciudadanos de interactuar entre la gente para generar opinión a través de las redes sociales, generó una competencia tal que el poder de las grandes cadenas y los grandes conglomerados de medios comienza a estar en entredicho, ya que se diluye entre muchos. Los medios se han segmentado y los lectores, telespectadores y oyentes también, según sus intereses y los horarios que dedican a servir a los medios tradicionales.

¿Quién iba a pensar que en la mayoría de las industrias y empresas de servicio y comercio del mundo hubiera tanta competencia como la que hay hoy y que además de eso apareciera Internet, que desde hace años compite con todas las cadenas de distribución de volumen y al detal?

Esa aparición de los pequeños y las facilidades que hoy tienen los compradores y usuarios hacen que el poder de los grandes termine siendo altamente competido por los chicos, que se quedaron con una proporción importante. Hoy la guerra de control se encuentra entre Cuando pensamos en acceder al poder tenemos, por tanto, que entender que este ya no es absoluto, que cada vez es más compartido - por no decir diluido - y que quienes crean que aún pueden dominar la escena de manera autocrática o autoritaria están destinados a fracasar en un mundo donde los gobernantes, los presidentes o CEO de compañías, los directores de instituciones, los directores de medios y hasta los jerarcas de la Iglesia están llamados a compartir el poder con otros; los que tienen capacidad para acceder a una masa crítica.

Hace algún par de años, asistí a una reunión del "Conference Board" de Nueva York, en la cual alguno de esos gurúes de la consultoría empresarial demostraba con ejemplos que quien tiene la capacidad de dominar el 15 por ciento de cualquier sector, tiene enormes posibilidades de dominar el sector mismo.

Cuando pensamos en acceder al poder tenemos, por tanto, que entender que este ya no es absoluto, que cada vez es más compartido - por no decir diluido - y que quienes crean que aún pueden dominar la escena de manera autocrática o autoritaria están destinados a fracasar en un mundo donde los gobernantes, los presidentes o CEO de compañías, los directores de instituciones, los directores de medios y hasta los jerarcas de la Iglesia están llamados a compartir el poder con otros.

¿El poder para qué?, se preguntaba hace años un brillante político colombiano tolimense, Darío Echandía quien, de haber querido, habría podido llegar a la Presidencia de Colombia y seguramente dejar una huella. La respuesta es sencilla: ciertamente, no para dominar la escena y querer controlarlo todo, como ocurría hasta hace poco, sino para compartirlo y respetarlo, para servir al pueblo que lo eligió y respetar las diferencias de quienes no lo votaron simplemente porque no lo consideraron la mejor opción.

El poder es para ejercerlo, de eso no hay duda alguna, pero en beneficio de la gente, por eso admiro profundamente al presidente Luis Abinader - a quien agradezco sus palabras introductorias de este libro -, pues es el único mandatario de los muchos que he tenido el privilegio de asesorar en estos años que en una de las muchas ocasiones en que como consultor recomendé una declaración pública que lo favorecía ampliamente a él, respondió tajantemente: Mauricio, su me favorece más a mí que a la gente, no lo vamos a hacer.

Políticos con ese espíritu y compromiso con su pueblo, lamentablemente, se cuentan con los dedos de una mano.

BIBLIOGRAFÍA

15Mpedia. Más de noventa y seis mil artículos y más de diez mil archivos sobre el movimiento Indignados. 15Mpedia.org.

Amnistía Internacional. (2016). La Primavera Árabe, cinco años después. https://www.es.amnesty.org/en-que-estamos/reportajes/primavera-arabe-5-anos-despues/

Bacon, Francis. (2018). The essays of Francis Bacon. Lulu.

Bayly, Jaime. (2019). El suicidio de Mozart. Artículo INFOBAE. https://www.infobae.com/america/opinion/2019/04/21/jaime-bayly-sobre-la-muerte-de-alan-garcia-el-suicidio-de-mozart/

Brown, Juanita & Isaacs, David. (2005). The word café: shaping our futures through conversations that matter. Berret Koehler Publishers.

Campa, Ricardo & Marx, Carlos. (2014). El capital: crítica de la economia política. Tomo I. Fondo de Cultura Económica.

Casas, Alberto & Rodrigo, Teresa. (2012). El Bosón de Higgs: ¿Qué sabemos de? Editorial Los Libros de la Catarata.

Castells, Manuel. (2016). O poder da comunicação. Paz E Terra- Graal, Grupo Record.

CIDH: Corte Interamericana de Derechos Humanos, Leopoldo López vs Venezuela, Petición 2.668, 2011, https://www.corteidh.or.cr/CF/jurisprudencia2/ficha_tecnica.cfm?nld_Ficha=354

Clausewitz, Carl von. (2013). On war. Pacific Publishing Studio.

Collins, Jim. (2001). Good to great: why some companies make the leap and others don't. Harper Business Editors.

Ekman. Paul. (2007). Emotions revealed: recognizing faces and feelings to improve communication and emotional life. Holt Paperbacks.

Filmus, Daniel. (2013). Presidentes de América Latina: entrevista a Lula Da Silva (cinco capítulos). Canal Encuentro. http://www.danielfilmus.com.ar/tag/lula-da-silva/

Harari, Yuval Noah. (2016). Sapiens. De animales a dioses: una breve historia de la humanidad, Traducción de Joandomènec Ros. Debate Ediciones.

Harari, Yuval Noah. (2018). 21 Lecciones para el Siglo XXI. Traducción de Joandomènec Ros. Debate Ediciones.

Kears Goodwin, Doris. (2005). Team of rivals: the political genius of Abraham Lincoln. Simon & Schuster.

Maquiavelo, Nicolás. (2021). El príncipe. Traducción de José Sánchez Rojas, Independent Edition.

Mihr, Anja. (2022). Glocal governance: how to govern in the Anthropocene? Open Acces. Springer.

Naim, Moisés. (2014). El fin del mundo. Editorial Debate, 2014.

Naim, Moisés. (2022). La Revancha de los poderosos: cómo los autócratas están reinventando la política en el siglo XXI. Traducción de Rodríguez Tapia, María Luisa. Debate Ediciones.

Naisbitt, John & Aburdene, Patricia. (1990). Megatrends 2000. Plaza & Janés Editores.

Pease, Allan & Barbara. (2006). The definitive book of body language: the hidden meaning behind people's gestures and expressions. Signal.

Platón. La república. Independently published.

Plouffe, David. (2010). The audacity to win: how Obama won and how we can beat the party of Limbaugh, Beck, and Palin. Penguin Books.

Roitberg, Sergio. (2019). Expuestos: Las nuevas reglas del mundo transparente. Editorial Conecta.

Salmon, Christian. (2019). La Era del enfrentamiento: del Storytelling a la ausencia del relato. Traducción de López Martín, Francisco. Península Ediciones.

Salmon, Christian. (2019). Storytelling: La máquina de fabricar historias y formatear las mentes. Traducción de Bertolo Fernández, Inés. Península Ediciones.

Samper Pizano, Ernesto. El salto social. (Plan de desarrollo)

The Washington Post. (2020). Las mentiras de Trump.
https://www.washingtonpost.com/es/post-opinion/2020/11/05/mentiras-donald-
trump-discurso-elecciones-presidenciales-2020/

Tzu, Sun. (2009). El arte de la guerra: arca de sabiduría. Editorial Edaf, S.L.

Ulrich, David O. & Smallwood, Norm. (2008). Leadership brand. (Marca de liderazgo).
Lid Editorial Empresarial.

Made in the USA
Middletown, DE
08 September 2024